어떻게 살아야 할지
막막한 너에게

이제부터는 부모가 아니라 친구라는 생각으로 너와 대화하고 싶구나

어떻게 살아야 할지
막막한 너에게

우쥔 지음 | 이지수 옮김

인생과 삶에 대한 기성세대의 충고나 지침은 많고 많다. 그런데 젊은 세대들은 그것을 '꼰대들의 잔소리'로 외면하려 든다. 그건 시건방이나 버릇 없음이 아니다. 그 원인은 기성세대들의 말이 품고 있는 도식성 · 상투성 · 관념성이 젊은이들을 식상하게 만드는 것이다.

그런데 이 책에는 그런 문제점이 전혀 없다. 왜냐하면 아버지의 뜨겁고 진실한 부성애가 기존의 식상한 점들을 신선하게 극복하고 있기 때문이다. 아버지는 사랑하는 두 딸에게 삶의 구체적 현실과 실감나는 체험을 조근조근 들려주며 인생 여로를 헤쳐나갈 지혜와 방법들을 진솔하고 정답게 일깨워준다. 그 포근하고 정겨운 부성애가 모든 젊은이들의 가슴에 위안과 안식의 그늘을 드리워주리라 믿는다.

조 정 래

인생과 삶에 대한 기성세대의 충고나 지침은 많고 많다. 그런데 젊은 세대들은 그것을 '꼰대들의 잔소리'로 외면하여 둔다. 그건 시건방이나 버릇 없음이 아니다. 그 원인은 기성세대들의 말이 품고 있는 도식성·상투성·관념성이 젊은이들은 식상하게 만드는 것이다.

그런데 이 책에는 그런 문제점이 전혀 없다. 왜냐하면 아버지의 뜨겁고 진실한 부성애가 기존의 식상한 점들을 신선하게 극복하고 있기 때문이다. 아버지는 사랑하는 두 딸에게 삶의 구체적 현실과 실감나는 체험을 조곤조곤 들려주며 인생 여로를 헤쳐나갈 지혜와 방법들을 진솔하고 정답게 일깨워준다. 그 또순하고 정겨운 부성애가 모든 젊은이들의 가슴에 위안과 안식의 그늘을 드리워주리라 믿는다.

조 향 미

조 향 미

태도가 운명을 결정한다

7,000만 년 전 인류와 쥐의 조상은 같았다. 이후 무려 6,500만 년 동안 인류라는 포유동물의 우위는 뚜렷하게 나타나지 않았다. 500만 년 전부터 비로소 인류의 FOXP2 유전자인간의 언어 구사에 중요한 역할을 한다고 밝혀진 유전자에 현저한 변화가 나타나기 시작했고 이로써 인류는 '언어능력'을 갖게 되었다. 언어능력을 바탕으로 경험과 지식의 전승이 가능해진 인류는 세대를 거듭하며 점점 빠르게 진화했다.

인류 문명과 진화에 있어서 이전 세대와 다음 세대 간의 정보 전달과 소통은 매우 중요하다. 특히 부모와 자녀 사이의 교류는 선택이 아니라 필수이며 인류 진화의 근본이다. 부모가 인생의 경험을 자녀에게 전달해 주면서 사람들은 이전 세대의 능력을 초월했고 이로써 본격적인 문명이 시작되었다.

덕분에 오늘날 사람들은 독이 있는 살모사에게 물려본 경험이 없어도 빠르게 기어 다니는 갈색 동물을 피하고 심지어 그들이 자주 출몰하는 물가의 풀숲에는 가까이 가지 않는다. 이전 세대로부터 경험과 지식을 전수받지 못하고 모든 일을 시행착오와 탐색을 통해 알아가야 했다면 이처럼 빠르게 진화할 수 없었을 것이다.

마찬가지로 젊은이들이 가장 효과적으로 학습하고 성장할 수 있는 방법은 이전 세대로부터 경험을 전수받고 양분을 흡수하는 것이다. 하지만 서로 다른 세대 간에는 언제나 세대차이가 존재하는 법이다. 오늘날뿐만 아니라 과거에도 존재했고 미래에도 존재할 것이다. 이럴 때 일방적인 소통은 전혀 도움이 되지 않는다. 어떻게 하면 세대를 초월하여 유익하고 효과적인 교류를 할 수 있을까.

나는 젊은 시절 증국번曾國藩, 푸레이傅雷, J. P. 모건John Pierpont Morgan, 수호믈린스키Suhomlinsky 등 훌륭한 인물들이 가족과 주고받은 편지를 읽으며 많은 교훈을 얻었다. 물론 나와 생각이 다른 부분도 있었지만 그들이 편지를 주고받는 방식과 그 속에 담긴 이치는 충분히 본받을 가치가 있었다. 그래서 나 역시 아이들이 자라는 동안 편지와 가장 유사

한 형태인 이메일을 통해 소통하고 나의 다양한 경험과 관점들을 알려 주려 노력했다. 아이들이 사춘기에 접어들고 나서는 직접 얼굴을 맞대고 대화하는 것보다 이러한 방법이 훨씬 효과적이라는 것을 깨달았다. 편지를 쓸 때는 직접 대화할 때보다 차분한 마음으로 한 문장 한 문장을 심사숙고하기 때문에 의견 차이로 인해 충돌이 일어나는 것을 방지할 수 있다. 그러니 아이들도 말로 설명할 때보다 내 조언을 더 잘 받아들였다. 이렇게 우리가 주고받은 편지들은 어느새 책으로 묶을 만큼 쌓이게 되었다.

평소에 아이들과 주고받는 이야기는 크게 두 가지다. 첫 번째는 일상생활이나 공부를 하면서 직면하는 구체적인 문제에 관한 것으로, 예를 들면 첫 직장을 구할 때 주의해야 할 점 같은 것들이다. 두 번째는 아이들이 살면서 마주하게 될 문제에 관한 것으로 인간관계, 행복 등 언젠가 꼭 함께 이야기를 나눠봐야 하는 것들이다. 나는 아이들에게 내가 가진 지식과 경험을 바탕으로 조언을 하기도 하지만 대부분 내가 존경하는 위인들의 관점을 빌리는 편이다.

이와 비슷한 방식으로 더따오得到, 중국의 지식공유 플랫폼에 <실리콘밸리에서 온 편지>라는 칼럼을 연재하며 딸에게 해 주던 이야기를 전했고, 독자들의 반응은 뜨거웠다. 수많은 젊은이와 부모들이 남긴 댓글을 보면서 내가 아이들과 교류하는 문제가 굉장히 보편적이라는 사실을 깨달았다. 물론 같은 문제라도 사람에 따라 해결 방법은 다르겠지만 어쨌든 고민의 성질은 대부분 비슷했다. 그래서 지식 공유 프로그램인 뤄지스웨이羅輯思維의 판신范新, 바이리리白麗麗 선생님과 투오부화脫不花 대표님의 제안으로 그동안 아이들에게 보낸 편지 중 독자들이 보편적으로 관심 있어 할 만한 편지들을 선별해 《어떻게 살아야 할지 막막한 너에게》라는 책으로 엮었다. 비록 부족한 점이 많은 글이지만 나의 경험을 같은 문제로 고민하는 사람들과 함께 공유하고 싶은 바람에서다.

아이들에게 편지를 쓸 때는 다음의 내용을 반드시 유의하고자 했다.

첫째, 자녀는 부모의 소유물이 아니라 하늘이 내려준 최고의 선물이고 독립적인 인격체로 존중받아야 하는 존재임을 명심할 것. 이러한 생각이 전제되어 있어야만 자녀와 평등한 위치에서 소통을 할 수 있다. 단순히 나이가 많다는 이유로 권위를 내세우면 효과적인 소통이 어렵다.

중국의 마오쩌둥 전 주석과 미국의 국부라 불리는 벤자민 프랭클린, 토머스 제퍼슨이 젊은이들을 대하는 태도는 매우 특별했다. 마오쩌둥은 61년 전 젊은이들에게 이런 말을 했다.

"세상은 여러분의 것이기도 하고 우리의 것이기도 합니다. 하지만 결국은 여러분의 것이 될 것입니다. 혈기왕성한 청년들은 아침 8시의 태양과도 같습니다. 그러니 여러분에게 모든 희망이 있습니다."

마찬가지로 벤자민 프랭클린과 토머스 제퍼슨도 젊은 사람들이 이끌어갈 미래에 대해 강조했다. 세 사람은 서로 다른 나라에서, 서로 다른 시대를 살았지만 이 방면에서 만큼은 생각이 일치했다.

　자녀들이 현재가 아닌 미래를 이끌어 갈 지도자라는 사실을 명확히 안다면 절대 기성세대의 관점으로 그들의 사상을 옭아매지 않고 독립적인 사고를 할 수 있도록 이끌어줄 수 있을 것이다. 우리가 해줄 수 있는 것은 참고할 만한 의견을 제시해 주는 것뿐이다. 이 시대의 젊은이들을 지난 세대의 낡은 사고로 교육시키는 것이야말로 최악의 교육이라고 할 수 있다.

　둘째, 자녀에게 자신이 못 다 이룬 꿈을 전가해서는 안 된다. 특히 부모 자신도 해내지 못한 일을 하도록 강요해서는 안 된다. 자녀 앞에서는 천 마디의 말보다 한 번의 행동으로 모범을 보이는 것이 더 중요하다. 아이들은 부모가 주변 사물과 사람들을 대하는 방식을 알게 모르게 보고 배우기 때문이다. 자녀가 출세하고 성공하기를 바란다면 부모가 먼저 노력하는 모습을 보여줘야 한다. 아이에게는 성공해야 한다고 말하면서 부모는 정반대로 행동한다면 어떻겠는가? 사실 버릇없고 말 안 듣는 아이 뒤에는 교양 없는 부모가 있다. 그들의 언행이 바로 그런 아이를 키운 것이다. 마거릿 대처는 이런 말을 했다.

생각을 조심하라, 그것은 곧 너의 말이 된다.

말을 조심하라, 그것은 곧 너의 행동이 된다.

행동을 조심하라, 그것은 곧 너의 습관이 된다.

습관을 조심하라, 그것은 곧 너의 인격이 된다.

인격을 조심하라, 그것은 곧 너의 운명이 된다.

나는 여기에 한 마디를 덧붙이고 싶다.

'태도를 조심하라, 그것은 너의 생각을 지배한다'

이 책의 문을 여는 머리말에 '태도가 운명을 결정한다'라는 제목을 붙인 것도 바로 이 때문이다. 어쩌면 자녀의 운명은 부모가 좋지 않은 습관을 물려줄 때 이미 결정되는지도 모르겠다.

셋째, 같은 일이어도 사람마다 그것을 해결하는 방식은 다르다. 그러므로 절대적으로 옳고 그른 조언이란 없다. 상황에 적절하거나 적절하지 않은 조언이 있을 뿐이다. 공자의 제자 자로는 성격이 급해 일처리가 꼼꼼하지 않았고, 염유는 겸손하고 예의바른 사람이었지만 우유부단해서 무슨 일이든 쉽게 결정하지 못했다. 공자는 자로에게는 부모나 형제들의 이야기를 먼저 들어보라고 제안했고, 염유에게는 무슨 일이든 즉시 행동에 옮기라고 제안했다. 나의 두 딸은 서로 나이 차이도 있고, 자란 환경도 다르기 때문에 성격이나 생활 태도 그리고 일을 처리하는 방식이 조금씩 다르다. 그래서 같은 문제여도 완전히 상반된 조언을 해주기도 했다. 그러니 이 책을 읽는 독자들도 자신의 성향과 상황에 따라 나의 관점과 조언을 선별해서 받아들이기 바란다.

넷째, 소통은 쌍방향으로 이루어져야 한다. 때로는 경청하는 것이 조언하는 것보다 훨씬 중요하다. 어떤 문제에 있어서는 자녀의 생각이 훨씬 합리적이고 기발할 때도 있다. 나 역시 딸들과 소통하는 과정에서 종종 새로운 지식과 생각을 습득한다.

이 책은 편지글 형식으로 되어 있으며 실제로 나의 두 딸에게 보냈던 편지들이다. 독자들에게 효과적으로 메시지를 전달하기 위해 시간순이 아니라 주제별로 묶었고, 글의 도입부와 말미에 편지를 쓰게 된 배경과 편지의 효과 등을 설명해놓았다. 편지에는 다음과 같은 여섯 가지 주제를 담았다.

- 인생을 대하는 태도

- 세상을 대하는 태도

- 돈을 대하는 태도

- 사람을 대하는 태도

- 문제를 대하는 태도

- 일을 대하는 태도

이 책을 완성하는 과정에서 가족들의 무한한 지지와 도움을 받았다. 특히 그동안 주고받은 편지를 정리하는 것을 도와준 큰딸 명화, 원고를 꼼꼼히 검토해 사적인 주제나 내용을 걸러준 나의 아내 장옌에게 고마움을 전한다.

나의 경험과 지식수준에 한계가 있고 아이들에게 보낸 편지를 엮어 만든 책이기 때문에 누군가에게는 내 관점이 다소 편파적으로 느껴질 수도 있다. 부디 너그러운 마음으로 양해해 주기를 바란다.

우쥔

차 례

3장 돈을 대하는 태도: 경제적 홀로서기를 준비하는 너에게

4장 사람을 대하는 태도: 관계가 어려운 너에게

5장 문제를 대하는 태도: 삶의 문제에 직면한 너에게

6장 일을 대하는 태도: 유능한 사람이 되고 싶은 너에게

"오언Robert Owen은 인류의 모든 노력의 목적은 행복을 얻기 위한 것
이라고 말했어. 사실 우리가 많은 일을 하는 이유도 바로 이 목적
때문일 거야. 아빠는 네가 무슨 일을 하든 행복이 삶의 이유이자
목적임을 잊지 말았으면 해."

1장

인생을 대하는 태도

어떻게 살아야 할지
막막한 너에게

긍정적인 태도가 가장 중요하다

네 인생을 즐기는 것이
우선이라는 걸 기억하렴.

멍화는 MIT매사추세츠 공과대학에 입학하기 전 자신이 어떤 인생을 살았으면 좋겠냐고 물은 적이 있었다. 이 편지는 멍화를 보스턴에 데려다주고 돌아오기 전에 전해준 것이다.

멍화에게

네가 이 편지를 열어 볼 때쯤이면 나는 보스턴을 떠나 캘리포니아로 돌아가고 있을 거란다. 이제 정말 혼자만의 인생이 시작되었구나.

며칠 전 네가 어린 시절에 관한 일들을 물은 적 있었지? 그 후로 가만히 생각해 보니 너의 유년 시절은 참 즐겁고 행복했던 것 같아. 네가 어렸을 때는 나 역시 시간적 여유가 많았던 터라 퇴근하고 집에 돌아가면 많은 시간을 함께 보낼 수 있었단다. 그때는 공부 때문에 스트레스 받을 일도 없고 그저 그 순간을 즐기기만 하면 되었지. 아빠로서 나는 네가 앞으로의 인생도 그렇게 즐겁고 행복하기를 바랄 뿐이야. 물론 엄마도 같은 생각이고.

아빠는 1996년 미국 볼티모어에서 유학생활을 시작했단다. 놀랍게도 그곳 아이들은 공부에 많은 시간을 투자하지 않고 신나게 놀기만 하더구나. 하루는 이웃에게 물어 봤어. 아이들이 공부를 안 하면 나중에 좋은 학교에 들어가지 못할 테고 그러면 좋은 직장도 구하지 못할 텐데 어쩜 저렇게 태평할 수 있냐고 말이야. 그러자 그 미국인이 이렇게 대답하더구나. "공부를 열심히 한다고 더 잘 산다는 보장은 없지만 현재의 즐거움은 눈으로 확인할 수 있잖아요." 그들은 불확실한 미래를 준비하느라 괴롭게 보내기보다는 현재를 즐기며 살겠다는 마음을 가지고 있었던 거야.

볼티모어 지역에 사는 사람들은 대부분 부자가 아니었단다. 수입은 실리콘밸리에 사는 사람들의 절반도 안 됐지만 그들은 늘 밝고 긍정적이었어. 길에서 모르는 사람을 만나도 언제나 서로 상냥하게 인사를 나누는 사람들이었지. 1997년에는 뉴저지 AT&T미국 통신회사 근처의 작은 마을에서 여름을 보냈는데 그곳 사람들도 참 친절했단다. 만나는 모든 사람들의 얼굴에서 즐거움과 행복을 느낄 수 있었어. 그런데 나중에 실리콘밸리에 가보니 그곳 사람들은 앞의 두 도시보다 수입이 훨씬 많았는데도 그다지 행복해 보이지 않았단다. 행복하지 않은데 그 많은 돈이 무슨 의미가 있겠니.

아빠는 어렸을 때 가난한 집에서 자랐어. 지금 우리가 사는 수준에 비하면 찢어지게 가난했지. 간식 같은 건 꿈도 못 꿨고 옷은 죄다 낡고 헤진 것들뿐이었단다. 그런데도 힘들거나 불행하다고 느낀 적은 거의 없는 것 같아. 사실 행복과 돈은 크게 상관이 없단다. 행복은 돈보다도 우리가 어떤 태도를 갖느냐에 따라 결정되는 것이지.

아빠가 가난한 환경에도 불구하고 행복한 어린 시절을 보낼 수 있었던 건 가정이 화목했기 때문이야. 당시에는 다들 가난하고 살기 힘든 시절이었어. 그래서 집집마다 갈등과 불화가 끊이지 않았지. 하지만 네 할아버지와 할머니는 한 번도 우리 앞에서 다투신 적이 없단다. 집안이 화목했기 때문에 나와 네 작은아빠는 가난했지만 늘 즐겁고 평온했어. 네 엄마와도 결혼 후에 절대 아이들 앞에서는 다투는 모습을 보이지 말자고 이야기한 적이 있단다. 부부 사이의 갈등은 아이들이 보지 않는 곳에서 해결해야 한다고 말이야. 이처럼 즐거움과 행복은 화목하고 평온한 가정에서부터 만들어지는 것이란다.

즐거움은 사람의 타고난 천성이 마음껏 발휘될 때 생겨나기도 해. 아빠가 어렸을 때는 공부에 대한 부담이 지금보다 훨씬 덜했기 때문에 날마다 친구들과 산으로, 호수로 놀러 다니기 바빴어. 만약 빽빽한 아파트 단지에 살면서 공부에만 매달렸다면 이런 즐거움은 발견하지 못했을 거야.

물론 주변 환경도 중요하지. 예전에는 오늘날처럼 소셜 네트워크가 발달되지 않았지만 사람들 사이의 교류는 지금보다 훨씬 활발했어. 사람은 혼자서는 절대 행복해질 수 없는 법이란다. 좋은 사람들을 곁에 두고 진정한 친구를 사귀는 것도 행복의 큰 조건이야.

마지막으로 가장 중요한 건 우리 마음이야. 마음이 너그러운 사람은 남들보다 훨씬 행복하단다. 남들과 비교하기 좋아하고 이기적인 사람은 절대 행복해질 수 없어. 그들은 아무리 좋은 일이 생겨도 그것이 누군가의 음모가 아닌지 의심부터 하거든. 간디는 삶의 대부분을 감옥이나 가난한 시골마을에서 보냈지만 마음은 늘 평온하고 행복했다고 해. 그러니 아무리 열악한 환경에서도 마음을 잘 다스린다면 충분히 행복할 수 있을 거야. 지위가 높고 임무가 막중한 사람일수록 마음을 잘 다스려야만 진정한 행복을 찾을 수 있단다.

사람은 누구나 행복하게 살기를 바라. 어떤 사람은 돈으로 행복을 살 수 있을 거라고 생각하지만 돈으로 누릴 수 있는 행복은 아주 제한적이란다. 돈은 특정 수준을 넘어서면 그저 종이 위에 찍힌 숫자에 불과해. 생각해 보렴. 돈이 차고 넘칠 정도로 많지만 매일 주변 사람들을 의심하느라 아무 것도 하지 못하는 사람과 돈은 별로 없지만 하고 싶은 대로 무엇이든 할 수 있는 사람 중에 누가 더 행복하겠니?

아빠는 스스로 행복한 사람이라고 생각한단다. 이런 생각을 할 수 있는 건 그동안 다음과 같은 네 가지 노력을 기울여 왔기 때문이야.

첫 번째는 배움을 게을리 하지 않았다는 거야. 시대의 흐름에 맞춰 새로운 지식을 쌓고 세상이 어떻게 발전하고 있는지 이해하는 것은 아주 즐거운 일이란다. 너희들에게 공부는 평생 해야 하는 것이라고 강조하는 이유도 바로 이 때문이야.

두 번째는 꿈을 갖고 그것을 이루기 위해 노력했다는 거야. 꿈이 없으면 행복을 논할 수 없단다. 또 꿈은 있지만 아무 행동도 하지 않으면 스스로에게 계속 실망하고 괴로워지지. 그러니 꿈을 가졌다면 반드시 그 꿈을 이루기 위해 행동해야 해.

세 번째는 사람들과 어울리며 언제나 상대방을 존중하고 포용하는 자세를 가졌다는 거야. 아빠는 살면서 되도록 다툼을 피하려고 노력했어. 다툼이 전혀 없을 수는 없지만 다툼을 줄이는 노력은 충분히 할 수 있지. 사람들과 잘 어울리려면 자기만 잘났다는 식으로 남을 깔보는 태도는 반드시 경계해야 한단다.

네 번째는 인생을 조금 더 멀리 보는 거야. 아직은 이 말이 무슨 뜻인지 잘 모르겠지만 아빠처럼 나이가 들면 이해할 수 있게 될 거란다.

며칠 전 네가 앞으로 어떤 인생을 살았으면 좋겠냐고 내게 물었지? 아빠는 우선 네가 학교생활을 마음껏 즐겼으면 좋겠구나. 좋은 성적을 받는 것보다 네 인생을 즐기는 것이 우선이라는 걸 기억하렴. 그리고 무엇보다 살면서 어떤 일을 겪든 긍정적인 마음가짐을 잃지 말고 즐겁게 살기를 바란다.

아빠가

행복의 유래

그럼에도 그들이 성과를 내는 건
세상에 아주 작은 아름다움이라도
남길 수 있으리라는 믿음 때문이야.

 똑같은 책을 함께 읽는 것은 우리 부부가 두 딸과 소통하는 방법 중 하나다. 아이들의 학교에서 추천해준 책을 우리도 함께 읽고, 딸들도 우리가 추천해준 책을 읽는다. 하루는 멍화가 멍신에게 전화를 걸어 요즘 무슨 책을 읽고 있는지 물었고, 멍신은 아빠가 추천해준 책을 읽고 있다고 대답했다. 그날 멍화는 내게 이메일을 보내 그 책이 어떤 내용이며, 재미있는지 물었다.

멍화에게

최근 네 동생이 읽고 있는 책은 뉴욕타임즈 베스트셀러 작가인 댄 뷰트너Dan Buettner의 《블루존The Blue Zone of Happiness》이라는 책이란다. 블루존은 인류학 용어로 평균 수명이 유난히 긴 장수지역을 의미해. 멍신이 책을 다 읽고 나서 우리는 함께 토론을 했어. 네가 이 책을 읽어도 좋고 읽지 않아도 괜찮지만 너와도 이 책의 주제인 '행복'에 대해 꼭 한번 이야기를 나누고 싶었단다.

먼저 뷰트너의 책에 관해 이야기를 해 보자꾸나. 그는 행복에 관해 굉장히 일리 있는 몇 가지 관점을 제시했어. 먼저 행복은 돈으로 측정할 수 없는 일종의 '느낌'이라는 거야. 물론 이 느낌은 허무맹랑한 공상이 아니라 사람이 생활하는 환경과 밀접한 관련이 있는 것이란다. 책에서는 코스타리카 사람들의 행복감이 다른 지역 사람들보다 높은 이유는 그들의 생활환경 자체가 스트레스가 적고 유쾌하며 많은 돈을 필요로 하지 않기 때문이라고 설명했어. 적은 돈으로 유유자적하며 살고 싶은 사람이 코스타리카에 산다면 분명 행복을 느낄 거야. 반대로 싱가포르에서는 돈을 많이 버는 사람일수록 행복하다고 느낀대. 오히려 열심히 일하지 않고 무슨 일이든 크게 신경 쓰지 않는 사람을 가장 안 좋게 생각한다고 하는구나. 이런 가치관을 가진 사람이 코스타리카에 가면 행복할 수 있을까? 분명 그곳의 문화와 풍습이 맞지 않아 행복을 느끼기 힘들 거야. 그건 코스타리카 사람들도 마찬가지고.

여기까지 쓰고 보니 네가 MIT를 선택하기를 잘했다는 생각이 드는구나. MIT에는 너와 비슷한 친구들이 많으니 아주 잘 맞을 거야. 하지만 만약 네가 컬럼비아대학교를 선택했다면 학업에 대한 부담은 적었을지 몰라도 지금만큼 학교생활이 즐겁지는 않았겠지. 컬럼비아대학교는 그동안 수많은 정치 리더를 배출해온 만큼 학생 대부분이 훌륭한 리더를 꿈꿀 텐데 넌 그런 경쟁을 좋아하지 않잖니.

다시 책 이야기로 돌아오면 뷰트너는 행복하기 위해서는 기본적인 보장이 필요하다고 말했어. 그는 행복지수가 특별히 높은 나라로 코스타리카, 덴마크, 싱가포르를 꼽았어. 세 나라는 정치제도가 서로 달라. 코스타리카와 덴마크는 사회주의 색채를 띠고 있고, 싱가포르는 전형적인 자본주의 국가로 개인의 노력을 중시하지. 하지만 한 가지 중요한 공통점이 있어. 그건 바로 사회보장제도가 탄탄하다는 거야. 그래서 생계에 대한 큰 걱정 없이 자신의 이상을 추구하며 살 수 있는 거란다.

지금까지 뷰트너의 관점에 대해 이야기했으니 이제 아빠의 생각을 이야기해 볼게. 행복에 관한 아빠의 생각은 크게 두 가지야. 먼저 지구상의 모든 생명체는 본능적으로 종족번식을 한단다. 행복을 연구하는 학자들은 이것이 행복의 원천이라고 해. 이는 남녀 간의 사랑이나 부와 명예가 가져오는 행복보다 훨씬 오래도록 유지되는 행복이지. 사람도 다른 생명체들과 마찬가지로 유전자 계승에 대한 사명을 지니고 있고, 그래서 자신의 생명이 유전자를 통해 세대를 거듭하며 계속 이어지는 것을 보면 자기도 모르게 행복을 느낀단다. 그러나 이런 행복은 어느 동물이나 느끼는 것이고 사람은 더 높은 차원의 행복을 추구해. 그것은 바로 자신의 존재와 행위를 통해 이 세상에 발자취를 남길 때의 행복이야. 우리는 자기 말이나 행동이 세상에 긍정적인 영향을 주었다는 사실을 알게 되었을 때 진정한 즐거움을 느낄 수 있어.

인생은 한 줄기 강과 같단다. 강물의 양은 강의 길이와 너비 그리고 깊이라는 세 가지 요소로 결정돼. 한 사람의 영향력 또한 마찬가지란다. 현재 많은 사람에게 큰 영향을 미친다고 해도 오래도록 영향력 있는 사람으로 남는다는 보장이 없고, 긴 강줄기처럼 미미하지만 오랫동안 영향력을 발휘하는 사람도 있단다. 둘 중 어떤 강의 물이 더 많은지는 정확히 알 수 없지만 나는 후자의 강을 더 선호한단다. 아무리 오랜 시간이 흘러도 끊이지 않고 굽이굽이 흘러가기 때문이야.

모차르트는 이미 두 세기 전에 세상을 떠났지만 여전히 세계 곳곳의 많은 사람들이 그의 고향인 잘츠부르크를 찾는단다. 베토벤, 미켈란젤로, 뉴턴도 마찬가지야. 아빠가 종사하고 있는 컴퓨터 공학 분야에서는 앨런 튜링Alan Turing이나 존 폰 노이만John von Neumann 같은 인물이 여기에 해당하겠구나. 물론 누구나 이렇게 위대한 인물이 될 수 있는 것은 아니지만 그래도 상관없단다. 세상에 조금이라도 긍정적인 영향을 줄 수 있다면 그것만으로 큰 행복을 느낄 수 있으니 말이야.

2012년에 아빠가 2년 동안 떠나 있었던 구글로 다시 돌아왔을 때 비록 많은 것들이 변해 있었지만 우리가 만들었던 일부 코드는 약간의 수정을 거쳐 여전히 많은 프로젝트에 사용되고 있었단다. 그때 아빠는 굉장히 큰 행복을 느꼈어. 그것은 회사에서 아무리 큰돈을 준대도 느낄 수 없는 행복이었지.

모든 사람이 생전에 자신이 이룬 업적의 영향력을 확인할 수 있는 것은 아니야. 뉴턴과 베토벤은 비록 자손을 남기지는 못했지만 사는 동안 자신의 업적과 영향력을 직접 보고 들을 수 있었으니 비교적 행복한 삶을 살았을 거야. 하지만 대부분의 사람은 업적을 이뤄도 살아생전에 빛을 발휘하지 못할뿐더러 영원히 눈에 띄지 않기도 한단다. 그럼에도 그들이 성과를 내는 건 세상에 아주 작은 아름다움이라도 남길 수 있으리라는 믿음 때문이야. 모차르트가 생전에 매일 곡을 쓰고, 음악을 연주한 것도 바로 이 때문이지. 그는 자신이 후대에 '위대한 음악가'라는 칭호를 받을 줄도 몰랐고, 그러한 칭호를 중요하게 생각하지도 않았어. 그에게 중요한 일은 오직 아름다운 음악을 작곡해 사람들에게 들려주는 것이었지. 바로 이러한 마음가짐이 모차르트라는 위대한 인물을 만든 거야.

지난번에 왜 미국인들은 부자가 아닌 사람들도 대학에 많은 돈을 기부하냐고 물었지? 러시아의 소설가 막심 고리키A.M 페시코프의 필명의 말이 너의 질문에 좋은 대답이 될 수 있겠구나.

"주는 것은 받는 것보다 훨씬 즐거운 일이다."

대학이나 병원 혹은 자선단체에 돈을 기부하는 이유 역시 그들이 베푸는 즐거움을 알기 때문이야. 그들은 이러한 기부가 자녀들에게 유산을 물려주는 것보다 즐거운 일이라고 생각해. 자신의 돈이 더 넓고, 깊고, 길게 영향력을 미치는 방법을 아는 거지.

오언Robert Owen은 인류의 모든 노력의 목적은 행복을 얻기 위한 것이라고 말했어. 사실 우리가 많은 일을 하는 이유도 바로 이 목적 때문일 거야. 아빠는 네가 무슨 일을 하든 행복이 삶의 이유이자 목적임을 잊지 말았으면 해.

너의 행복을 빌며
아빠로부터

유혹을 이겨내는 능력

모든 일은 눈앞의 한 걸음을
떼는 것에서 시작된단다.

멍신에게

오늘 너와 게임에 관한 이야기를 하려고 해. 왜 아빠가 컴퓨터 게임 시간은 제한하고 야외 활동을 많이 하라고 하는지 물었지? 먼저 야외에서 하는 놀이나 운동이 아이들에게 왜 좋은지 설명해 줄게. 야외에서 운동을 하면 근육을 단련되고 남는 체력을 적절히 소모할 수 있어. 책을 보느라 쌓인 눈의 피로도 풀어주고, 신체 발육에 도움을 준단다. 또 여럿이 함께 하는 운동은 이기고자 하는 승부욕과 사회성을 결합시켜 좋은 친구를 사귈 수 있게 하지. 여기까지는 너무 당연하게 들릴 수 있겠구나.

운동의 정수는 바로 '규칙'에 있단다. 정해진 규칙 안에서 이기려고 백방으로 노력하는 것이 게임의 기술이야. 이 기술을 훈련하는 것은 이기기 위해서도 중요하지만 나중에 사회에 나가 일을 할 때 더욱 필요하단다. 실제로 대부분의 비즈니스는 정해진 규칙 안에서 자신의 이익을 극대화하는 행위를 바탕으로 하거든.

하지만 운동이나 야외 활동이 가져다주는 쾌감은 휴대폰이나 컴퓨터로 하는 게임만큼 직접적이지는 않아. 네가 밖에서 어떤 운동을 하든 꽤 오랜 시간 움직이고 체력을 소모해야만 비로소 (아주 적은 양의) 도파민이 분비되는 반면, 컴퓨터 게임을 할 때는 이 물질의 분비가 굉장히 빠르단다. 물론 쾌감의 전달도 그만큼 빠르고 강렬하지. 그래서 사람들이 쉽게 중독되는 거란다. 이렇게 단순하고 강렬한 쾌감에 중독되고 나면 나머지 일에는 흥미를 잃게 되어버려. 마치 마약이 주는 쾌감과 비슷하지. 그래서 컴퓨터 게임을 완전히 제지하지는 않지만 너무 많이 하지 않도록 계속 일깨워주는 거란다. 네가 다른 중요한 일에 흥미를 잃어버리면 안 되잖니.

컴퓨터 게임은 유혹이 강하기 때문에 벗어나려는 노력을 해야 해. 이것은 너의 능력이기도 하고 성품이기도 하지. 만약 나중에 네가 금융회사의 투자자로 일한다면 매일 거액의 돈이 움직이는 걸 보면서 마음이 흔들릴 때도 있을 거야. 그 돈이면 네 인생이 완전히 바뀔 수도 있을 테니 말이야. 실제로 많은 사람들이 이러한 유혹을 이기지 못하고 결국 남은 평생을 감옥에서 보내기도 해. 그래서 투자회사에서는 신입사원이 들어오면 가장 먼저 돈에 대한 유혹을 이겨내는 교육을 시킨단다.

유혹을 이겨내는 근본적인 방법은 장기적이고 큰 목표를 세우는 거야. 이때 목표는 의미가 있어야 하고 네가 기꺼이 노력할 수 있는 것이어야 해. 커다란 목표를 세워놓으면 그것에 관심이 쏠려 컴퓨터 게임 같은 유혹에 흥미를 잃게 될 거야. 네 언니도 중학교 때는 컴퓨터 게임을 많이 했었단다. 하지만 좋은 대학에 들어가겠다는 목표를 세운 다음에는 컴퓨터 게임을 완전히 끊었어. 아빠도 미국에 오기 전에 게임을 자주 했었어. 한번 시작하면 몇 시간씩 앉아서 할 때도 있었지. 그런데 미국에 오기로 결정하고 준비를 하면서 중요한 일들이 많아졌고, 더 큰 목표가 생기면서 더 이상 게임을 하지 않게 되었어. 지금도 가끔씩 게임을 할 때도 있지만 이제는 완전히 흥미를 잃어버려서 절대 중독될 일은 없단다.

만약 크고 장기적인 목표를 세우는 것이 어렵다면 두 번째 방법도 있으니 걱정하지 마렴. 유혹을 이겨내는 두 번째 방법은 성취감을 느낄 수 있고 보상이 있는 일을 하는 거야. 정원에 꽃 한 송이를 심고 길러본다든지 아빠 차를 세차해 주고 돈을 받는 것도 좋은 보상이라고 할 수 있지. 이러한 습관을 기른다면 나중에 네 시간을 보상이 있는 곳에 효율적으로 사용할 수 있게 될 거란다. 보상이 있는 일은 게임처럼 중독성 있는 일과는 전혀 달라. 이유는 간단해. 보상은 결코 공짜로 얻을 수 없고 계속 노력해야만 비로소 얻을 수 있기 때문이야. 어떤 일을 할 때 네 방법이 옳기만 하다면 분명 보상이 있을 거야. 크든 작든 보상을 받을 때마다 컴퓨터 게임을 할 때와 비슷한 즐거움과 성취감을 느낄 수 있지. 다만 게임과 다른 점은 만약 또 다시 쾌감을 느끼고 싶으면 훨씬 더 많은 노력을 기울여야 한다는 거란다.

사실 너에게는 첫 번째 방법이 더 잘 맞을 것 같구나. 장기적인 목표를 세워 컴퓨터 게임의 유혹에서 벗어나는 것 말이야. 살다 보면 컴퓨터 게임보다 더 큰 유혹이 생기기도 한단다. 어떤 유혹이든 떨쳐버릴 수 있는 강한 힘이 필요해. 당장은 컴퓨터 게임의 유혹을 떨쳐버리는 것부터 시작하면 어떨까? 너는 지금껏 많은 사람들이 누리지 못한 훌륭한 교육을 받았어. 그리고 나중에 분명 큰일을 하게 될 거라고 너 스스로도 믿고 있지. 모든 일은 눈앞의 한 걸음을 떼는 것에서 시작된단다. 인생의 큰 목표를 세워놓고도 앞으로 나아가지 못하고 뒷걸음질 치는 사람도 많아. 아빠는 네가 좋은 습관을 만들어 언제나 침착한 태도로 네 꿈을 조금씩 실현해나갔으면 좋겠구나. 아빠도 중간중간 멋진 보상으로 네 노력을 응원하도록 하마.

아빠로부터

멍신은 이제 컴퓨터 게임을 자주 하지 않으며
학업이나 과외활동 성적이 눈에 띄게 좋아지고 있다.

성공은 성공의 어머니

어떤 태도로 문제를 대하냐에 따라 결과는 달라지고,
달라진 결과가 쌓여 차이를 만드는 거란다.

이 편지는 중국 출장 중에 명신과 통화를 하고 난 뒤 쓴 편지다. 전화 통화에서 명신은 최근 공부할 내용이 많아 바쁜데 과외활동까지 하려니 정신이 없다고 말했다. 그래서 과외활동 몇 가지를 그만두고 싶은데 어떤 것을 그만두는 것이 좋겠냐며 내게 물었다. 나는 곧바로 내 의견을 이야기하지 않고 조금 더 생각해 보고 알려주겠다고 대답했다.

멍신에게

아빠는 중국에서 잘 지내고 있단다. 다만 너와 테니스를 치지 못해서 아쉬울 따름이구나. 그동안 아빠와 연습했던 실력이 녹슬지 않게 주말에라도 엄마와 부지런히 치고 있으렴.

이번 학기에는 공부할 내용이 많아 시간이 많이 부족하겠구나. 네 말대로 과외활동 몇 가지를 그만 두는 것이 좋을 것 같네. 우리가 통화할 때 넌 피아노 수업을 그만하고 싶다고 말했었지? 피아노에 큰 흥미도 없고 아무래도 타고난 재능이 없는 것 같다면서 말이야. 하지만 아빠는 차라리 이제 막 배우기 시작한 컴퓨터를 그만두고 피아노는 계속 했으면 해.

흥미 이야기를 했는데 넌 사실 음악에 흥미가 많은 아이야. 다섯 살 무렵부터 의젓하게 앉아 음악회를 끝까지 보던 아이였지. 어린 아이가 두 시간 가까이 되는 음악회를 처음부터 끝까지 얌전히 앉아서 보는 건 결코 쉬운 일이 아니란다. 그 후로도 샌프란시스코에서 좋은 음악회나 발레 공연이 열린다고 하면 넌 언제나 직접 가서 보고 싶어 했어. 그렇게 세계 여러 거장들의 공연을 접하면서 음악에 대한 감별 능력도 점점 향상되었지. 최근 일 년 넘게 오페라를 공부하면서 큰 흥미를 보이기도 했잖니. 게다가 어느 정도 재능도 타고났단다.

네가 최근 피아노 연습에 흥미가 떨어지고 그만두고 싶다고 말하는 건 아무래도 다른 원인이 있는 것 같구나. 아빠 생각에는 네가 피아노 연습, 특히 기본기를 반복해서 연습하는 것에 질린 것 같아. 피아노 연주가 지겨운 게 아니라 선생님이 내주는 연습 숙제가 지겨운 거 아닐까? 선생님이 기본기 연습을 계속 시키는 이유는 네가 앞으로 더 어렵고 복잡한 곡을 연주할 수 있도록 하기 위해서란다. 기본기 연습만 충실해도 피아노 실력을 몇 단계는 끌어올릴 수 있거든. 사실 아주 소수를 제외하고는 피아노 연습을 자발적으로 하고 싶어 하는 사람은 없어. 대부분 반복되는 연습이 지겹지만 꾹 참고 하는 거란다. 그러니 네가 피아노와 잘 맞지 않는다고 생각하지는 않았으면 좋겠구나.

두 번째는 컴퓨터처럼 한 달만 해도 성과가 보이는 과목과는 달리 피아노는 몇 달을 연습해도 실력이 느는 것이 금방 눈에 띄지 않아. 사람들은 매일 발전하는 모습을 눈으로 확인하며 동력을 얻는데 이처럼 결과를 금방 확인할 수 없는 일을 만나면 쉽게 인내심을 잃게 돼. 너뿐만 아니라 아빠도 그랬고 누구나 그렇다는 사실을 기억하기 바라.

물론 네가 피아노를 그만두고 싶은 또 다른 이유가 있을 수도 있겠지. 그렇다면 언제든 아빠에게 이야기해 주렴. 오늘은 우선 이 두 가지 이유에 대해서만 이야기하마.

아빠가 추측한 이유가 맞다면 너는 지금 누구나 직면할 수 있는 문제에 부딪힌거야. 이럴 때 네가 선택할 수 있는 방법은 두 가지란다. 첫째는 문제로부터 도망치는 것이고, 둘째는 정면으로 도전해서 극복할 수 있는지 시험하는 거야. 어린 아이들은 처음에는 다들 비슷해 보이지만 성장 과정에서 조금씩 달라지기 시작해. 문제에 직면했을 때 어떤 아이는 스스로의 힘으로든, 누군가의 도움을 받아서든 문제를 해결하고 앞으로 나아가고, 어떤 아이는 뒷걸음질 치거나 제자리에 머물러 있지. 사실 이런 일들은 매일 일어나고 있어. 어떤 태도로 문제를 대하냐에 따라 결과는 달라지고, 달라진 결과가 쌓여 차이를 만드는 거란다.

아빠가 네게 피아노를 계속 하도록 권하는 것은 피아노 실력을 더 높이기 위함이기도 하지만 이러한 과정을 통해 네 자신에게 도전하는 법을 배웠으면 하는 마음에서야. 별로 내키지 않는 일이나 어쩔 수 없이 해야 하는 일들도 해 보면서 말이야. 그렇게 시간이 흐르다 보면 어느새 그런 일들도 목적을 갖고 자발적으로 하게 되는 날이 온다.

너는 이미 피아노 연주능력시험에서 레벨 8까지 통과했으니 2년 정도만 더 한다면 레벨 10까지 통과할 수 있을 거야. 그 정도면 취미로 피아노를 배우는 사람치고 꽤 괜찮은 결과이고, 9년 동안의 노력으로 한 가지 큰일을 이루는 셈이기도 해. 젊은 사람들은 이처럼 작은 일들을 완성하고 성공하는 과정에서 성공의 방법을 터득한단다. 어떤 일이든 실패를 통해 교훈을 얻을 수도 있지만 그 다음번 도전에서도 성공을 눈앞에 두고 또다시 실패할 가능성이 있어. 한번 성공해 봐야만 두 번째, 세 번째도 쉽게 성공할 수 있는 법이란다. 그러니 실패가 성공의 어머니가 아니라, 성공이 성공의 어머니인 셈이지.

아빠가 처음 베이징에 있는 샹산香山의 샹루봉香爐峰에 오른 건 지금의 너보다 한 살 어렸을 때였어. 정상은 해발 500미터 지점에 있는데 400미터 즈음 올라갔을 때 너무 힘들고 배가 고파서 포기하고 내려가고 싶었단다. 그때 지나가던 한 어르신이 말했어.

"조금만 더 힘내렴. 승리가 바로 코앞이란다. 만약 지금 포기하면 아주 오랫동안 후회하게 될 거야."

그 말을 듣고 다시 천천히 산을 오르기 시작했어. 그리고 마침내 정상에 오를 수 있었지. 사실 대단한 일은 아니었지만 정상에 오른 그 순간 말로 다 형용할 수 없는 뿌듯함이 밀려왔어. 그리고 그 이후 아빠는 시간이 아무리 오래 걸려도 어떤 산이든 오를 수 있게 되었단다. 너도 피아노를 통해 네 앞에 놓인 문제를 극복하는 경험을 해 보면 좋을 것 같구나.

마지막으로 피아노를 계속 하길 바라는 중요한 이유는 너의 즐거움을 위해서란다. 우리 가족은 매년 음악회에 가기 위해 많은 돈과 시간을 투자하고 있고, 높은 수준의 음악 공연들을 즐기고 있잖니. 이러한 생활을 제대로 즐기려면 네 자신이 반드시 악기를 연주하거나 노래를 부를 수 있어야 해. 어떤 부모들은 아이가 콩쿠르에 나가 상을 받거나 오케스트라에 들어가는 등 대학 입학에 도움이 되는 스펙을 쌓게 하려고 어려서부터 악기를 가르치기도 해. 물론 이러한 방법이 어떤 면에서는 도움이 될지 모르겠지만 음악을 배우는 진정한 목적과는 거리가 멀어. 우리가 악기를 배우는 목적은 온전히 자신의 즐거움과 음악적 소양을 높이기 위해서야. 그 외에 다른 목적으로 네게 악기를 배우도록 하지는 않을 거란다.

　네가 모든 일을 네 언니를 기준으로 생각한다는 걸 알아. 선생님도, 친구들도 그렇게 생각할 때가 많지. 다른 분야에서는 언니를 뛰어넘기 힘들지 모르겠지만 음악에서만큼은 네가 언니보다 훨씬 뛰어나다는 걸 기억하렴. 그러니 이러한 재능을 계속 가꾸어 나가서 사람들에게 너의 특별한 점을 보여줄 수 있기를 바란다.

아빠로부터

명신은 나중에 피아노 연주능력시험 레벨 9를 통과했고,
한 콩쿠르에서 상을 받아 링컨센터에서 연주할 수 있는 기회를 가졌다.

다섯 번째 편지

최선의 적은 최고다

완벽한 결과는 단숨에 얻어지는 것이 아니라
중간에 계속 고치고 절충하는 과정을 통해 만들어지는 거란다.

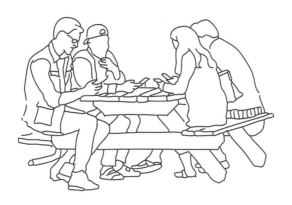

　　명화의 친구가 학교 동아리에서 몇 가지 안건을 가지고 회의
를 하는데 모든 사람이 만족할 수 있는 방안을 찾지 못해 계속
결정을 미루고 있다는 이야기를 들었다. 명화가 이 이야기를 했
을 당시에는 자세히 이야기 나눌 기회가 없었는데 최근 계기가
될 만한 사건이 생겼다.

멍화에게

너도 뉴스를 봤다면 알겠지만 어제 플로리다의 한 고등학교에서 총기난사 사고가 일어나 17명이 사망하는 비극이 생겼어. 그래서 부디 너도 안전에 각별한 주의를 기울이라는 말을 전하기 위해 이 편지를 쓴다. 만약 밤늦게 기숙사로 돌아가야 한다면 되도록 친구와 동행하고, 다른 사람의 얼굴을 마주보는 방향으로 걸어가도록 하렴. 이 방법은 아빠가 존스홉킨스대학교에서 공부할 때 교내 경찰이 알려준 팁이었어. 그밖에 사람이 많은 곳에서는 특히 더 조심하고 교내에서 무슨 일이 생기면 언제든 교내 경찰에게 도움을 청하렴. 네가 아빠의 이런 잔소리를 싫어하는 걸 알기에 오늘은 이쯤에서 그만하고 다른 이야기로 넘어가도록 하자꾸나.

네가 예전에 왜 미국은 총기 소지를 규제하거나 금지하지 않냐고 물은 적 있었지? 이 문제에 대해 간단히 설명하자면 미국 헌법 제2조 수정안에서 총기 금지를 매우 어렵게 만들어 놓았단다. 그동안 총기를 규제하려는 시도가 없었던 것은 아니야. 하지만 매번 황당한 이유로 무산되어버렸지.

2016년 말 미국에서는 총기를 제한하는 법안이 통과될 뻔한 기회가 있었어. 그 해 미국에서는 총기 사고가 정말 많이 일어났단다. 시카고에서만 한 해 동안 무려 3,550건의 총기 사고가 발생해서 762명이 죽고 4,331명이 부상을 입었어. 그중 미국 독립기념일인 7월 4일에만 60여 건이 발생했단다. 상황이 이렇게 심각하다 보니 미국 전역에서 총기를 규제하자는 목소리가 높아졌어. 한때 무조건 총기 소지 자유를 주장했던 총기협회조차 총기의 조건부 소지를 지지할 정도였지. 미국의 양당에서는 총기 규제에 관한 법안을 내놓았어. 물론 두 정당이 내놓은 법안은 차이가 있었지. 민주당은 총기를 엄격히 금지하자고 주장했고, 공화당에서는 조건에 따라 총기 소지를 제한하자는 입장이었어. 총기를 구매할 때 상세하게 배경을 조사하고 범죄기록을 조회하자는 내용이었지. 하지만 결국 두 법안 모두 통과하지 못하고 미국의 총기 규제 시도는 물거품이 되고 말았단다.

이후 캠퍼스 내 총기 사고는 끊이지 않고 있어. 과연 그때 총기 규제 법안에 반대표를 던진 사람들은 이 사건들을 보면서 죄책감을 느끼고 있을까 모르겠구나. 하지만 오늘 아빠가 너와 나누고 싶은 이야기는 조금 다른 관점이란다. 최선의 적은 최고이고, 아예 발전하지 못한 것보다 조금이라도 발전한 것이 낫다는 거야. 2016년 말에 양당이 내놓은 법안은 공통점이 많았어. 심지어 공화당의 법안은 민주당 법안의 부분집합이라고 말할 수도 있었지. 양당 모두 최소한 범죄기록이 있는 사람은 총기를 소지하지 못하도록 하자는 데에 동의한 셈이니까. 이렇게 절충된 합의를 본 것만 해도 아무 결과가 없는 것보다는 훨씬 긍정적이란다. 하지만 자신의 주장이 '완전히' 받아들여지기를 고집하다가 결국 아무 결과도 얻지 못한거지.

지난번에 친구가 동아리에서 사람들을 모두 만족시킬 수 있는 방안을 찾지 못해 일을 제대로 추진하지 못하고 있다고 얘기한 적 있었지? 그런데 세상에는 단 한 번에 모든 것이 해결되는 일은 많지 않단다. 최고만을 고집하는 사람들은 결국 아무것도 이루지 못해. 아빠는 네게 탁월함을 추구하고 최고의 1%가 되기 위해 노력하라고 말했지만 그렇다고 단 한 번에 그걸 이뤄야 한다는 의미는 아니었어. 완벽한 결과는 단숨에 얻어지는 것이 아니라 중간에 계속 고치고 절충하는 과정을 통해 만들어지는 거란다.

아빠는 2002년에 구글에서 검색엔진의 안티치트Anti-cheat 연구를 담당했단다. 당시 여러 사이트에서 순위를 높이기 위해 홈페이지에 각종 키워드를 마구잡이로 집어넣었어. 이러한 행위는 인터넷 환경과 질서를 무너뜨리기 때문에 엄격히 단속해야 했지. 가장 좋은 방법은 숨은 치터들을 모두 잡아내 처벌하는 것이었는데 그들을 모두 찾아내는 건 쉬운 일이 아니었어. 그래서 우리는 당시 상황에 맞춰 해결할 수 있는 만큼만 해결하기로 했지. 처음에는 반 년에 걸쳐 약 46%의 치터들을 잡았어. 아직 절반 정도가 남았지만 절대 서두르지 않았지. 그리고 일 년 후 우리는 나머지 치터들을 모두 잡아냈단다. 만약 우리가 처음부터 모든 치터들을 잡겠다고 목표를 세웠다면 아마 이 프로젝트는 성공하지 못했을 거야. 46%는 완벽한 결과가 아니지만 그래도 아무 결과가 없는 것보다는 훨씬 나은 수치야.

구글 내부에서는 대부분의 제품이 점진적인 개선 과정을 통해 완성된단다. 신제품이라고 해도 한 번에 완벽한 제품이 만들어지지는 않아. 프로그램이 출시되는 날까지 상응하는 기능을 제공하지 못하는 항목도 있어. 물론 일부 기능이 작동하지 않으면 사용자들이 불편하겠지만 그렇다고 출시를 계속 미뤄야 할까? 구글의 방법은 그렇지 않았단다. 왜냐하면 프로그램이 완벽하게 완성되는 날은 영원히 오지 않을지도 모르기 때문이야. 기존 프로그램보다 조금이라도 더 나은 프로그램을 사용자들에게 제공하는 것이 완벽만 쫓다가 아무것도 제공하지 못하는 것보다 훨씬 낫지 않겠니?

비록 우리의 최종 목표는 완벽에 가까워지는 것이지만 세상에는 '원래' 완벽한 것이란 없단다. 이것을 명심한다면 앞으로 살면서 완벽해지기를 기다리느라 아무 것도 완성하지 못하는 실수는 범하지 않게 될 거야. 우리는 보통 한 번의 개선을 통해 두 배의 수익을 얻는단다. 그러니 두 번을 개선하면 네 배의 수익을 얻게 되는 거지. 만약 더 많은 시간을 들여 스스로 생각하기에 완벽한 수준으로 개선한다고 해도 세 배 정도의 수익을 얻을 뿐이야. 게다가 시간이 흐르면 완벽하다고 생각했던 것이 결코 완벽하지 않다는 사실을 서서히 깨닫게 되지.

2 × 2>3 이라는 것은 누구나 아는 사실이란다. 그러니 어떤 일을 할 때 속도가 느린 것을 염려하기보다는 발걸음을 멈추는 것을 경계하렴.

아빠는 현실적이고 구체적인 부분을 중요하게 생각한단다. 예전에도 이 이야기를 한 적 있었지? 이러한 태도는 주변의 작고 쉬운 일부터 시작해 우리가 사는 환경과 사회를 조금씩 개선하고 최종적으로 진화의 목적을 달성하도록 해. 그러나 지나치게 이상과 완벽을 추구하는 사람들은 하려고 하는 일을 완성하기는커녕 시작조차 못할 때가 많아. 결국 미루고 미루다 시간의 흐름에 따라 흔적도 없이 사라져 버리게 되지.

마지막으로 총기규제에 대해 다시 이야기하자면 현재 문제를 해결하려는 여러 가지 방법들은 임시 절충방안일 뿐이야. 기다려보면 언젠가 모두를 만족시킬 수 있는 방안이 나오는 날도 올 거란다.

아빠로부터

좋은 습관이
성공한 인생을 만든다

사람의 운명은 좋지 않은 습관이나 행위에 의해
결정되기도 하는 거란다.

멍화는 2017년 여름 방학 때 몇몇 회사에 인턴을 지원했는데 처음 면접을 본 두 곳의 결과가 좋지 않았다. 멍화는 나와 통화를 하면서 최근 운이 따르지 않는다고 불평하며 자신의 운명을 탓하기도 했다. 멍화에게 위로와 당부를 전하고자 다음과 같이 편지를 썼다.

멍화에게

오늘은 너와 운명이란 다소 철학적인 주제에 대해 이야기를 나누려고 해. 운명은 영어로 fate라고 하지. 한자로는 '운運'과 '명命'이라는 글자로 나누어 뜻을 해석할 수 있단다. 운은 행운fortune이라는 의미로 인생에서 아주 중요한 역할을 해. 아빠는 여러 방면에서 성공한 사람들을 자주 접하는데 그들에게 성공 비결을 물으면 대부분 운이 좋았다고 대답하곤 해. 운이 따라주지 않는다면 아무리 노력해도 결과가 좋지 않을 수도 있단다. 흥미로운 건, 사업에 실패한 사람들 역시 실패의 원인을 운에서 찾더구나.

사람이 평생 좋은 운만 누릴 수 없듯이, 평생 나쁜 운만 따르는 사람은 없어. 아빠가 존스홉킨스대학교를 졸업할 때 학장님은 졸업생들에게 트루먼 대통령의 이야기를 들려줬단다. 그의 인생 전반부는 불운의 연속이었지만 후반부에 이르러 운이 트이게 되었어. 물론 그 사이에는 운뿐만 아니라 여러 필연이 있는데 이 이야기는 나중에 다시 하기로 하자꾸나.

운명의 두 번째 글자인 명은 사람의 일생을 결정하고, 쉽게 벗어나지 못하는 숙명이라는 의미를 담고 있단다. 동서양을 막론하고 예로부터 사람들은 이러한 숙명 앞에서 무력함을 느꼈어. 고대 그리스에는 신들의 운명을 손에 쥔 여신 모이라가 있었는데, 신들의 신이라 불리는 제우스조차 그녀의 뜻을 거스를 수는 없었지. 우리가 잘 알고 있는 공자도 '사람이 일정한 나이가 되면 자신의 운명을 깨닫고 운명에 위배되는 일을 하지 않게 된다從心所欲 不踰矩'고 말했단다.

그렇다면 사람의 운명은 무엇으로 결정될까? 생물학을 연구하는 사람들은 분명 유전자가 운명을 결정한다고 이야기할 거야. 이것은 결코 틀린 말이 아니란다. 왜냐하면 유전자의 힘은 우리가 상상하는 것 이상으로 크거든. 그러나 사람은 사회적 동물이고 생물학적 유전자 외에 운명을 결정하는 또 다른 유전자가 존재한단다. 이 유전자는 인생 초기에 형성되어 한 사람의 최종 운명을 결정지어. 영국의 수상이었던 마거릿 대처는 이러한 '유전자'를 정확히 간파한 인물이었어. 그녀는 이런 말을 남겼단다.

> 생각을 조심하라, 그것은 곧 너의 말이 된다.
> 말을 조심하라, 그것은 곧 너의 행동이 된다.
> 행동을 조심하라, 그것은 곧 너의 습관이 된다.
> 습관을 조심하라, 그것은 곧 너의 인격이 된다.
> 인격을 조심하라, 그것은 곧 너의 운명이 된다.

어려서부터 몸에 밴 여러 습관들이 결국 우리 운명을 결정하게 된단다. 예를 들어 어린 아이가 수학을 공부할 때 내용이 간단하다는 이유로 풀이 과정을 뛰어넘는다거나, 서둘러 문제를 푸느라 글씨를 대충대충 쓴다거나, 종이를 아낀다는 이유로 너무 빽빽하게 쓴다거나 하는 것들 말이야. 이러한 단순한 행위들이 시간이 흐르면서 습관으로 자리 잡는 거지. 수학 문제를 풀 때 풀이 과정을 뛰어넘던 아이는 학년이 올라가 문제가 복잡해지면 풀이 과정을 제대로 생각하지 않아 계속 실수를 하게 될 거야. 물론 99%의 사람들은 자신의 근본적인 문제를 인식하지 못해. 그저 자신이 부주의했다고 생각할 뿐이야. 또 글씨를 대충 쓰다보면 나중에는 자기 글씨를 알아보지 못해 5를 3으로 착각하는 일도 생길 거야. 공책에 글씨를 빽빽하게 쓰는 게 습관이 되면 시험을 볼 때도 시험지에 빼곡하게 글씨를 적게 되고, 자신이 써놓은 숫자나 공식을 찾지 못해 실수를 검토하지 못하기도 한단다. 그래서 좋지 않은 습관을 가진 사람은 아무리 노력해도 좋은 성적을 받기 힘들어. 그러다보면 나중에는 자신의 능력과 지적수준을 의심하게 되고 성격도 점점 변하게 된단다. 심지어 나중에는 수학뿐만 아니라 모든 과목을 포기해버리기도 하지. 이처럼 사람의 운명은 작은 습관이나 행위에 의해 결정되기도 하는 거란다.

아빠 책을 읽은 독자 혹은 기자들이 자주 하는 질문이 있어. 그건 바로 개천에서 용이 날 수 있냐는 거야. 다시 말해 가난한 집에서 태어난 아이들도 성공할 수 있는지 궁금하다는 거지. 아빠 가난한 집에서 태어나든, 부잣집에서 태어나든 성공과는 크게 상관없다고 생각해. 물론 부잣집 출신 중에는 훌륭한 사람들이 많지. 그들은 자신의 노력과 집안의 재력을 활용해 사업을 크게 성공시키기도 해. 하지만 모두가 그런 건 아니야.

2016년 미국 대통령 후보였던 트럼프와 힐러리 클린턴은 둘 다 상당한 부자였지만 두 후보의 딸들은 극명한 차이를 보였어. 이방카 트럼프는 부잣집에서 태어났지만 어려서부터 독립심이 강했고 이미 십여 년 전에 자신의 노력으로 사회에 자리를 잡은 상태였지. 이방카는 아빠가 대통령이 되지 않았어도 사회에서 충분히 큰일을 했을 인물이야. 반면 첼시 클린턴은 클린턴 부부의 딸이 아니었다면 아무도 관심을 기울이지 않을 만한 인물이지.

개인의 성공은 출신과 크게 상관이 없어. 오늘날 <포브스> 부자 순위에 이름을 올리는 인물들은 대부분 1세대 부호들이야. 다시 말해 그들의 성공과 출신은 큰 관계가 없다는 의미지. 물론 그렇다고 저소득층 가정에서 태어난 모든 아이들이 부자로 성공하는 것도 아니지만 말이야. 그렇다면 경제 수준이 비슷한 가정에서 태어난 아이들이 왜 나중에는 운명이 제각각 달라지는 걸까? 사실 많은 일들은 이미 과거에 결정이 된단다. 마거릿 대처의 말처럼 우리가 크게 주의를 기울이지 않는 아주 작은 일도 반복되다 보면 서서히 습관이 되고, 습관이 성격이 되며, 성격이 바로 운명을 결정하는 거야.

사람의 운을 결정하는 첫 번째 요소는 환경이야. 말콤 글래드웰 Malcolm Gladwell은 《아웃라이어》에서 사람이 태어난 시간과 장소가 그의 운명을 크게 좌우한다고 강조했어. 세계적으로 큰 부를 누렸던 사람들 중 1/5는 1830~40년 사이 미국에서 태어났단다. 그들이 부자가 될 수 있었던 이유는 미국의 산업혁명 덕분이었던 거지. 중국에서도 너보다 한 세대 먼저 태어난 사람들, 즉 아빠와 동시대에 태어난 사람들은 개혁개방 덕분에 100년 전 사람들보다 훨씬 더 큰 부와 행복을 누리며 살고 있단다. 미국에서는 베이비붐 세대가 가장 행복한 것으로 알려져 있어. 그건 아마도 그들이 태어날 당시에 그 어떤 나라보다 부강했기 때문에 일자리를 구하기 쉬웠고 평생 먹고살 걱정을 하지 않아도 되었기 때문일 거야.

앞으로 몇십 년 동안 세계의 발전은 유럽이나 일본이 아닌 미국과 중국이라는 양 대국이 이끌어나가게 될 것 같구나. 만약 이런 예상이 맞다면 무슨 일이든 두 나라 사이에서 한다면 훨씬 유리하겠지? 너는 어렸을 때부터 집에서 중국어를 사용해왔기 때문에 지금 네 중국어 수준은 중국 현지 사람들과 큰 차이가 없어. 덕분에 너는 다른 사람들보다 훌륭한 무기를 하나 더 지니게 되었지. 대부분의 화교 집안에서는 아이들이 영어를 쓰도록 내버려 두고 특별히 중국어 공부를 시키지 않는단다. 이런 아이들은 스무 살이 되어도 중국어 실력이 초등학생 정도밖에 되지 않아. 중국인이면서 중국어를 제대로 하지 못한다는 것은 50%의 기회를 포기한 것이나 마찬가지야. 그리고 앞으로 아무리 노력해도 그 50%는 쉽게 채우지 못할 거야. 그러니 너도 중국어 공부를 게을리 하지 말거라.

개인의 운명을 결정하는 두 번째 요소는 바로 그 사람의 손 안에 있고, 그것은 어렸을 때 이미 정해진단다. 아빠가 친구와 우스갯소리로 자주 하는 이야기가 있는데, 어렸을 적 뺨을 맞았을 때 반응을 보면 그 사람의 운명을 알 수 있다는 거야.

사람이 뺨을 맞았을 때 보이는 반응은 세 가지야. 첫 번째는 때린 사람의 뺨을 똑같이 때리는 것이고, 두 번째는 아무 말 없이 얼굴을 부여잡고 떠나는 것이고, 세 번째는 뺨을 맞은 이유를 냉정히 분석해 보는 거야. 만약 정말로 뺨을 맞을 짓을 했다면 반성하고 교훈을 얻어야하고, 상대방이 아무 이유 없이 때린 거라면 경찰 혹은 그의 부모를 불러 교육시켜야 해. 물론 당장 아무런 조치도 취하지 않고 나중을 기약하는 사람도 있을 수 있지.

우리는 인생을 살면서 끊임없는 고난과 시련에 부딪힌단다. 이건 마치 누군가에게 계속해서 뺨을 맞는 것과 같아. 그런데 냉혹한 현실에 뺨을 맞았을 때 어떤 태도를 보이고, 어떻게 처리하는가에 따라 우리 운명이 결정돼. 예를 들어 시험을 망쳤다면 어떻게 할까? 첫 번째 방법은 시험지를 마구 찢어 버리는 거야. 심지어 옆 친구 것까지 말이야. 이건 상대방의 **뺨**을 똑같이 때리는 것과 마찬가지야. 두 번째 방법은 아예 공부를 포기해 버리는 거야. 아무 말 없이 얼굴을 부여잡고 떠나는 것과 같지. 세 번째 방법은 원인을 분석하는 거야. 내가 더 노력해야 하는 건지, 선생님이 점수를 잘못 주신 건지(물론 이런 상황도 종종 있단다) 등을 말이야. 그런 다음 원인에 따라 개선 방법을 찾아 실행하는 거지.

사람이 일생동안 **뺨**을 맞는 상황과 원인은 모두 다르지만 그것에 대처하는 방법은 놀라우리만큼 비슷하단다. 상대방에게 똑같이 되갚아 주는 사람은 평생을 그렇게 할 거야. 그러다가 엄청난 상대를 만나는 날에는 뺨을 맞다가 죽을 수도 있겠지. 또 어떤 사람들은 차별이나 무시를 당하거나, 회사에서 승진이 계속 밀려도 자신의 권리를 주장하지 않고 상황을 그대로 받아들이곤 해. 이건 **뺨**을 맞고도 가만히 물러서는 것과 같아. 그런 무시를 받고 집에 돌아와 자신의 스트레스를 힘없는 아이들에게 풀기도 하지.

"아빠, 엄마처럼 무시당하면서 살지 말고 너희들은 공부 열심히 해서 반드시 아이비리그에 들어가야 해!"

하지만 자신의 권리를 제대로 주장하지 않으면 아이가 아무리 공부를 잘한들 공평한 기회를 얻지 못한다. 아마 대학 입학 과정에서도 차별을 당하게 될 거야. 그래서 아시아인으로서 공평한 대우를 받고 싶다면 자기 자신부터 정치에 적극적으로 참여하고 AA정책_{소수집단우대정}

책으로 대학 입학 시 소수 인종에게 더 많은 기회를 주기 위해 많은 아시아 학생들이 뛰어난 성적을 받았어도 입학이 제한되었다에 반대하며, 선거 때 AA정책을 지지하는 정치인을 뽑지 않아야 한단다. 물론 아주 오랜 시간이 걸릴지 모르겠지만 반드시 나 자신부터 행동으로 보여줘야 해. 행동이 운명을 결정하니까. 그런데 많은 사람들이 자신의 문제는 회피한 채 자식에게만 이를 강요하고 있단다. 아빠는 지난번에 네가 동생을 데리고 보스턴에 다녀오면서 동생이 마땅히 받았어야 할 좌석 승급을 받지 못했다며 항공사에 직접 따지러 갔던 일을 아주 기쁘게 생각한단다. 넌 뺨을 맞았지만 그 후에 아주 잘 대처한 셈이야. 너의 그러한 행동이 좋은 습관과 운명을 만드는 거란다.

마지막으로 미래의 배우자를 선택하는 것 역시 운명에 중요한 영향을 미치는 요소야. 중국에는 아름답고 재주 많은 린휘인林徽因이란 여인이 있었어. 그녀는 베트남전 기념비를 설계한 건축가 마야 린의 고모이기도 해. 린휘인은 줄곧 훌륭한 남성들과 교제를 하다가 나중에 중국 근대 건축가인 량쓰청梁思成과 결혼을 했단다. 결혼 후 그들의 집은 최고의 엘리트들이 모이는 장소가 되었고 린휘인도 많은 영향을 받게 되었지. 그녀는 중국의 국가문장을 디자인하고 베이징 도시기획자로 이름을 남기기도 했어. 그런데 만약 그녀가 별 볼 일 없는 남자와 결혼했다면 이런 일들을 할 수 있었을까? 그건 그 남자 때문이기도 하지만 그와 어울리는 별 볼 일 없는 친구들의 영향도 있을 거야. 반면 후인멍胡因夢은 1970~80년대 대만에서 큰 인기를 끌었던 여자 연예인이었는데

리아오李敖라는 거칠고 반항적인 남자와 결혼을 했어. 하지만 결혼한 지 얼마 되지 않아 두 사람은 이혼했지. 이혼 후에도 리아오는 후인멍에 대한 안 좋은 이야기를 하고 다녔다고 하더구나. 나중에 후인멍은 그와의 결혼생활을 회상하며 지질한 남자 하나 때문에 40년을 고생했다고 고백했어. 인생에서 40년이란 시간은 얼마나 긴 시간이니.

　운명에 관한 이야기는 정말 끝도 없는 것 같아. 이 편지의 내용이 네게 생각할 거리를 남겼으면 좋겠구나. 너는 지금 정말 좋은 시대를 살고 있어. 무슨 일이든 시작할 때부터 좋은 습관을 기르고, 좋은 성격을 만들고, 좋은 사람을 사귄다면 운명의 여신이 너를 어여삐 여길 거란다.

　　　　　　　　　　　　　　　　　행운이 가득하기를 빌며
　　　　　　　　　　　　　　　　　아빠로부터

밍화는 나중에 블룸버그에서 인턴으로 일하게 됐다.

어떻게 살아야 할지 막막한 너에게

첫 번째 편지
행복한 삶을 위한 네 가지 노력

· 배움을 게을리 하지 않을 것
· 꿈을 갖고 그것을 이루기 위해 노력할 것
· 사람들과 어울리며 상대를 존중하고 포용하는 자세를 가질 것
· 인생을 멀리 볼 것

두 번째 편지
아빠가 생각하는 행복의 근원

사람이 추구하는 높은 차원의 행복 중 하나는 자신의 존재와 행위를 통해
세상에 발자취를 남길 때의 행복이다. 우리는 자신의 말이나 행동이 세상에
긍정적인 영향을 주었다는 사실을 알게 되었을 때 진정한 즐거움을 느낀다.

세 번째 편지
유혹을 이겨내는 방법

· 장기적이고 큰 목표를 세울 것
· 성취감을 느낄 수 있도록 보상이 있는 일을 할 것

네 번째 편지
문제에 직면했을 때

문제에 직면했을 때 선택할 수 있는 방법은 두 가지다. 문제로부터 도망치거나 정면으로 도전해서 극복하거나. 어떤 선택을 하느냐에 따라 결과는 달라지고, 달라진 결과가 쌓여 차이를 만든다.

다섯 번째 편지
최선의 적은 최고

세상에 '원래' 완벽한 것은 없다. 완벽해지기를 기다리느라 아무 것도 완성하지 못하는 실수는 범하지 말 것. 그리고 어떤 일을 할 때 속도가 느린 것을 염려하기보다는 발걸음을 멈추는 것을 경계할 것.

여섯 번째 편지
운명을 결정하는 결정적 요소

개인의 운명을 결정하는 요소는 바로 그 사람의 손 안에 있고, 그것은 어렸을 때 이미 정해진다. 무슨 일이든 시작할 때부터 좋은 습관을 기르고, 좋은 성격을 만들고, 좋은 사람을 사귄다면 운명은 언제나 우리 편이다.

"앞으로 살아가면서 눈앞의 유혹에 수없이 흔들리게 될 거야. 그 유혹은 너무나 달콤해서 주변에서 하나둘 자신의 목표를 포기하고 그것을 받아들이는 모습도 보게 될 거란다. 하지만 그럴 때야말로 강한 의지를 발휘해야 해. 높은 경지를 추구하고 눈앞의 현실보다 더 먼 곳을 바라본다면 그만큼 멀리 갈 수 있다는 걸 기억하렴."

2장

세상을 대하는 태도

세상에 첫발을
내딛는 너에게

인생의 큰 그림을 그려라

성공의 핵심은 바로
어떤 그림을 그리냐에 달렸단다.

이 편지는 멍화가 대학에서 2학년을 시작하기 전에 보낸 것이다. 나는 멍화가 학업 외에 다른 일에도 관심을 가져 인생의 큰 그림을 그리고 더 높은 경지를 추구할 수 있기를 바라는 마음을 편지에 담았다.

멍화에게

이제 곧 2학년이 되는구나. 작년 한 해 네 성적은 정말 훌륭했어. 네가 열심히 노력한 결과니 이 점은 크게 칭찬해 주고 싶구나. 앞으로 시간이 된다면 학교 공부 외의 일에도 관심을 갖기를 바란다.

지난번에 너희 학장님을 만났을 때 네가 이번 학기에 어떤 강의를 선택했냐고 물어서 정말 난감했단다. 너도 알다시피 나는 한 번도 네가 무슨 강의를 선택할지 묻지 않았잖니. 아빠는 네가 어떤 강의를 들어도 다 좋다고 생각해. 물론 나보다 너희 지도교수님의 의견이 더 중요하기도 하고. 하지만 기왕 학장님이 물어보셨으니 이번 기회에 강의 선택에 관해 네게 한 가지 조언을 해 주고 싶구나. 아빠는 네가 대학을 다니는 동안 여러 인문학 강의를 듣고 세상을 바라보는 시야와 견문을 넓혔으면 해. MIT에서는 그런 강의들을 쉽게 들을 수 있지만 학교를 졸업하고 나면 듣고 싶어도 기회가 별로 없단다. 오히려 전공과목들은 나중에도 들을 기회가 많아.

그럼 왜 하필 인문학일까? 가장 큰 이유는 인문학이 사람의 시야뿐만 아니라 인생의 경지를 넓혀주기 때문이란다. 다시 말해 자신의 전문 분야에만 머무르지 않도록 하는 거지.

몇 주 전에 한 창업 프로젝트를 검토할 일이 있었어. 이 프로젝트를 제안한 스타트업 그룹은 MIT와 하버드 졸업생 4명으로 구성되어 있었는데 그동안 본 스타트업 그룹 중에서는 가장 학벌이 좋았어. 그런데 이렇게 똑똑한 네 명이 제안한 일은 다소 실망스러웠단다. 그들이 하고 싶어 하는 일이 무엇이었냐고? 명칭부터 이야기하자면 '초단타매매'라는 거였어.

초단타매매에 대해서 들어봤는지 모르겠구나. 우선 초단타매매의 개념을 간단히 설명해줄게. 주식시장에서는 매수자, 매도자가 제시한 가격이 일치할 때 거래가 성사된단다. 만약 한 매도자가 10.05위안에 A사 주식 100주를 매도하려고 하는데 매수자가 10.04위안 혹은 더 낮은 가격에 매수하려고 한다면 이 거래는 성사될 수 없어. 하지만 이 둘이 정말로 거래를 성사시키고 싶고 0.01위안 정도의 손해는 개의치 않는다면 매도자가 0.01위안을 낮출 수도 있고, 매수자가 0.01위안을 올릴 수도 있겠지. 이때 매수자와 매도자가 동시에 거래 금액을 조정할 수도 있어. 그러면 한쪽에서는 10.04위안에 팔고, 한쪽에서는 10.05위안에 사는 일이 벌어지지. 즉 누군가 이 정보를 보고 10.04위안에 1주를 매수해 재빨리 10.05위안에 매도한다면 금세 0.01위안을 버는 거야. 이처럼 매수와 매도 사이에 발생한 0.01위안의 차액을 노리는 투자 기법을 초단타매매라고 해.

이러한 거래는 이윤은 높지 않은 편이지만 거래 빈도가 굉장히 높고 속도도 아주 빠르지. 게다가 이론적으로 보면 초단타매매는 리스크가 전혀 없어. 충분한 기술력을 바탕으로 주문을 체결시키기만 하면 저절로 돈을 벌어들이기 때문이야. 그럼 누가 이런 일을 하겠니? 분명 매매가와 매수가 차액에 대한 정보를 가장 먼저 접한 사람일 거야. 일단 이러한 정보를 접한 사람이나 금융기관에서는 최대한 빨리 주문을 처리해서 거래를 성사시키려고 시도해. 이 과정은 굉장히 신속하게 이루어져야 해. 그렇지 않으면 다른 사람들에게 기회를 뺏길 테니까. 시카고의 한 초단타매매 회사에서는 거래 시간체결 시간을 0.1초 앞당기기 위해 무려 1억 달러를 투자해서 시카고에서 뉴욕을 통하는 광케이블 개량 공사를 하기도 했단다. 하지만 그런다고 거래가 반드시 성사되는 건 아니야. 초단타매매 거래는 아주 복잡하고 거래를 하는 사람도 매우 많기 때문에 정말로 재빠른 몇 사람이 이익을 모두 가져가게 된단다.

헤지펀드사에서는 가장 빠른 초단타매매 시스템을 개발하기 위해 명문대생들을 모집하기도 하는데 앞에서 말한 MIT와 하버드 졸업생들도 바로 이런 일을 했던 사람들이야. 그들은 워낙 똑똑하기 때문에 초단타매매가 어떤 원리로 이루어지는 것인지 금방 이해했을 거야. 그래서 직접 초단타매매를 하려고 우리 펀드에 융자를 신청했겠지.

똑똑한 사람들이기 때문에 투자를 한다면 당연히 수익을 낼 수 있을 거라 생각해. 하지만 우린 그들에게 투자하지 않기로 결정했단다.

그 이유는 먼저 초단타매매라는 것이 큰 의미가 없는 일이고, 돈을 번다 해도 규모가 커질 것 같진 않았기 때문이야.

덧붙여 설명하자면, 물론 초단타매매가 아무 의미도 없는 일이라고 말할 수는 없어. 거래량을 늘려서 주식시장을 활성화한다는 순기능도 있지. 하지만 그것뿐이란다. 엄청난 부를 창조할 수 있는 것도 아니고 거래 비용을 낮출 수 있는 것도 아니야. 이미 세계적으로 초단타매매를 전문으로 하는 회사들이 많이 있기 때문에 지금 차려서 하나도 득이 될 게 없는 상황이지.

클라이너 퍼킨스 코필드 앤 바이어스KPCB의 존 도어는 세계적인 벤처 캐피탈리스트로 아마존, 애플 등의 회사에 성공적으로 투자했어. 그는 세상을 변화시키는 위대한 기업을 알아보는 안목을 가졌지. KPCB 직원들은 존 도어가 투자 여부를 판단하는 방식이 남다르다고 했어. 그는 단순히 돈을 벌 수 있는지가 아니라, 자신의 투자가 세상에 얼마나 중대한 영향을 줄 수 있는지를 생각하고 창업 프로젝트를 심사할 때 창업자들에게 이렇게 묻는다고 해.

"우리가 당신의 프로젝트를 승인하고 돈을 투자한다면 2년 후에 세상은 어떻게 바뀌어 있을까요?"

도어는 '다른 회사보다 더 잘할 수 있다'고 말하는 사람에게는 절대 투자하지 않아. 어떤 일을 더 잘하는 건 지금 있는 회사에서 조금 더 노력하면 될 일이지 시장에 또 다른 경쟁자가 필요한 건 아니거든.

아까 그 친구들이 하겠다는 일도 마찬가지야. 그들은 어느 정도 돈을 벌 수 있을지는 몰라도 세상을 변화시키지는 못할 거야.

물론 초단타매매가 크게 손해 보지 않고 돈을 벌 수 있는 일이니 좋지 않냐고 생각하는 사람들도 있을 거야. 이것은 돈을 버는 규모와 효율을 생각해봐야 할 문제란다. 세계적으로 초단타매매를 하는 대표적인 회사는 버츄 파이낸셜과 KCG 등이 있는데 이들의 1인당 연평균 생산액은 100~120만 달러야. 미국 회사원들의 일인당 연평균 생산액이 10만 달러 정도인 것에 비하면 꽤 높은 수치지. 하지만 구글의 1인당 연평균 생산액은 125만 달러이고, 애플과 페이스북의 경우 160만 달러에 육박한단다. 대기업에서 이렇게 높은 평균 생산액을 기록하는 것은 작은 기업보다 훨씬 어려운 일이야. 게다가 구글, 애플 같은 기업의 경우 직원 대부분이 고객을 상대하는 서비스직이나 판매직이고 정작 큰 돈을 벌어들이는 제품 기획자, 엔지니어, 디자이너 등은 소수란다. 더욱 중요한 것은 구글과 애플이 사회에 미치는 영향은 초단타매매 회사들보다 훨씬 크다는 거야. 만약 이런 회사가 없었다면 인류 문명의 발전이 지금보다 한참 뒤처졌을 거야.

구글, 애플, 페이스북 같은 기업이 할 수 있는 일을 왜 초단타매매 회사에서는 하지 못하는 걸까? 간단히 말하면 전자의 그림은 크고, 후자의 그림은 작기 때문이야. 구체적으로는 세상을 변화시키겠다는 목적으로 일을 하느냐와 단순히 돈을 벌어 편하게 살 목적으로 일을 하느냐의 차이지. 아빠가 오늘 하고 싶은 이야기도 바로 이것이란다. 세상에 큰 그림을 그릴 수 있는 사람은 많지 않아. 그러나 일단 세상을 바꿀 수 있는 일을 찾으면 큰돈을 벌 수 있게 된단다. 반면 큰 그림을 그리지 못하고 작은 돈을 탐하는 사람들은 굉장히 많아. 그래서 초단타매매처럼 돈을 벌 수 있다고 알려진 곳에 너도나도 사람들이 몰려들고, 그러다보면 이윤은 저절로 줄어들게 되지. 구글의 검색엔진, 애플의 아이폰은 만들고 싶다고 만들어지는 것이 아니야. 성공의 핵심은 바로 어떤 그림을 그리냐에 달렸단다.

많은 부모들이 자녀를 명문대에 보내기 위해 아등바등하지만 솔직히 말해 아무리 좋은 학교를 나왔다고 해도 큰 그림을 그리지 못한다면 결국 구글 직원들과 같은 가치를 창출하기는 어려워. 물론 MIT 졸업생 중에도 훌륭한 사람들이 많아. 지난번 너희 학교 부학장인 에릭 그림슨 교수님이 말씀하셨잖니. 미국에 있는 대기업 창업주나 고위 임원들 중 1/3이 MIT 출신이라고 말이야. 그들은 분명 작은 이익을 탐하는 사람들은 아닐 거야.

그러니 얘야, 어떤 일을 하거나 혹은 하려고 하지 않을 때 반드시 큰 그림을 그리려고 노력해 보렴. 그리고 어떤 일을 시작했다면 가능한 높은 목표를 향해 노력하고 높은 경지를 추구해야 한단다. 여기서 높은 경지라는 건 더 멀리 내다보는 것을 의미해. 너는 고작 1년 후를 내다볼 수 있는데 내가 3년 후의 일까지 내다볼 수 있다면 내 경지가 더 높다는 의미지. 물론 신은 모든 것을 꿰뚫어보시니 우리의 경지와 비교할 수 없겠지? 이에 관해서는 다음번에 다시 이야기하자꾸나. 늘 건강하기를 바란다!

아빠로부터

높은 경지를 추구하라

높은 경지를 추구하고
눈앞의 현실보다 더 먼 곳을 바라본다면
그만큼 멀리 갈 수 있다는 걸 기억하렴.

명화에게

오늘은 지난번에 급히 다른 일을 처리하느라 편지에 쓰지 못한 이야기를 마저 하려고 해. 지난번에 사람이 큰 그림을 그릴 수 있으면 더 많은 기회를 발견하고, 강한 영향력을 미칠 수 있다고 이야기했었지? 그럼 오늘은 인생의 경지에 대해 이야기해 보자꾸나. 경지라는 단어는 불교에서 유래했어. 멀리 보고 깊이 꿰뚫어 볼 수 있는 능력을 의미한단다. 불교에서는 우주가 수많은 층으로 이루어져 있어서 높은 곳도 있고 낮은 곳도 있다고 말해. 이 추상적인 개념의 이해를 돕기 위해 고대 중국의 이야기를 하나 들려주마.

혹시 역사 시간에 진시황의 중국 통일에 대해 배웠는지 모르겠구나. 아마 배웠더라도 선생님께서 통일 과정을 자세히 설명해 주시지는 않았을 거라 생각한다. 중국에서는 이 시기의 역사를 비교적 심도 있게 다룬단다. 진나라가 여섯 나라를 통일한 이야기를 하려면 그 전에 일어난 상앙변법商鞅變法에 대해 먼저 알아야 해.

진나라는 중국 서부에 위치한 나라였어. 미국으로 치면 중서부 지역에 해당하지. 경제적으로나 문화적으로 발달한 곳이 아니었기 때문에 그런 지역에서 중국 전체를 통일하는 건 굉장히 어려운 일이었어. 실제로 당시 진나라는 주변국들로부터 자주 멸시와 괴롭힘을 당했단다. 다행히 진나라의 군주였던 진효공은 뛰어난 재능과 원대한 지략을 가진 사람이었어. 그는 나라를 부강하게 만들기 위해 천하의 인재들을 진나라로 불러 모았지. 상앙이라는 사람도 그중 하나였어. 상앙은 능력이 뛰어난 인물이었고 진나라를 개혁해 훗날 중국 통일의 기반을 마련했단다. 그런데 근래 들어 지금까지 위대한 개혁가로 알려졌던 상앙이 재평가되고 있어. 진나라가 중국을 통일하기는 했지만 그의 무리한 개혁이 부작용을 낳아서 15년 만에 멸망하게 되었다는 거야. 하지만 이건 사람들의 오해야. 왜냐하면 무리하게 추진한 건 상앙의 뜻이 아니라 진효공의 선택이었거든. 《사기》에 이와 관련된 구체적인 내용이 묘사되어 있단다.

상앙은 진효공에게 총 세 번의 유세('유세'란 당시의 구직활동 같은 것으로 이해하면 좋겠구나. 그의 목적은 내각 수상에 해당하는 자리에 오르는 것이었어)를 했단다. 그는 매번 진효공의 총애를 받는 경감이라는 신하를 통해 진효공을 만날 수 있었어.

첫 번째 만남에서 상앙은 중국 상고시대의 황제인 요堯, 순舜, 우禹, 탕湯의 제도帝道정치에 관한 이야기를 했어. 그들이 통치하던 시대는 천하가 태평하고 백성들이 근심걱정 없이 편안하게 살았다고 해서 훗날 수많은 군주와 지식인들이 동경하는 황금시대의 본보기가 되었단다. 그런데 진효공은 상앙의 이야기에 관심을 보이지 않았고 급기야는 잠

들고 말았지. 나중에 상앙이 자리를 떠나자 진효공은 경감에게 상앙이 너무 우쭐댄다면서 화를 냈어. 경감에게 이 말을 전해들은 상앙은 굴하지 않고 다시 한번 진효공을 만날 기회를 청했단다. 5일 후 경감이 두 번째 자리를 마련하자 이번에는 주 문왕文王과 무왕武王의 왕도王道 정치에 관한 이야기를 꺼냈어. 그들의 업적은 그저 전설로만 전해져 내려오는 상고시대 군주들의 이야기보다 훨씬 더 실질적이고 구체적이란다. 진효공은 약간의 관심을 보였지만 이야기 상대로 괜찮다고 여길 뿐 그를 기용할 생각은 없었어. 경감이 진효공의 뜻을 전하자 상앙이 말했어.

"이번에야말로 무슨 이야기를 해야 할지 확실히 알았으니 다시 한번만 기회를 만들어주게."

세 번째 만남에서 상앙은 패도霸道정치와 오패五霸에 관한 이야기를 했어. 오패란 춘추시대의 제후 가운데 패업을 이룬 다섯 군주를 의미해. 이해가 잘 안 된다면 엘리자베스 1세나 루이 16세 같은 인물을 떠올리면 된단다. 진효공은 상앙의 이야기를 흥미롭게 들었어. 얼마나 재미가 있었는지 몸이 점점 상앙 쪽으로 기울어지다가 하마터면 고꾸라질 뻔했지 뭐야. 그날 이후 진효공은 상앙을 수시로 불러 그의 의견을 물었고 결국 상앙변법을 실시하기로 결정했어.

이를 알게 된 경감이 상앙에게 물었단다.

"처음부터 대왕의 마음이 부국강병과 패권에 있었다는 걸 알면서 왜

제도니 왕도니 하는 이야기를 한 겐가?"

상앙이 대답했어.

"만약 대왕의 경지가 높고 큰 뜻을 품고 계신데 처음부터 패도에 관한 이야기를 꺼내면 본인을 경시한다 생각하실까 봐 그리했네."

진효공은 상앙에게 공리적인 색채가 아주 강한 법률을 제정하도록 하고 이러한 법률을 정치와 군사의 도구로 사용했어. 이는 짧은 시간에 큰 효과를 봤고 얼마 후 진나라가 중국을 통일하는 결정적인 요인이 되었단다. 상앙은 이러한 정책의 부작용을 예상하고 있었어. 그래서 이렇게 말했지.

"이렇게 무리하게 진행하면 진나라의 국운은 과거 상나라와 주나라를 뛰어넘을 수 없을 것입니다."

상앙이 예상한 것처럼 진나라는 중국을 통일하고 얼마 되지 않아 멸망하고 말았어. 더 비극적인 것은 황족들 모두 반란군에게 죽임을 당했다는 거야. 만약 진효공이 훗날 자손들에게 닥칠 비극을 알았다면 패도정치의 길로 들어선 것을 후회했을지도 몰라.

진효공과 후대의 진나라 군주들은 큰 뜻을 품었는지는 몰라도 경지가 그리 높지는 못했어. 그들은 오직 무력과 단기간의 성과만 봤을 뿐 먼 훗날의 위험을 내다보지 못했단다. 통일 방안에 대해 이야기할 때 상앙은 제도, 왕도, 패도의 길을 모두 이야기했으나 진효공의 반응은 각기 달랐어. 그는 결국 가장 효과가 빠르지만 위험한 방법을 선택했고, 이 선택이 진나라를 막다른 길로 치닫게 한 거지. 진효공은 죽고 뼈아픈 교훈을 남겼지만 여전히 세상에는 인생을 멀리 보지 못하고 장기적인 이익보다 눈앞의 이익만 생각하는 사람들이 많단다.

누군가는 이렇게 말할 수도 있어.

"어떤 나라든 발전하려면 먼저 부국강병을 이뤄야 하는데 제도와 왕도를 운운하는 것은 비현실적이지 않나요?"

먼저 단기적인 이익과 관련된 문제를 해결해야 돈과 자원이 생기고 이로써 인생을 더 멀리 볼 수 있는 힘이 생긴다는 말도 맞아. 하지만 사람이 단기적인 이익에만 익숙해지면 경지를 높이지 못하고 영원히 더 높은 경지는 바라볼 수 없게 된단다. 진효공과 달리 세상에는 더 높은 경지를 추구했던 군주들이 있어. 프랑스의 나폴레옹과 미국 건국의 아버지_{미국 독립 전쟁과 관련된 미국 역사 초기 5명의 대통령 포함, 미국 독립 선언에 참여한 정치인들을 일컫는다}가 바로 그렇단다.

미국 건국의 아버지에 대해서는 역사 시간에 많이 배웠을 테니 자세한 설명은 하지 않으마. 그들은 무력이 아닌 타협과 담판으로 신대륙의 영구한 생존과 발전을 도모했단다. 나폴레옹에 관해서는 조금 더 자세히 이야기해 보자면, 나폴레옹이 일생 동안 가장 많은 정력을 쏟아붓고 자랑스러워한 것은 어떤 전쟁에서의 승리가 아니라 《나폴레옹 법전》을 제정한 것이란다.

사람들은 나폴레옹 하면 뛰어난 군사력을 떠올리지만 사실 그는 법률에 정통했고 그것의 중요성을 알고 있었어. 그래서 《나폴레옹 법전》 편찬 위원회를 구성하고 직접 법전 제정에 참여했단다. 법전을 편찬하는 동안 참의원에서는 총 102회의 토론회를 열었는데 나폴레옹은 의장 자격으로 그중 97회의 회의에 참석해 법전 제정을 꼼꼼히 심사했다고 해. 그는 회의를 하는 동안 다양한 경전의 문구를 인용하며 끊임없이 발언해 저명한 법학 전문가들을 경탄하게 만들었지. 법전은 결국 입법에 통과해 공식 공표되고 실시되었단다. 나폴레옹의 군사적 승리는 1815년이 끝이었지만 19세기에도 유럽은 여전히 나폴레옹의 영향 하에 있었던 거야. 나폴레옹은 자신의 인생을 통틀어 이 법전을 가장 자랑스러워했단다. 그는 임종 전에 이렇게 말했다고 해.

"내가 일생 동안 40여 차례의 전쟁을 하면서 거둔 승리의 영광은 워털루 전의 패배로 한순간에 무너져 버렸지만 내게는 역사에 길이 남을 업적이 있지. 그것은 바로 내가 편찬한 법전이라네."

나폴레옹의 목표는 단순히 군사력을 통한 정복이 아니라 자본주의 현대국가를 만드는 데 있었어. 다시 말해 그는 패도가 아니라 제도를 추구했던 것이지.

진효공과 나폴레옹을 비교해 보면 단기적인 방법으로는 장기적인 목표를 실현하기 어렵다는 사실을 알게 된단다. 젊은 친구들에게 앞으로의 인생 계획을 물어보면 대부분 무엇을 전공하고 어떤 기술을 익혀야 많은 돈을 벌고 하루빨리 성공할 수 있는지 고민하고 있더구나. 심지어 많은 젊은이들이 서른 살 이전에 경제적 자유를 얻고 싶어 하는데, 그들의 꿈은 너무나 비현실적이야. 한편 의사처럼 오랜 기간 꾸준히 돈을 벌 수 있는 직업은 초기에 많은 노력과 투자가 필요하단다. 세상에 노력하지 않고 많은 돈을 벌 수 있는 직업은 없어. 설령 그러한 직업이 있다고 해도 시간이 조금만 흐르면 경쟁이 치열해져 수익이 급격히 감소하게 될 거란다.

몇 년 전까지만 해도 미국에서 변호사라는 직업은 굉장히 인기가 많았어. 의대보다 공부는 수월한데 대우는 비슷하기 때문이지. 그래서 많은 학생들이 졸업 후에 로스쿨을 선택했어. 하지만 이제는 졸업해서 시장에 나가보면 이미 너무 많은 변호사가 있어 변호사 자격증을 따고도 허드렛일을 해야 하는 실정이란다. 요 몇 년 금융업계도 아주 인기 있는 직종이었지. 어떤 사람들은 2년 정도만 금융 공부를 하면 대형 투자 은행 같은 번듯한 회사에 들어갈 수 있을 거라 생각해. 원래 컬럼비아대학교 통계학과는 일 년에 대학원생을 몇 명 뽑지 않았는데 금융학과 돈이 연결되면서 최근에는 해마다 몇백 명의 석사 졸업생을 배출하고 있단다. 그렇다보니 졸업생들이 금융 시장에 한꺼번에 몰려들면서 이제는 큰돈을 벌기는커녕 투자 은행에서 허드렛일을 하는 자리조차 구하기 힘들어졌어. 이처럼 근시안적인 사고를 가진 사람들은 인생의 경지가 낮아 더 크게 발전할 기회를 얻지 못한단다.

아빠도 대학을 다닐 때는 몇 번이고 공부를 그만두고 돈을 벌고 싶다는 생각을 했었어. 하지만 그러면 나의 지식이 세계 일류 수준에 미치지 못한다는 걸 알았어. 그래서 회사를 다니다가도 두 번이나 그만두고 다시 학교로 돌아와 공부를 했단다. 다른 동료들이 각종 유혹을 이기지 못하고 학교를 떠나는 상황에서도 아빠는 꿋꿋이 학업을 완성했어.

학업을 중도에 포기하고 나간 사람들은 대부분 안정적인 직장을 구했어. 당시 그들의 수준이 나보다 얼마나 높았는지는 모르겠지만 그들은 대부분 그때 이후 더 높이 오르는 데 한계가 있었을 거야. 결국 사람이 얼마나 높은 경지를 추구하느냐에 따라 인생의 결과가 달라지는 거란다.

너도 앞으로 살아가면서 눈앞의 유혹에 수없이 흔들리게 될 거야. 그 유혹은 너무나 달콤해서 주변에서 하나둘 자신의 목표를 포기하고 그것을 받아들이는 모습도 보게 될 거란다. 하지만 그럴 때야말로 강한 의지를 발휘해야 해. 높은 경지를 추구하고 눈앞의 현실보다 더 먼 곳을 바라본다면 그만큼 멀리 갈 수 있다는 걸 기억하렴.

모든 일이 순조롭기를 바라며
아빠로부터

인생을 구체적으로 계획하라

작은 차이들이 모여
큰 차별성을 만드는 거란다.

멍화가 MIT에 진학한 이후 나는 다만 몇 달이라도 외국학교에 교환학생으로 다녀올 것을 제안했다. 그러나 멍화는 늘 전 세계에서 모인 친구들과 함께 공부하다보니 교환학생의 필요성을 딱히 느끼지 못했고 큰 관심을 갖지 않았다.

멍화에게

　예전에 네게 외국으로 교환학생을 반년 정도 다녀오면 좋겠다는 이야기를 여러 번 했었지? 물론 교환학생을 다녀오면 졸업시기가 몇 달 미뤄질 수 있겠지만 아빠는 네가 꼭 한번 다녀왔으면 좋겠다고 생각해. 어느 나라든 교환학생을 간다는 건 결코 간단한 일이 아니야. 가기 전에 그 나라의 언어와 문화를 충분히 익혀야 하기 때문이지. 아빠가 예전부터 취리히 연방 공과대학교를 여러 번 추천했었는데 이곳은 유럽의 MIT라고 불리는 곳이란다. 이 학교를 추천하는 또 다른 이유는 네가 독일어권 국가에서 독일인과 스위스 사람들의 문화와 일하는 방식을 경험해 보았으면 하는 바람에서야. 그들이 문제를 바라보고 처리하는 방식은 미국인과 사뭇 다르단다.

　독일이나 스위스에서 만든 제품을 사용해 보면 미국에서 만든 제품보다 품질이 훨씬 좋다는 것을 알 수 있어. 미국의 기술력도 결코 뒤지지 않는데 왜 이런 차이가 생기는 걸까? 이 문제는 한 번쯤 깊이 생각해 볼 필요가 있단다. 아주 오래전 독일에 처음 갔을 때 이런 생각이 들었어. 독일이 오늘날 평화 발전 노선을 택한 것은 정말 다행스러운 일이라고 말이야. 왜냐하면 그들에게는 세계대전을 일으킬 만한 엄청난 능력이 있었기 때문이지.

2015년에 베이징에 머물 때 독일에서 20년을 살다온 아빠 친구 장 삼촌을 만났단다. 예전에 함께 식사를 한 적이 있는데 네가 기억할지 모르겠구나. 그날 우리는 왜 독일인이 다른 나라 사람들보다 무슨 일이든 잘 하는지에 대한 이야기를 나눴는데 장 삼촌이 이에 관해 아주 인상 깊은 이야기를 했단다. 독일인들은 '인생은 구체적으로 살아야 해'라는 말을 자주 쓴다고 해. 이 문장을 어떻게 이해하면 좋을까? 이 짧은 문장에는 깊은 의미가 담겨 있단다.

독일은 거의 모든 분야에서 다른 나라보다 앞서 나가고 있어. 경제 발전은 물론 사회 평등 수준이 높고 과학 기술이 발달했으며 정치적으로도 청렴한 나라야. 하지만 그렇다고 독일이 아무 문제없이 완벽하다는 의미는 아니야. 세계 각국이 직면한 각종 사회 문제, 예를 들면 범죄, 빈곤, 빈부 격차, 금융사기 등의 문제가 당연히 독일에도 존재해. 그렇지만 독일에서는 이러한 문제들이 나타나는 정도가 비교적 덜 심각하고, 사회도 그만큼 안정적인 편이야. 이런 작은 차이들이 모여 큰 차별성을 만드는 거란다.

아빠는 중국에 갈 때마다 여러 사람들과 모임을 갖거나 식사를 하는데 그때마다 빠짐없이 거론되는 주제가 바로 중국의 부패 현상이란다. 어떤 사람들은 중국의 부패 문제가 굉장히 심각하다고 하고, 또 한편에서는 부패는 세계 어느 나라에나 존재하는 일반적인 문제라며 다른 나라의 예를 들기도 해. 힐러리 클린턴이 국무장관이던 시절 호주에서는 장차 대통령이 될지도 모르는 그녀에게 잘 보이기 위해 클린턴 재단에 8,000만 달러가 넘는 돈을 기부했고, 일부 아랍과 아프리카 국가 역시 힐러리를 만나기 위해 기부를 했다는 거야. 이렇게 이야기하면 사실 모든 국가가 부패라는 주제에서 자유로울 수 없어. 그런데 만약 이런 상황에 독일인이 있었다면 분명 이렇게 말했을 거야.

"모든 일은 구체적이어야 해요. 부패라는 개념을 그렇게 뭉뚱그려 이야기할 것이 아니라 각국의 부패 상황을 자세히 살펴봐야죠. 중국은 얼마나 심각한지, 미국에는 어떤 문제가 있는지, 또 다른 나라의 상황은 어떤지 비교해봐야 합니다. 나아가 한 시대의 상황만 볼 것이 아니라 10년 전의 중국 상황은 어땠고, 오늘날은 어떤지, 사회가 더 진보했는지 퇴보했는지 알아봐야 해요. 만약 10년 전보다 상황이 좋아졌다면 부패가 존재한다 해도 사회가 진보했다고 할 수 있고, 과거보다 문제가 심각해졌다면 그때는 정말 문제가 크다고 볼 수 있겠죠."

이러한 예는 주변에서 자주 찾아볼 수 있어. 아마 여러 매체에서 전기 자동차가 정말 친환경적인가 아니면 새로운 오염을 초래하는가에 관한 논쟁이나, 태양광 발전이 실제로 이산화탄소 배출량을 감소시키는지에 관한 논쟁을 접해 봤을 거야. 신기술을 지지하는 사람들의 관점도 명확하지만 이를 반대하는 사람들도 나름 자신만의 이유가 있어. 그런데 이를 독일인의 사고방식에 따라 생각해 보면 해결이 어려운 문제도 아니란다. 전기자동차가 좋은지 나쁜지 두루뭉술하게 논쟁을 벌일 것이 아니라 구체적으로 계산을 해 보면 알 수 있는 문제라는 거지.

회사나 기관에서도 '구체적으로'라는 원칙에 따라 문제를 처리하면 불필요한 논쟁을 해결하거나 아예 논쟁이 일어나지 않을 수도 있단다. 회사에서 일하다보면 이런 상황을 자주 볼 수 있어. 예를 들어 평소 일처리가 꼼꼼하지 못한 존이라는 직원이 있다고 해 보자. 그런데 이번에도 존이 실수를 저질러 일을 망쳐버린 거야. 상사가 존을 꾸짖자 존은 지난번에 빌도 실수를 하지 않았냐면서 변명을 했어. 그의 말대로 사람은 누구나 실수를 할 수 있어. 하지만 구체적으로 따져보면 똑같이 실수를 해도 횟수와 정도에 엄연한 차이가 있으니 그렇게 뭉뚱그려 이야기할 수는 없는 거지.

집에서도 이와 비슷한 상황이 벌어질 수 있어. 어떤 부모가 시험을 망친 아이를 혼낸 거야.

"너 성적이 이게 뭐니?"

그러자 아이가 변명을 해.

"우리 반 1등인 샤오훙도 이번에 시험을 망쳤단 말이에요!"

이럴 때 부모들은 말문이 막혀 아이에게 더 심하게 화를 내곤 하는데, 그러면 문제는 전혀 해결되지 않은 채 부모 자식 간에 감정만 상하게 되지. 사실 이때 부모가 조금만 이성적으로 생각하고 독일인처럼 문제를 구체적으로 해결하려고 했다면 샤오훙이 정말로 시험을 망쳤는지, 몇 개나 틀렸는지, 또 우리 아이는 몇 개를 틀렸는지 자초지종을 알아본 다음 이야기를 할 거야. 똑같이 시험을 망쳤다고 해도 틀린 개수와 문제의 유형에 따라 기준이 달라지니 말이야.

독일인들은 국가의 문제든 사회의 문제든 혹은 일상생활의 문제든 모두 이런 생각을 갖고 해결하려고 한단다. 독일에서는 애써 제품의 품질을 좋게 보이려고 과장된 말을 늘어놓지 않아. 대신 품질에 관해 수많은 구체적인 지표들을 넣어 특별한 설명 없이도 제품의 품질이 보장되었다는 것을 알 수 있도록 하지. 아빠는 작년과 올해에만 독일에 네 번 다녀왔는데 라이카 공장을 답사하면서 깊은 인상을 받았어. 라이카는 카메라를 생산하는 과정에서 아주 작은 눈금의 폭까지 세세하게 규정해 놓았더구나. 그들이 렌즈를 만들 때 얼마나 많은 공을 들이는지 알 수 있었지. 물론 그렇다보니 독일 생산 제품은 다른 나라 제품보다 비싸단다.

예전에 라이카는 생산 원가를 줄이기 위해 일본의 대형 광학기계 회사인 미놀타와 협력해서 렌즈를 생산한 적이 있어. 너도 잘 알다시피 일본 역시 세계 일류의 기술력을 가진 나라란다. 하지만 미놀타에서 생산한 제품은 라이카에서 제시한 기준의 20%밖에 만족시키지 못했어. 미놀타는 그 후로 몇 년 동안 여러 가지 문제를 개선하고 나서야 라이카의 요구를 모두 만족시킬 수 있었지. 그런데도 소비자들은 일본에서 생산한 라이카의 품질이 독일에서 생산한 제품에 미치지 못한다고 불만을 토로했고 결국 라이카는 일본 생산을 중단했어. 또 다른 독일의 유명 광학기계 회사인 자이스Zeiss 역시 일본에서 렌즈를 생산하고 있지만 여전히 독일 자이스의 수준에 도달하지 못하고 있어. 그래서 할 수 없이 생산지에 따라 각기 다른 제품번호를 붙여 판매를 하는데 가격은 세 배나 차이가 난다고 해. 생산지만 다를 뿐인데 가격 차이가 세 배나 난다고 하니 두 제품 간에 엄청난 기술 차이가 있을 것 같지? 아빠에게도 일본산 자이스 렌즈가 몇 개 있는데 광학 성능은 똑같이 훌륭해. 하지만 미세하게 독일에서 생산한 제품이 더 견고하단다. 야외에서 오래 사용해 보니 독일산만큼 빈틈없이 꼭 맞지는 않더구나. 바로 이렇게 작은 차이가 큰 가격 차이를 만든 거란다.

일상생활에서도 마찬가지야. 새로운 곳에 여행을 가면 현지인에게 길을 물어볼 때가 있는데 그럴 때 종종 길을 대략 아는 사람이 아무렇게나 가리킨 방향을 따라가다가 결국 엉뚱한 곳으로 가는 상황이 벌어지기도 해. 그런데 독일에서는 이런 상황이 거의 일어나지 않는단다. 아빠는 그동안 독일에 여러 번 갔었는데 독일어를 모르니 차를 환승해야 할 때면 정류장을 찾지 못해 애를 먹었어. 그럴 때마다 독일 현지인에게 길을 물어보면, 영어를 잘 못하는 사람을 만나도 대충 알려주는 법이 없고 설명이 정확하지 않다고 생각할 때는 직접 정류장까지 데려다주는 사람도 있었어. 나중에 독일인 동료에게 독일 사람들은 원래 다른 사람을 도와주기 좋아하냐고 물었더니 꼭 그렇지만은 않다고 해. 만약 길을 물어봤을 때 시간이 없거나 자기도 정확히 모른다면 도와주지 못하겠다고 직접 이야기할 거래. 그러나 일단 도와주기 시작한 사람이라면 어떻게든 끝까지 도움을 줄 거라고 하는구나.

네가 독일이나 스위스 같은 나라에 가서 공부를 하고 왔으면 좋겠다고 한 건 그들의 수준이 MIT보다 높아서가 아니라, 가서 독일인들이 공부하는 태도와 방식을 한번 경험해 보기를 바라서야. 독일인들의 논문은 그들이 만들어 내는 제품만큼이나 빈틈없기로 유명하단다. 아빠도 학계에 있을 때 종종 독일 과학자들과 협력하거나 연구 성과를 교환하기도 했어. 그들의 논문에는 큰 실험을 진행하는 과정에서 얻은 세부적인 단계의 결론이 모두 적혀 있어. 대부분의 사람들이 주요 결론만 적는 것과는 사뭇 다르지.

아빠의 지도교수였던 젤리넥 교수는 아버지가 제2차 세계대전 당시 독일의 수용소에서 돌아가셨기 때문에 독일을 별로 좋아하지 않았어. 독일인이 쓴 논문을 검토할 때면 그들의 구체적이고 세세한 데이터를 보면서 이렇게 말씀하셨지.

"참나, 독일인들이란!"

교수님은 지나치게 세세한 독일인들을 비웃었지만 한편으로 생각해 보면 그들은 진정 구체적인 태도가 몸에 밴 사람들이란다.

네 동생 멍신은 최근 몇 달 동안 디저트 만드는 법을 배우고 있단다. 멍신은 먹는 걸 좋아하는 만큼 요리하는 것도 좋아하더구나. 얼마 전에는 계량컵, 계량스푼, 저울, 타이머 등 요리에 필요한 도구들을 잔뜩 사오더니 혼자 TV프로그램의 요리 동영상이나 요리책을 찾아보면서 요리를 배우고 있어. 이제 웬만한 양식 요리는 척척 해내고 디저트도 고급 레스토랑 셰프 못지않게 만든단다. 네 동생이 요리하는 걸 지켜보면서 나와는 아주 다른 점을 찾을 수 있었어. 그건 명신이 요리의 절차를 엄격히 준수한다는 거야. 모든 재료를 한 치의 오차도 없이 계량하고, 반드시 추천받은 브랜드의 향신료를 사용해. 절대 대체품은 사용하지 않고 오븐의 온도와 시간도 정확히 맞추지. 그러다보니 독학으로도 근사하고 맛있는 디저트를 만들 수 있게 되었단다.

만약 기회가 되어 독일 사람들과 함께 공부하며 그들이 살아가는 방식을 경험할 수 있다면 네 인생에 큰 도움이 될 거야. 혹시 그런 기회가 생기지 않는다면 '인생은 구체적으로 살아야 한다'는 독일인들의 말을 반드시 기억하렴. 이 말의 진정한 의미를 깨닫기만 해도 살아가는 데 많은 도움이 될 거란다.

아빠로부터

교육은 운명을 바꾼다

공부의 목적은 사회에 온전히 설 수 있는 힘을 기르고
세상에 유용한 사람이 되는 것이란다.

어느 날 멍신이 물었다.

"언니는 좋은 대학에 갔으니 나중에 좋은 직장에도 들어가고 행복하게 잘 살겠죠?"

나는 그렇게 살기 위해서는 앞으로도 계속 노력해야 한다고 답했다. 멍신이 다시 물었다.

"평생 노력해야 한다면 왜 꼭 좋은 교육을 받아야 하죠? 학교를 그만두고 창업해서 성공한 사람들도 있잖아요."

이 편지는 멍신의 질문에 대한 내 생각을 적은 것이다.

멍신에게

아빠가 '좋은 대학교를 간다고 인생이 크게 달라지는 건 아니야'라고 말하면서 또 한편으로는 '열심히 공부해서 좋은 교육을 받아야 해'라는 모순된 말을 하는지 이해할 수 없다고 했었지? 또 학업을 포기하고 창업해서 큰 성공을 거둔 사람들도 있는데 학위가 그렇게 중요한 것이냐고 물은 적도 있었어. 정리해 보면 결국 너는 교육의 필요성에 대해 물은 것인데 아주 좋은 질문이라고 생각해.

먼저 교육의 필요성에 관해 세 가지 측면에서 생각해 보자.

첫 번째로 국적에 상관 없이 거의 모든 사람들이 '교육이 운명을 바꾼다'는 말에 공감하는 이유는 뭘까. 학교를 다니다 보면 아시아계 가정의 부모들이 다른 나라 부모보다 교육을 더 중시한다는 걸 느낄 거야. 현재는 그렇지만 사실 역사적으로는 유럽과 미국의 가정에서 교육을 훨씬 더 중요하게 여겼단다. 과거 아시아에서 교육은 주로 과거에 급제하기 위한 수단이었지, 생존 기술이나 개인의 소양을 기르기 위한 것이 아니었어. 하지만 유럽에서는 일찍이 교육이 사람의 일생에 얼마나 큰 영향을 주는지 깨달았단다. 그래서 영국에서는 16세기 에드워드 6세 때부터 무상 교육을 실시했고 학비를 내지 못하는 가난한 집안의 자녀들도 누구든 국립 학교에 다닐 수 있었어. 위대한 과학자인 뉴턴도 무상 교육을 통해 중등 교육을 마치고 케임브리지대학교에 들어갈 수 있었단다. 그렇지만 이러한 교육이 보편적으로 이루어지는 것은 아니었어. 왜냐하면 가난한 집안의 아이들은 먹고 사는 문제가 우선이었거든. 그들에겐 배울 시간이 없었어. 그래서 엘리자베스 1세때에 이르러서는 '도제'라는 방식이 생겨났단다. 이는 국가에서 돈을 지불해 가난한 집안의 아이들에게 생계를 꾸려나가는 데 필요한 기술을 가르쳐주는 제도야. 여기서 착안해 많은 교육자들이 영국과 미국에서 '일요학교'를 개설해 가난한 아이들에게 기본적인 교육을 제공하기도 했지.

한편, 프로이센이 궐기할 무렵 독일의 교육자인 빌헬름 폰 훔볼트 Wilhelm von Humboldt는 주로 기술 교육에 초점을 맞춘 매우 효과적이고 대중적인 교육 체계를 구축했어. 덕분에 수십 년 후 유럽의 변방국이었던 독일은 강대국으로 자리매김할 수 있었지. 미국의 길먼과 엘리엇 같은 교육자도 유럽에 가서 그들의 경험을 배워왔단다. 아시아에서는 20세기 후반에 이르러서야 교육의 중요성을 인지하기 시작했어. 그때까지만 해도 아시아 지역은 교육이 보편적이지 않았기 때문에 많은 사람들이 좋은 직업을 가질 수 없었어. 그러다가 교육의 정도와 수준이 아이의 미래에 큰 영향을 준다는 사실을 깨닫고 교육을 중시하는 풍토가 생기게 되었지.

이러한 영향을 받아 미국에서는 KIPPKnowledge Is Power Program, 아는 것이 힘 프로그램를 실시했단다. 예전에 라디오에서 KIPP에 관한 소식을 함께 들은 적이 있었지? KIPP는 빈민가 아이들에게 교육을 제공하는 프로그램으로, 여기에 참여하는 아이들은 아침 일찍 학교에 가서 주어진 과제를 완성해야만 집으로 갈 수 있단다. 이것은 주변의 나쁜 환경으로부터 아이들을 떨어트려 놓기 위한 방법이기도 해. 이렇게 교육을 받은 아이들은 대학에 진학하는 비율이 중산층 집안의 아이들과 거의 비슷한 것으로 나타났어. 한 세대만 가난에서 벗어날 수 있다면 가난은 더 이상 대물림되지 않을 수 있단다.

사람들은 점점 교육을 받지 못하면 운명이 고달파진다는 사실을 인식하게 되었지. 오늘날 많은 사람들이 미국의 사회계층을 이야기하면서 하위층에 있는 사람들이 상류층이 되는 것은 아주 어려운 일이라고 말해. 사실 이건 충분한 교육을 받지 못해서란다. 하위층 사람들이 상류층 사람들보다 결코 머리가 나쁜 것은 아니야. 만약 그들에게도 충분한 기회가 주어지고 어려서부터 좋은 학습 습관을 기를 수 있었다면 상류층 사람들과 다를 바 없는 생활을 누렸을 거야.

네가 다니는 학교에 우리처럼 중국에서 온 학부모들도 있을 거야. 그들 중에는 중국 농촌의 상당히 가난한 집안 출신도 있을 텐데 사실 그들의 부모는 훨씬 더 가난했을 거란다. 그들이 평생 받은 교육이라고는 읽고 쓸 수 있는 정도가 전부인 경우도 많아. 하지만 그래도 자식만큼은 좋은 교육을 받게 해야 한다는 것을 알고 있는 분들이었기에 중국의 가난한 시골에서 미국으로 건너와 교육을 받고 성공할 수 있었던 거란다. 그들은 미국의 수많은 하위층 사람들이 몇 세대에 걸쳐서도 이루지 못한 일을 이룬 셈이지.

네가 어떤 분야의 전문가가 되려고 한다면 아무리 총명하다고 해도 충분한 훈련을 거쳐야 해. 가장 기본적인 훈련은 학교 교육이고 이 교육에는 학습 과정뿐만 아니라 다른 사람과 어떻게 교류하고 협력하는지도 포함된단다. 오늘날에는 무슨 일을 하든 반드시 다른 사람과 협력하는 것이 아주 중요해. 협력과 관련된 훈련으로는 학교에서 친구들과 함께 과제를 하는 것 외에도 학교 소식지를 만들거나 선생님을 도와 아래 학년 동생들을 가르치는 것 등이 있단다.

두 번째는 먹고살 걱정이 없고, 평생 쓰고도 남을 돈이 있는데도 교육이 필요하냐에 관한 것이야. 물론 교육은 필요해. 그들에게도 교육은 아주 중요한 것이란다. 혹시 '졸부'라는 단어를 들어본 적 있니? 졸부는 벼락부자를 의미하는데 돈을 많이 벌기는 했지만 행동거지는 그에 훨씬 못 미치는 사람을 가리켜. 그들은 돈을 벌고 난 후에 두 부류로 나뉜단다. 첫 번째 부류의 사람들은 시간을 투자해 그동안 받지 못한 교육을 받고 이로써 사업을 계속 발전시켜 나가. 두 번째 부류의 사람들은 자신이 번 돈을 쓸 궁리만 할 뿐 의미 있는 일을 할 생각은 못해. 물론 그들은 자신이 허송세월한다는 사실을 인지하지 못하지.

중국 작가 우샤오보吳曉波는 초기 주식시장에서 큰돈을 번 사람들을 조사했는데 몇십 명 중 고작 두 명을 제외하고는 모두 처참한 삶을 살고 있었어. 그들 중 대부분은 파산하거나 감옥에 있었고 원수에게 살해당하거나 빚쟁이들에게 쫓겨 생명의 위협을 느끼는 사람도 있었지. 그들에게는 두 가지 공통점이 있었어. 하나는 모험을 즐긴다는 거야. 물론 이러한 모험 정신 덕분에 남들이 감히 도전하지 못하는 분야에서 돈을 벌 수 있었겠지만 결국에는 발목을 잡히는 요인이 되더구나. 다른 하나는 교육 수준이 높지 않다는 거야. 그들 중 대부분은 중등교육밖에 받지 못했고 심지어 초등학교만 나온 사람들도 있었어. 그래서 큰돈을 벌었지만 더 높은 이상을 추구하지 못했던 거야.

사람이 교육을 받지 못하면 견문을 넓힐 수 없어. 견문이 넓지 않으면 무슨 일을 하든 두 배 이상의 노력이 필요하지. 2년 전에 중국에서 주식으로 큰돈을 번 사람이 아빠에게 조언을 구하러 찾아왔어. 2000년 무렵에는 당시의 마윈보다 재산이 몇백 배 많았다고 해. 2005년 알리바바가 야후로부터 10억 달러를 투자받을 때도 그의 재산은 여전히 마윈보다 많았지. 하지만 아빠를 찾아왔을 당시에는 마윈이 가진 재산의 1%도 되지 않았어. 그는 열심히 노력했지만 노력한 만큼 재산이 늘어나지 않아 고민을 하고 있었단다. 이야기를 나누면서 그가 교육을 제대로 받지 못했다는 사실을 알게 되었어. 그래서 빠르게 발전하고 있는 과학기술을 제대로 이해하지 못했고, 그러다보니 주변에서 하나

둘 자신을 뛰어넘는 모습을 지켜봐야만 했던 거야. 중국에서는 지난 20년 동안 인터넷이 매년 20%의 속도로 복합적인 발전을 이루고 있어. 이는 경제 성장 속도보다 훨씬 더 빠른 수준이야. 만약 그 사람도 이러한 사실을 인지하고 인터넷 열풍에 합류해 돈을 벌었다면 재산이 훨씬 더 늘어났을 테고 사회적인 영향력도 지금보다 커졌을 거야. 하지만 그러지 못해 다시 주식으로 큰돈을 벌기만을 기대하며 20년째 제자리 걸음을 했던 거란다.

중국에서 벼락부자가 된 가정 중에는 자녀들의 교육을 굉장히 중시하는 집안도 있지만 물질적인 요구를 충족시키는 것만 중요하게 생각하는 집안도 있어. 아마 20년 후 두 집안 자녀들의 수준은 현격하게 벌어질 거란다. 전자의 경우 교양 있고 끊임없이 노력하는 사람이 되어 있을 것이고 부모세대보다 훨씬 더 넓은 시야를 갖게 될 거야. 하지만 후자의 경우 정작 아무것도 제대로 하지 못해 사회에 적응하기 어려울 거란다. 즉 교육 수준이 그들의 운명을 결정하는 거야.

미국의 상황도 크게 다르지 않아. 많은 재벌 2세들이 중책을 맡을 만한 능력이 없어 집안의 재산을 겨우 유지하거나 운이 나쁜 경우 아버지가 벌어놓은 재산을 모두 날려버리기도 한단다. 밴더빌트Cornelius Vanderbilt는 한때 미국에서 가장 부유한 사람이었지만 현재 그의 후손들 가운데 백만장자는 단 한 사람도 없어. 미국의 백만장자 비율이 인구 전체의 3%이니 그리 적은 수는 아니야. 밴더빌트의 후손들이 얼마나 몰락했는지 알 수 있겠지?

역사적으로 부모와 자녀가 모두 노벨상을 수상한 가문은 7개나 돼. 범위를 조금 더 넓혀보면 노벨상 수상자들의 부모 중에는 유독 학자들이 많단다. 그들은 비록 노벨상을 받지는 못했어도 학계에서 유명한 학자들인 경우가 많아. 대학 교수의 자녀들 역시 아버지 세대를 뛰어넘는 경우가 많단다. 아마도 어려서부터 양질의 교육을 받으며 교육의 중요성을 인식했기 때문일 거야. 한편 훌륭한 기업가의 자녀가 훌륭한 기업가가 되는 경우는 많지 않단다. 청나라 대신 증국번曾國藩은 후대에게 가문을 일으키는 건 재산과 관직이 아니라 교육이라고 강조하면서 젊은 사람들이 관직을 쫓기보다는 열심히 공부를 해야 한다고 말했어.

세 번째로 학업을 그만두고 창업을 하는 것에 대해 이야기해 보자. 학업을 그만두고 창업을 해서 성공한 대표적인 인물로는 빌 게이츠, 스티브 잡스, 래리 페이지, 세르게이 브린, 마크 저커버그 등이 있지.

래리 페이지와 세르게이 브린은 대학에서 본과를 마치고 스탠퍼드 대학교 박사과정에 입학했다가 중간에 그만두었단다. 그러니 그들은 박사학위를 받지 못한 것뿐이지 학업을 중단하고 창업을 했다고 말하기는 힘들어. 그들보다 훨씬 선배인 제리 양과 데이비드 필로도 마찬가지로 박사학위를 받지는 못했지만 교육수준은 꽤 높은 편이란다.

빌 게이츠와 마크 저커버그도 크게 다르지는 않아. 대부분의 사람들은 그들에 관해 두 가지를 간과하고 있어. 첫 번째는 두 사람 모두 아무나 들어가기 힘든 하버드대학교에 입학했었다는 것이고 두 번째는 두 사람 모두 돈을 벌 수 있는 확실한 방법을 찾은 다음에 학교를 그만두었다는 거야. 절대 학교를 그만 둔 다음에 창업을 시작한 것이 아니란다. 빌 게이츠는 학교를 그만두고 나서도 학업과 일을 병행하며 학위를 받기 위해 노력했어. 하지만 마이크로소프트의 일이 너무 바빠지면서 할 수 없이 포기해야 했지. 마크 저커버그도 비슷했어. 그는 원래 여름 방학에만 일을 하고 개학을 하면 학교로 돌아갈 생각이었지만 숀 파커페이스북의 초대 사장의 제안에 따라 실리콘밸리로 가게 되면서 학업을 병행할 수 없었을 뿐이야. 다시 말해 빌 게이츠와 마크 저커버그는 창업에 성공한 이후 학업을 그만둔 것이지 많은 사람들이 생각하는 것처럼 학업을 그만두고 창업을 한 것이 아니란다.

그럼 왜 좋은 대학에 가라고 하는 걸까? 그건 일류 대학의 수업이 다른 대학보다 우수해서라기보다는 그곳의 학습 환경이 더 좋기 때문이야. 교육의 필요성을 인정한다면 기왕이면 더 좋은 교육을 받으려고 노력해야 해. 좋은 교육이라는 것이 좋은 대학과 관련이 있기는 하지만 둘을 완전히 같은 의미로 볼 수는 없단다. 좋은 대학에 가는 것이 좋은 교육을 받을 수 있는 지름길인 건 맞지만 그렇다고 그것이 목적이 될 수는 없어. 좋은 대학에 갔다고 누구나 좋은 교육을 받았다고 말할 수 있는 건 아니야. 교육의 범위는 굉장히 넓어서 학교 수업에만 국한되지 않기 때문이야. 젊은 친구들은 호기심과 지식 탐구의 열망이 강해 주변 친구들의 영향을 많이 받는단다. 때로는 이러한 영향력이 훌륭한 스승을 만났을 때보다 클 때도 있어. 그러니 꼭 일류 대학을 가지 못하더라도 좋은 영향력을 가진 친구를 옆에 둬야 한단다.

네가 교육이 네 인생에서 어떤 의미를 갖고, 어떤 도움을 주는지 충분히 이해할 수 있기를 바란다. 하지만 그렇다고 그저 좋은 성적을 받거나 좋은 대학에 들어가기 위해 공부를 해서는 안 돼. 공부의 목적은 사회에 온전히 설 수 있는 힘을 기르고 세상에 유용한 사람이 되는 것이니까.

아빠로부터

새로운 삶의 문 앞에서
기억해야 할 것들

네가 매년 너만의 속도로 발전할 수 있다면
그것으로 충분해.

2015년 여름, MIT에 입학하는 명화를 보스턴까지 데려다줬
다. 집에 돌아와 보니 명화에게서 온 편지 한 통이 도착해 있었
다. 그 편지는 명화의 고등학교 교장선생님인 니코노브 박사가
졸업생들에게 내 준 여름방학 숙제로, 부모님께 편지를 쓰고
대학에 입학한 후에 보내는 것이었다. 내가 보스턴에서 샌프란
시스코로 돌아가고 있을 때 명화는 엄마에게 전화를 걸어 MIT
에서의 생활을 이야기했다.

멍화에게

어제 처음으로 네가 없는 밤을 보냈단다. 밤 열시에 문득 네 방이 비어있다는 것을 깨닫고는 네가 정말로 집을 떠났다는 사실을 실감할 수 있었어. 몇 달 전 너는 우리 앞으로 편지를 썼더구나. 아빠는 그 편지를 읽고 무척 감동했어. 우리는 너만의 방식으로 세상을 살아보고 싶다는 네 생각을 언제나 응원한단다. 어제 MIT에서 헤어질 때 해 주고 싶었던 이야기가 있었는데 나중을 기약하며 남겨두었단다. 네가 오늘 엄마에게 전화해 그곳에서의 고충을 이야기했다고 들었어. 수학 레벨테스트 결과가 생각보다 좋지 않았고, 미디어랩 추첨을 할 때도 운이 좋지 않았다고 말이야. 엄마는 네가 조금 좌절한 것 같다고 이야기했어. 그래서 어제 하지 않고 남겨둔 이야기를 지금부터 하려고 해.

이제부터 아빠가 너를 교육하는 방식은 지금까지와는 완전히 다를 거야. 너는 더 이상 어린 아이가 아니고 이제 너도 우리처럼 복잡한 사회에 발을 들였기 때문이야. 그러니 이제부터는 부모가 아니라 친구라는 생각으로 너와 대화하고 싶구나.

먼저 너와 운에 대한 이야기를 하고 싶어. 운은 실체가 보이지는 않지만 실제로 존재해. 나중에 시간이 되면 트루먼의 이야기와 운이 그의 인생에 어떤 영향을 미쳤는지에 관해 들려줄게. 오늘은 그 이야기보다는 어떻게 하면 나쁜 운을 피할 수 있을지 이야기하려고 해.

사람들은 아빠가 굉장히 운이 좋은 사람이라고 생각해. 하지만 아빠가 쓴 《대학의 길》 중 '나의 대학의 길'이라는 장을 읽어보면 아빠도 운이 좋은 사람은 아니었다는 걸 알 수 있어. 그런데도 오늘날 이 자리까지 오를 수 있었던 건 나쁜 운에서 벗어나 인생의 좋은 운들을 붙잡았기 때문이야. 좋은 운을 붙잡는 비결은 생각보다 간단하단다. 미국의 밴 플리트James Alward Van Fleet, 한국 전쟁 당시 미국 제8군 사령관 장군의 말을 빌리자면 5배 더 노력하는 거야. 밴 플리트 장군은 한국 전쟁 당시 자신의 참모에게 전투에서 이기려면 몇 개의 탄약이 필요하냐고 물었어. 그리곤 참모가 알려준 것보다 5배 많은 탄약을 준비했다고 해. 그의 전략은 성공했고 그 후로 '밴 플리트 탄약량'이라는 군사 용어까지 생겼단다. 밴 플리트 장군은 다른 사람보다 더 많은 어려움을 예상하고 충분한 여지를 남겨놓았던 거야. 그 결과 행운의 저울이 그의 쪽으로 기울 수 있었던 것이지.

영국의 웰링턴 공작 역시 밴 플리트와 마찬가지로 좋은 운을 붙잡은 사람이었단다. 웰링턴 공작은 워털루 전투에서 나폴레옹을 격파한 장군이야. 나폴레옹만큼 카리스마가 넘치지도 않았고 휘하의 사기가 높지 않아서 전투에서 예상을 뛰어 넘는 전투력을 발휘하기란 쉽지 않앉아. 그가 할 수 있는 일은 전투가 시작되기 전에 세부적인 사항들을 꼼꼼히 준비하고 일어날 수 있는 모든 악재에 대비하는 것이었단다. 웰링턴은 이렇게 철저히 준비한 덕에 몇 번의 실패가 있긴 했지만 결국 운을 자신의 편으로 만드는 데 성공할 수 있었어.

그러니 얘야, 네가 10점을 받고 싶다면 30점을 목표로 준비해야 한단다. 때로는 어떤 사람을 보면서 그가 좋은 운 덕분에 자신이 원하는 것을 손에 넣었다고 생각할 수도 있어. 하지만 알고 보면 그는 30점만큼의 노력을 기울여 왔을 거야. 아빠도 어렸을 때부터 이러한 이치를 이해하고 있었던 건 아니야. 몇 번의 실패와 좌절을 겪으면서 서서히 깨닫게 된 것이지. 아빠는 어떤 일을 하기 전에 먼저 나에게 닥칠 수 있는 나쁜 운들을 생각해 봐. 그리고 그것에 대비하기 위해 남들보다 훨씬 더 많은 준비를 한단다. 그런 노력을 모르는 사람들은 그저 내가 운이 좋다고만 생각하는 거야.

아빠보다 운이 더 좋은 사람은 바로 네 삼촌이야. 하지만 그건 삼촌이 아빠보다 훨씬 더 많은 노력을 기울였기 때문이란다. 다른 사람들은 절대 알지 못하는 사실이지. 삼촌이 중국에서 스탠퍼드로 유학을 왔을 때 장학금을 1년만 받을 수 있어서 나머지 기간은 생계를 걱정하며 공부해야 했어. 그때는 학비를 장학금에 의존할 수밖에 없었거든. 삼촌은 존 시오피John Cioffi 교수의 학생으로 들어가 그의 밑에서 연구를 하고 싶어 했어. 존 시오피 교수는 당시 스탠퍼드에서 가장 젊은 교수이자 DSLDigital Subscriber Line, 구리선을 활용한 초기 인터넷 연결기술의 아버지였지. 하지만 시오피 교수는 아직 박사 과정에 입학하지도 않은 학생을 받을 생각이 없었어. 그때 네 삼촌이 선택할 수 있는 길은 두 가지였어. 하나는 '흥, 나도 당신 밑에서 연구하고 싶지 않거든!' 하면서 시오피 교수 욕을 한바탕 하고 포기하는 것이고, 다른 하나는 열심히 노력해서 교수의 생각을 바꾸는 것이었어. 삼촌은 두 번째 길을 선택했단다. 1학년 마지막 학기에 시오피 교수의 강의를 선택해 당당히 1등을 거머쥔 거야. 시오피 교수는 삼촌의 실력을 인정했지만 여전히 박사 과정 입학 자격을 받아오라고 요구했어. 안타깝게도 첫 번째 도전에서 실패한 셈이지. 하지만 다행히 시오피 교수가 두 번째 기회를 줬고 삼촌은 세 배 더 많은 노력을 기울여 100명의 응시자 가운데 1등으로 합격했단다. 그렇게 해서 결국 시오피 교수 밑에서 정식으로 박사 과정을 시작할 수 있었어. 삼촌이 스탠퍼드에 들어간 지 2년 반만의 일이었지.

너의 MIT 생활은 이제 막 시작되었고 앞으로 수많은 기회가 있을 거야. 어떤 일을 하든 작은 것 하나까지 놓치지 않고 목표한 결과보다 더 많이 노력한다면 운은 언제나 너의 편에 서 있을 거야.

너와 이야기하고 싶은 또 하나의 주제는 바로 자기 자신에 대한 자리매김이란다. 아마 MIT 입학생 중 대부분은 고등학교에서 상위 5% 이내에 들던 학생들일 거야. 그렇게 모인 학생들 중 다시 5%만이 상위 5%의 자리를 유지할 수 있고 나머지는 저절로 뒤처지게 될 거란다. 하지만 이건 너무나 자연스러운 일이야. 그러니 지금 네가 어떤 위치에 있든 너무 개의치 않았으면 한다. 아빠가 너라면 1,000명 정도의 신입생 중에 뒤에서 30% 안에만 들어도 만족했을 거야. 그러면 조금 더 편안한 마음으로 공부를 할 수 있을 테니까. 그렇다고 더 잘하려는 욕심이 없는 건 아니란다. 조급한 마음을 버리고 꾸준히 노력하다 보면 어느새 50% 안에 들어가 있는 네 모습을 발견하게 될 거야. 네가 매년 너만의 속도로 발전할 수 있다면 그것으로 충분해. 꼭 월반을 하거나 1등을 해야 한다는 생각에 사로잡혀 있을 필요는 없어. 편안한 마음으로 작은 일 하나도 최선을 다 하다보면 어느새 더 높은 위치에 올라가 있게 될 거란다.

아빠가 칭화대학교에 있을 때 30명 정도 되는 학급을 관리한 적이 있어. 주로 학생들의 학업 상담을 하는 역할이었지. 30명 중에 두 명은 성省 장원생이었어. 미국으로 치면 캘리포니아 혹은 뉴욕 전체에서 1등인 학생들이었지. 그 밖에 국제 올림피아드 대회 수상자들도 있었어. 그런데 이렇게 쟁쟁한 학생들이 모인 곳에서도 1등은 단 한 명만 나올 수 있어. 아마 많은 학생들이 첫 중간고사 결과가 마음에 들지 않았을 거야. 그래도 이 적응 과정을 무사히 거치고 나서는 제 실력을 여지없이 발휘하며 명실상부한 우등생들의 모습을 보여줬어. 비록 고등학교 때처럼 늘 1등을 하지는 못했어도 대부분 프린스턴이나 캘리포니아 공과대학교 같은 미국 최고의 대학에서 박사 학위를 받아 성공한 인생을 살고 있단다. 이처럼 사람은 끊임없이 자아를 발전시켜 나가는 과정에서 성장하는 거야.

마지막으로 너와 나누고 싶은 이야기는 어떻게 자신만의 길을 가는가에 관한 거야. 너는 결과가 어떻든 네 뜻에 따라 일을 처리하는 것을 좋아해. 아빠와 엄마는 이런 네 의사를 존중하고 응원한단다. 그러나 스스로 선택하고 결정할 수 있는 자유를 누리는 대신 경험 부족으로 생길 수 있는 나쁜 결과도 감당해야 한다는 사실을 기억하렴. 실패는 결코 두려운 것이 아니야. 모든 도전에는 실패가 따르기 마련이니까. 그러나 똑똑한 사람은 같은 실수를 반복하지 않는단다. 왜냐하면 그들은 실패를 통해 자신의 부족한 점을 깨닫고 끊임없이 배우려고 노력하기 때문이야. 그렇게 한 단계 더 성숙해지는 거야.

불필요한 실패를 피할 수 있는 방법은 교수님과 친구들의 조언에 귀 기울이고 그들의 경험과 태도를 배우는 것이란다. 영국의 교육자 존 뉴먼은 이상적인 대학 교육에 대해 다음과 같이 묘사했어.

"만약 교수의 관리를 받고 학점을 충분히 받아야만 졸업을 할 수 있는 학교와 교수와 시험 없이 젊은이들끼리 함께 생활하면서 서로 배움을 얻을 수 있는 학교과거 옥스퍼드에서는 몇십 년간 이러한 방식을 유지했다가 있다면 나는 망설임 없이 후자를 선택할 것입니다. 똑똑하고 배움에 대한 열망으로 가득 차 있는 젊은이들이 한데 모여 있으면 가르치는 사람이 없어도 서로 많은 것을 배울 수 있을 거라 생각합니다. 그들은 서로 교류하면서 새로운 생각과 관점을 이해하고 새로운 사물을 발견하며 자신만의 독특한 판단력을 기르게 될 것입니다."

나는 뉴먼의 교육 이념에 굉장히 공감한단다. 나 역시 대학에서 학과 공부도 중요하지만 가장 중요한 것은 주변 사람들을 통해 배우는 것이라고 생각해. MIT에서 공부하는 동안 너는 훌륭한 친구들과 교수님들을 많이 만나게 될 거야. 그들은 네가 알지 못하는 많은 것들을 알려줄 거야. 그러니 부디 그들과 좋은 관계를 맺고 좋은 것들을 배울 수 있기를 바란다.

자, 차분한 마음으로 이 편지를 다 읽었다면 이제 네 앞에 놓인 도전 과제들을 어떻게 헤쳐 나가야 할지 이해했으리라 믿는다. 마지막으로 인생에서 가장 중요한 것은 좋은 사람이 되는 것이라는 말을 기억하렴. 그것만 기억한다면 너의 성공과 상관없이 아빠와 엄마는 언제나 널 자랑스러워 할 거야.

행복한 밤 보내기를 바란다.

아빠로부터

명화는 나중에 미디어랩 교수님을 직접 찾아가 미디어랩에서 일할 수 있는 방법에 대해 상담했고 한 달 후 원하는 대로 미디어랩에 들어갈 수 있었다.

좋은 사람이 되어라

선량한 마음을 갖고 매사에 감사할 줄 아는 사람은
삶이 아무리 고달파도 누구보다 행복하단다.

미국의 고등학교 시기인 11학년과 12학년은 아이들이 가장
바쁠 때다. 성적 관리도 해야 하고 각종 사회 활동에도 참여해
야 하며 대학에 제출할 입학 서류도 준비해야 하기 때문이다.
그래서 이 시기에 많은 학생들이 며칠씩 밤을 새기도 하고 스트
레스로 괴로워하기도 한다. 나는 명화가 대학 진학 때문에 너
무 많은 스트레스를 받지 않았으면 했고, 더불어 어떤 대학을
가는가보다 더 중요한 것은 좋은 사람이 되는 것이라는 사실을
알려주고 싶어 다음과 같이 편지를 썼다.

멍화와 멍신에게

멍화는 이제 2년 후면 고등학교를 졸업하는구나. 당분간 네게 가장 중요한 일은 대학 입학 원서를 준비하는 일일 거야. 물론 우리도 네가 좋은 학교에 들어가기를 바라지만 무엇보다 네가 스스로 열심히 노력하는 모습이 정말 보기 좋구나. 어떤 부모들은 아이가 일류 대학에 진학하는 것을 궁극적인 목표로 삼고 있는데 이것은 인생을 멀리 보지 못하는 태도란다. 아이의 인생에는 좋은 대학에 가는 것보다 중요한 일이 많기 때문이야. 오늘 아빠가 너희와 이야기하고 싶은 것도 바로 이 '중요한 일'에 관한 거야. 멍신은 아직 어리지만 언니에게 하는 이야기를 너도 잘 새겨듣기를 바란다.

몇 년 전 구글 창립 초기에 함께 일했던 직원들과 둘러 앉아 구글이 어떻게 성공할 수 있었고, 어떻게 우리가 그 좋은 시기에 구글에서 일할 수 있었는지에 관해 이야기를 나눴어. 구글이 성공할 수 있었던 이유는 여러 가지지만 그중 가장 근본적인 이유는 절대 편법을 쓰지 않았다는 거야. 사실 영리를 목적으로 하는 기업에서 편법을 쓰지 않는다는 것은 정말 어려운 일이란다. 구글이 절대 편법을 쓰지 않는다고 하면 일부에서는 믿지 않을 거야. 2007년 구글에서 OHAOpen Handset

Alliance, 개방형 휴대폰 동맹를 제창했을 때 전 세계적으로 여러 반도체 기업과 휴대폰 기업 그리고 이동통신사에서 이에 기꺼이 참여했단다. 그동안 편법을 쓰지 않고 성실히 기업을 운영한 덕분이었지.

또 우리가 구글에서 일할 수 있었던 이유는 물론 구글에서 원하는 업무 능력을 갖추었기 때문이기도 하지만 더 중요한 건 우리가 그들이 추구하는 가치관에 공감하고 동료들과 협력하며 회사에서 맡은 일에 대해 책임을 다했기 때문이란다.

구글은 창립 초기에 회사의 모든 내부 정보를 직원들과 공유하는 동시에 기밀 유지를 요구했어. 직원들이 1,000명 가까이 늘어났을 때에도 내부적으로 공개된 정보가 외부에 새어나가는 일은 없었어. 이것은 회사에서 기밀 누설을 강력히 규제했기 때문이 아니라 모든 직원들이 자발적으로 기밀 유지에 대한 책임을 다했기 때문이야. 이렇게 책임감 있는 사람들이 모여 있으니 회사의 규모는 작아도 큰 경쟁력을 키울 수 있었던 거야. 반면 직원을 뽑을 때 능력만 보고 인성을 중시하지 않는 회사들은 수익이 늘어나기 시작하면 직원의 수와 상관없이 내부적으로 갈등과 분열이 끊이지 않는단다.

회사뿐만 아니라 사람도 역시 능력보다 인성이 훨씬 중요해. 이 사실만큼은 너희가 평생 잊지 않기를 바란다. 능력이 조금 부족하면 계속 노력하면 돼. 하지만 인성이 부족한 사람이 한번 잘못된 길로 들어서면 평생 돌이킬 수 없게 된단다. 아빠는 그동안 똑똑하고 좋은 학교를 나왔지만 남을 배려할 줄 모르는 이기적인 젊은이들을 많이 봐왔단다. 그들은 오직 자기 자신에 대한 생각밖에 없어서 결국 다른 사람에게 피해를 주고 스스로도 피해를 입는 지경에 이르게 돼. 그래서 우리는 회사에서 직원을 뽑을 때 능력보다 인성을 더 중요하게 본단다. 능력이 부족한 사람은 성과를 조금 덜 낼 뿐이지만 인성이 부족한 사람은 회사에 엄청난 피해를 주거든.

올바른 인성은 타고나는 것이 아니라 어려서부터 작은 경험들을 통해 길러지는 거야. 인성이 올바르지 않은 사람은 대부분 어렸을 때 부모가 가정교육을 소홀히 했을 가능성이 커. 대부분 가정 형편이 좋지 않거나 부모가 너무 바쁜 가정에서 이러한 현상이 두드러지게 나타나곤 하지. 그런데 때로는 부모의 관심이 부족해서가 아니라 한쪽으로 치우쳐서 아이의 인성에 문제가 생길 때도 있어. 예를 들어 부모가 아이의 성적만 지나치게 중시하고 엄격히 관리하면서 다른 부분의 성장은 소홀히 한다면 아이의 마음속에 반감이 생겨 부모의 기대와는 정반대로 자라게 된단다. 아빠는 너희를 가급적이면 혼내지 않고 사랑을 아낌없이 주려고 노력해왔어. 너희 할머니가 아이들에게 너무 관대한 것이 아니냐고 아빠를 나무랐을 정도였지. 아빠는 너희가 학교 성적이 좋지 않아도 괜찮아. 하지만 만약 성적이 좋지 않다고 이를 감추거나 거짓말을 한다면 분명 크게 혼을 낼 거야. 그건 성적의 문제가 아니라 인성과 관련된 문제이기 때문이야.

"It' s nice to be great, yet it' s great to be nice."

성공하는 것도 좋지만 좋은 사람이 되는 것이 더 중요하다.

아빠는 이 말을 참 좋아한단다. 만약 성공과 선량함 중에 선택해야 한다면 아빠는 기꺼이 선량함을 택할 거야. 많은 사람들이 성공을 해야 행복해질 수 있을 거라 생각하지만 사실 성공이 행복을 보장하는 것은 아니야. 세상에는 큰 성공을 거두고도 불행하게 사는 사람들이 많거든. 그러나 선량한 마음을 갖고 매사에 감사할 줄 아는 사람은 삶이 아무리 고달파도 누구보다 행복하단다.

구글에서 함께 일했던 직원들과 자녀를 어떻게 교육하면 좋을지에 관해 여러 번 이야기를 나눈 적이 있어. 대부분이 교양 있고, 선량하며, 세상을 사랑할 줄 아는 마음을 가진 아이로 키워야 한다는 데 의견을 모았어. 자신감과 선량한 마음을 잃지 않는 사람에게는 언제든 좋은 기회가 찾아올 테니 성공에 관해서도 크게 걱정할 필요 없다는 이야기도 나눴지. 그러니 아빠와 엄마는 너희가 앞으로 어떤 대학에 진학하고 어떤 일을 통해 성공을 하든 선량한 마음을 잃지 않는다면 그것만으로도 크게 기뻐할 거란다. 특별히 명화에게 하고 싶은 말은 앞으로 2년 동안 네가 최선을 다해 준비하기만 한다면 어떤 결과든 우리는 기꺼이 받아들일 준비가 되어 있다는 거야. 어딜 가든 우리는 변함없이 너를 사랑할 거란다. 너는 아빠, 엄마의 사랑하는 딸이니까.

어떻게 해야 인성이 바른 아이가 될 수 있는지 궁금하다면 다음의 네 가지 사항을 꼭 기억하렴.

- 성실하고 신용을 지킬 것
- 근면하고 자율적이며 겸손할 것
- 친절하고 상냥할 것. 영어로는 nice 할 것
- 정직하고 공정할 것

이 네 가지만 명심한다면 바른 인성을 가진 사람이 될 수 있어. 오늘 이 편지를 쓴 이유는 멍화 네가 앞으로 2년 동안 학업에 큰 부담을 가질 필요 없다는 걸 알려주기 위해서야. 아빠는 네가 선량한 마음으로 다른 사람을 배려할 줄 안다면 그것만으로도 정말 기쁠 거야. 멍신도 어려서부터 좋은 습관을 기르도록 노력하렴.

아빠로부터

세상에 첫발을 내딛는 너에게

일곱 번째 편지
큰 그림의 중요성

구글, 애플, 페이스북 같은 기업이 할 수 있는 일을 왜 초단타매매 회사에서는 하지 못하는 걸까? 간단히 말하면 전자의 그림은 크고, 후자의 그림은 작기 때문이다. 전자는 세상을 변화시키겠다는 목적으로 일을 하고, 후자는 단순히 돈을 벌어 편하게 살 목적으로 일을 한다. 세상에 큰 그림을 그릴 수 있는 사람은 많지 않다. 성공의 핵심은 바로 어떤 그림을 그리냐에 달렸다.

여덟 번째 편지
진효공과 나폴레옹의 차이

눈 앞의 이익에 집중했던 진효공은 중국 서부의 작은 나라였던 진나라가 중국 전체를 통일할 수 있게 만들었지만 동시에 얼마 가지 않아 멸망하는 결과를 낳았다. 반면 나폴레옹은 단순히 군사력을 통한 정복이 아니라 자본주의 현대국가를 만드는 것을 목표로 삼고 《나폴레옹 법전》을 편찬하는 데 힘썼다. 덕분에 나폴레옹의 군사적 승리는 1815년이 끝이었지만 19세기에도 유럽은 여전히 나폴레옹의 영향 하에 있게 됐다.

아홉 번째 편지
독일인의 디테일

독일인들은 '인생은 구체적으로 살아야 해'라는 말을 자주 쓴다. 회사나 기관에서도 '구체적으로'라는 원칙에 따라 문제를 처리하면 불필요한 논쟁을 해결하거나 아예 논쟁이 일어나지 않을 수도 있다. 절차를 엄격하게 지키고 작은 디테일을 쉽게 넘기지 않는 습관이 모여 큰 차이를 만든다.

열 번째 편지
교육의 필요성

· 교육은 빈부와 상관 없이 '기회'가 된다.
· 어떤 분야의 전문가가 되려고 한다면 아무리 총명하다고 해도 충분한 훈련을 거쳐야 한다.
· 교육을 받지 못하면 견문을 넓힐 수 없다. 견문이 넓지 않으면 무슨 일을 하든 두 배 이상의 노력이 필요하다.

열한 번째 편지
좋은 운을 붙잡는 비결

이루고 싶은 목표보다 3배 더 노력할 것. 참모가 알려준 것보다 5배 많은 탄약을 준비했던 밴 플리트 장군과 전투가 시작되기 전에 세부적인 사항들을 꼼꼼히 준비하고 일어날 수 있는 모든 악재에 대비한 웰링턴 공작의 사례를 떠올리며, 10점을 받고 싶다면 30점을 목표로 준비해야 한다.

열두 번째 편지
어떻게 해야 인성이 바른 사람이 될 수 있을까

· 성실하고 신용을 지킬 것.
· 근면하고 자율적이며 겸손할 것.
· 친절하고 상냥할 것. 영어로는 nice 할 것.
· 정직하고 공정할 것.

"돌이 생겼을 때 그 돌을 어떻게 사용하느냐가 그 사람의 그릇의 크기를 결정하고, 그릇의 크기가 얼마나 멀리 갈 수 있는지를 결정한단다."

3장

돈을 대하는 태도

경제적 홀로서기를
준비하는 너에게

가난에 굴복하거나
가난을 극복하거나

가난은 양날의 검과 같아서 사람에게 큰 동력이 될 수도 있고
의기소침하게 만들 수도 있어.

이 편지는 내가 아주 오래 전부터 아이들에게 해 주고 싶었
던 이야기를 담은 것이다. 혹시나 내게 무슨 일이 생겨 아이들이
커 가는 모습을 지켜보지 못하게 되면 그 전에 꼭 들려주고 싶
은 이야기가 몇 가지 있다. 가난에 대한 인식도 그중 하나다. 명
신이 중학교를 졸업하고 이제 어른들의 일도 충분히 이해할 수
있을 거라고 생각해 몇 가지 이야기를 나누었고, 이 편지는 그 이
후에 쓴 것이다.

멍신에게

아빠가 오늘 할 이야기는 어쩌면 네가 별로 좋아할 만한 주제는 아 닐 수도 있어. 아마 지금 네 생활과 밀접한 주제도 아닐 거야. 바로 가 난에 관한 거란다. 지난번에 아빠가 물었지? 우린 항상 돈 걱정 없이 살고 있으니 굳이 돈을 벌 필요를 느끼지 못하는 것 아니냐고 말이야. 그때 너는 그런 것 같다고 대답했어. 그도 그럴 것이 네 주변의 친구들 도 돈 걱정 같은 건 해본 적이 없을 거야. 그런데 아빠는 이 점이 늘 걱 정이란다. 너도 알다시피 세상에 모든 아이들이 너처럼 풍족한 생활을 누리는 건 아니야. 아직 세상에는 누군가의 도움의 손길을 간절히 기 다리는 사람들이 너무나 많다는 사실을 네가 이해했으면 좋겠구나. 그리고 무엇보다 사람은 자신의 노력을 통해 인생을 스스로 꾸려나 가야 한다는 사실을 기억하기를 바란다.

네 언니 멍화가 고등학교를 졸업할 때 선생님이 졸업식에서 하셨던 말씀이 정말 인상 깊었어. 갑자기 졸업생들에게 사방을 둘러보라고 하 시더구나. 졸업생과 학부모 모두 영문을 모른 채 이리저리 주변을 둘 러보고 있을 때 선생님이 다시 말씀하셨어.

"여러분은 모든 사람들이 여러분처럼 좋은 환경에서 공부할 수 있는 건 아니라는 사실을 기억해야 합니다. 또 조금 더 멀리 보면 우리처럼 풍족한 삶을 누리지 못하는 나라들도 있습니다."

아빠는 가난하다는 것이 어떤 건지 잘 알아. 태어나서 처음 기억하는 개념이 가난일 정도니까. 네 어린 시절과는 완전 반대였단다. 아마 너는 이 개념이 어떤 것인지 평생 느끼지 못할 수도 있어. 어떤 의미에서 보면 너와 나는 불평등한 셈이지.

제퍼슨 기념관에 가거나 미국의 <독립선언문>을 읽고 나면 늘 머릿속에 맴도는 구절이 있단다.

'우리는 다음과 같은 것을 자명한 진리라고 생각한다. 즉, 모든 사람은 평등하게 태어났으며….'

평등이라는 것은 아름답고 숭고한 이상이야. 하지만 여러 가지 요인으로 사람들은 태어나면서부터 불평등한 존재가 된단다. 네 언니 명화가 태어났을 무렵에는 우리도 잠시 경제적으로 힘들었던 시기가 있었지만 그에 비해 너는 금수저를 물고 태어난 것이나 다름없어. 너희는 둘 다 가난이 무엇인지 한 번도 경험해 볼 일이 없었어. 이것은 너희 일생에서 가장 큰 결핍이란다. 가난이 무엇인지 이해해야 자신이 가난해지는 것을 피할 수 있고 더불어 다른 사람들을 가난에서 벗어날 수 있게 도와줄 수 있단다. 그것이 '평등'을 실현하는 방법이기도 하고 말이야.

아빠는 아주 어렸을 때부터 물질적인 결핍으로 고생했어. 프랭클린

루스벨트 대통령은 모든 사람이 결핍으로부터 자유로워야 한다고 말했지만 1960년대에 태어난 중국인들에게는 그러한 자유가 없었단다. 아빠가 어렸을 때 중국에는 문화대혁명이 일어나 10년 동안 사회 전체가 혼란에 빠져있었어. 우리 부모님도 어쩔 수 없이 일을 해야 했기 때문에 나는 할아버지, 할머니 집에 맡겨졌단다. 할아버지, 할머니는 중국의 대도시 중 하나인 난징南京에 살고 있었는데 두 분 다 일을 하지 않으셨기 때문에 자식들이 보내주는 돈으로 생활하셔야 했지. 그래서 형편이 넉넉하지 않았고 간신히 먹고살 수 있는 정도였단다. 그때는 그 흔한 달걀도 고기도 굉장한 사치품이었어. 비단 우리 집만 그랬던 것이 아니라 당시 중국의 거의 모든 집이 가난했단다. 난징은 중국에서도 규모가 꽤 큰 도시고 생활수준이 높은 편이었는데도 이 정도였으니 소도시나 농촌에 사는 사람들의 삶은 상상할 수도 없을 만큼 어려웠을 거야.

아직도 4살 무렵의 일이 기억 나. 1971년 겨울이었단다. 부모님이 나를 보러 오셨고 조용하던 집안은 갑자기 북적이기 시작했지. 어린 나이에 2년 넘게 떨어져 살았으니 말이 부모지 두 분의 얼굴조차 낯설었어. 그때까지 나에게 가족이란 할아버지, 할머니뿐이었단다. 며칠이 지나서야 부모님을 받아들일 수 있었어. 그때 부모님은 나를 베이징으로 다시 데려가려고 오셨던 거야. 베이징은 내가 원래 태어난 곳이자 부모님의 직장이 있던 곳이었지. 일주일 후 나는 부모님과 함께 기차를 타고 베이징으로 갔어. 부모님 말에 따르면 그날 할아버지가 기차역까지 배웅해 주셨는데 내가 대성통곡을 했다는구나. 난징에서 베이징까지는 1,100킬로미터 정도 떨어져 있어서 꼬박 하루 동안 기차를 타야 했어. 베이징에 도착했을 때는 깜깜한 밤이었고 아버지의 동료들<small>농장에서 함께 노역을 했던 친구들</small>이 기차역에 우리를 마중 나와 있었지. 베이징에서 우리 집은 세 평 남짓했어. 세 식구가 살기에 아주 비좁은 곳이었단다. 샤워시설은 물론 개별 급수시설과 화장실조차 없었어. 그런데 사실 난징에 살 때에 비하면 그렇게 나쁜 조건은 아니었어. 그래서 힘든 줄도 모르고 마냥 좋아했었지.

하지만 베이징에서의 좋은 시절은 그리 오래가지 못했단다. 얼마 후 우리 가족은 쓰촨四川으로 이사를 가야 했어. 그곳은 베이징에서 1,800킬로미터나 떨어진 곳이었어. 미국으로 치면 콜로라도 같은 곳이지. 허허벌판에 덩그러니 학교 하나가 세워져 있었고, 근처에는 제대로 된 상점은 물론 가장 가까운 백화점(이름만 백화점이지 편의점보다 작은 규모의 가게였단다)도 3킬로미터나 떨어져 있었지. 하지만 그보다 중요한 건 우리에게는 물건을 살 수 있는 돈이 없었다는 거야. 당시 부모님의 한 달 월급을 합쳐도 100위안 남짓밖에 되지 않았어. 지금 미국 환율로 따지면 70달러 정도 되겠구나. 음악회 티켓 한 장 값도 되지 않는 돈이었지. 우리 세 식구는 그 돈을 쪼개고 쪼개 한 달을 살아야 했단다. 게다가 그중 일부는 난징에 계신 할아버지 댁에 보내드려야 했어. 얼마 후 네 삼촌이 태어나면서 돈은 더욱 부족해졌지. 부모님이 10년 동안 모은 저축마저 바닥이 나서 월말이 되면 알음알음 돈을 빌려 겨우 생계를 유지했단다. 아빠는 원래 음식을 조금 가리는 편이었는데 그때는 하도 먹을 것이 없어서 어떤 음식이든 보기만 해도 군침을 줄줄 흘렸단다. 아마 네가 당시의 내 모습을 봤다면 교양이 없다고 생각했을지도 몰라. 그러니 혹시나 가난한 아이가 물질적인 것에 욕심을 부리는 모습을 봐도 너무 비난하지는 않기를 바란다.

물질적으로 궁핍한 시대에는 좋은 음식은커녕 배불리 먹는 것조차 큰 사치였어. 아빠는 열 살이 넘도록 해산물이 무엇인지도 몰랐어. 일 년 내내 먹은 사탕과 과자를 모두 합쳐도 1킬로그램도 채 되지 않았을 거야. 부모님이 일하시는 학교 주변은 전부 농촌이었는데 그곳 아이들은 제대로 된 옷조차 입지 못했어. 겨울에도 얇은 무명옷만 걸치고 사계절 내내 맨발로 다녔단다. 낡은 짚신 한 켤레도 그들에게는 사치였어. 그 아이들은 대부분 학교에 다니지 못했어. 밥을 굶지 않으려면 집에서 농사일을 거들고 가축을 돌봐야 했거든. 제대로 먹는 것조차 힘든 상황이었으니 병이 나도 병원에 갈 돈이 없었고, 그래서 마을 사람들은 하루가 멀다 하고 상을 치러야 했지.

아빠가 기억하는 어린 시절은 이런 모습이란다. 그로부터 몇십 년이 지났지만 아직도 그때의 일들을 잊을 수가 없어. 가난은 사람을 의기소침하게 만들기도 하지만 반대로 더욱 분발하게 만들기도 해. 아빠는 가난에서 벗어나기 위해 어려서부터 공부를 열심히 했단다. 가난이 동력이었던 셈이지. 가난한 것도 나름대로 좋은 점이 있었어. 그건 바로 공부 외에는 신경 쓸 것이 없었다는 거야. 요즘 아이들처럼 관심가질 일이나 물건이 많지 않기 때문에 오로지 공부에만 집중할 수 있었어. 덕분에 학업 문제는 늘 순조로운 편이었단다. 어른이 되고 가난에서 벗어나 풍족한 생활을 누리게 되었을 때도 절대 긴장을 늦추지 않았어. 다시 가난한 생활로 돌아가게 될까 두려웠던 거야. 그래서 남들처럼 과감한 투자 같은 건 생각조차 하지 않았단다.

아빠뿐만 아니라 아빠와 동시대를 살아온 친구들은 대부분 그랬어. 가난을 동력 삼아 여기까지 오게 되었지. 우리는 그동안 많은 성과를 이루었고 지금도 여전히 앞으로 나아가고 있단다. 비록 개개인이 걸어온 길은 다르고 속도의 차이도 있지만 모두들 자신의 노력으로 경제적 상황을 바꾸어 놓은 거야.

중국에서는 자신의 노력으로 경제적 지위가 높아지는 것을 굉장히 영광스러운 일로 생각해. 대단한 사치를 누릴 필요는 없더라도 최소한 사람들에게 당당할 수 있으니 말이야. 쓰촨에서 만났던 아이들은 나처럼 학교에 다니지는 못했지만 그들만의 방식으로 자신의 운명을 개척하려고 노력하고 있어. 지금 쓰촨은 천부지국天府之國이라고 불려. 천국과 같은 곳이라는 의미지. 중국이 시장 경제를 채택하고 나서부터 그곳 사람들도 자신의 두 손으로 운명을 개척해나가고 있어. 애덤

스미스의 말처럼 그들은 자신의 삶을 변화시키는 동시에 그 가난한 지역을 변화시키고 있는 거란다.

가난은 양날의 검과 같아서 사람에게 큰 동력이 될 수도 있고 의기 소침하게 만들 수도 있어. 두 번째 상황에 대해서는 네가 조금 더 크면 다시 이야기하자꾸나. 오늘 기억할 것은 세상에는 여전히 가난한 사람들이 많고 그들은 너와는 완전히 다른 세상에 살고 있다는 사실이야. 우리는 마땅히 그들에게 관심을 가져야 해. 가난은 절대 그들의 잘못이 아니란다. 그러니 가난한 사람들을 보면서 왜 조금 더 노력하지 않았냐고 비난해서는 안 돼. 가난한 사람들은 자신의 경제적 지위를 높일 수 있는 충분한 동력을 갖고 있어. 우리가 조금 더 관심을 기울이고 도움을 주면 그들도 분명 가난에서 벗어날 수 있을 거야. 삶이 풍족한 사람이 많아질수록 더 안전하고 살기 좋은 세상이 만들어진다고 생각한다.

아빠로부터

자신의 '가난'을 인정해야
인생의 진정한 부를 얻는다

부디 인생의 수많은 시련과 굴팝이
너의 동력이 될 수 있기를 바란다.

멍신에게

반 년 전쯤인가 우리가 가난에 대해 이야기했던 것 기억나니? 지금의 너와는 달리 아빠는 어렸을 때 무척 가난한 집에서 자랐기 때문에 네가 가난 때문에 힘겨운 삶을 살고 있는 사람들을 이해하고 나중에 그들을 도울 수 있는 사람이 될 수 있기를 바란단다. 요즘 학교에서 세계사 수업을 듣고 있으니 세상에 대한 이해가 더 깊어졌으리라 생각한다. 그래서 오늘은 너와 가난에 대해 조금 더 심도 있는 이야기를 나눠보려고 해.

가난은 양날의 검과 같아서 사람에게 큰 동력이 될 수도 있고 의기소침하게 만들 수도 있다고 했었지? 그래서 누군가는 가난을 딛고 경제적 자유를 누리고, 누군가는 어렸을 때부터 평생을 가난하게 살기도 한단다. 그렇다면 과연 무엇이 이러한 차이를 만드는 걸까?

사람은 원래 현실에 안주하지 않고 어려움이 닥치면 어떻게든 헤쳐나가려는 천성이 있단다. 그래서 가난이 동력이 되기도 해. 그런데 오늘날 미국에서는 완전히 상반된 현상이 나타나고 있단다. 한번 빈곤층에 속한 사람들은 평생 자신이 속한 사회계층에서 벗어나지 못하고 한 세대의 가난이 다음 세대까지 이어지고 있어. 왜 이런 현상이 나타나는 걸까? 어떤 사람은 환경적인 요소 때문이라고 말하지만 과연 외부 환경이 이렇게 큰 힘을 발휘할 수 있을까? 왜 사람들은 자신을 옭아매고 있는 가난에서 벗어나지 못하는 걸까? 이 문제에 관해 수많은 사회학자가 통계 조사를 했어. 그들은 조사를 통해 여러 결론을 제시했지만 그 어떤 것도 나를 납득시키지는 못했단다. 이 문제에 대해 아빠가 생각하는 바를 이야기해줄게.

사람이 가난에서 벗어나려면 사회 주류에서 생활하고 발전을 도모해야 해. 하지만 가난한 사람들은 대부분 사회에서 무시당하고 주목받지 못한단다. 이러한 부정적인 경험이 오래 쌓이다 보면 자신감을 잃고 대부분 자신에게 익숙한 환경으로 돌아가게 되는 거야. 언제나 자신이 편안하게 느끼는 곳, 즉 '컴포트존comfort zone'에서 벗어나야 한다고 강조하는 이유도 바로 이 때문이란다. 하지만 이를 실천하는 것은 말처럼 쉬운 일이 아니야. 왜냐하면 사람이 물질적으로 궁핍하다보면 마음이 쉽게 약해지기 때문이야. '유리 멘탈'이라는 말도 있잖니. 아주 작은 일에도 쉽게 상처받고 자존심이 상하는 사람들을 의미하는 말이야. 그렇다면 어떤 사람들이 유리 멘탈을 갖고 있을까? 부유한 집안에서 태어난 아이는 누군가 가난하다고 놀릴까 봐 걱정하지 않고, 성적이 좋은 아이들은 누군가 멍청하다고 놀릴까 봐 걱정하지 않아. 하지만 반대로 가난한 집안에서 태어난 아이는 다른 사람들이 가난하다고 놀리고 자기를 무시할까 봐 늘 걱정한단다. 아이폰을 사기 위해 자신의 신장을 파는 사람도 분명 가난 때문에 놀림 받을까 두려워 그런 선택을 하게 된 걸 거야. 마찬가지로 공부를 못하는 아이들은 자신이 멍청하다고 놀림 받는 걸 두려워해. 이것은 인류의 보편적인 특징이기도 하단다. 그래서 가난한 사람들은 결국 가난한 사람들과 어울리고 공부를 못하는 아이들은 공부를 못하는 아이들끼리 어울리게 되는 거지. 가난하고 나약한 사람은 누군가 도와주고 보호하려 할수록 가난에 익숙해지고 자신의 상황에서 벗어나지 못하게 된단다.

그러나 한편으로는 가난하다고 놀림 받고 무시당하는 것을 두려워하지 않는 사람도 있단다. 그들은 자기 힘으로 운명을 바꾸려고 노력하고 다른 사람들의 멸시를 동력 삼아 앞으로 나아갔어. 오래 전 상하이에는 두웨성杜月笙이라는 인물이 있었단다. 그는 주로 사람들의 발을 닦아주거나 과일을 팔아 생계를 유지했어. 그는 사람들에게 천하다고 무시당했지만 언젠가 상류층이 되고 말겠다는 희망을 버리지 않았고 나중에는 결국 그렇게 되었어. 이러한 사례는 생각보다 많단다. 그들이 가난을 벗어날 수 있었던 가장 큰 이유는 자신의 유리 멘탈을 이겨냈기 때문이야.

일반적으로 신앙이 있는 사람이 가난을 더 잘 극복하는 경향이 있어. 가난한 집안에서 태어나 멸시를 받던 유대인들이 자신의 노력으로 가난을 극복하고 유능한 사업가로 성공한 사례들만 봐도 알 수 있지.

고대 유대인들의 왕 솔로몬은 가난이 사람을 분발하게 하며, 믿음을 잃지 않는다면 왕성한 생명력으로 가난을 동력으로 바꿀 수 있다고 했어. 또 지혜에는 빈부의 차이가 없고 가난은 누구나 거쳐야 하는 인생의 시험이라고 말했지. 그래서 유대인들은 절대 가난한 사람을 무시하거나 깔보지 않는단다.

가난을 극복하는 것은 어떤 일을 잘 못했을 때 내가 다른 사람보다 못하다는 사실을 인정하고 주위의 비웃음을 견디며 계속 앞으로 나아가는 것과 크게 다르지 않아. 예전에 피아노 연주가 잘 안 된다며 피아노 선생님 집에 가는 걸 두려워한 적이 있었지? 그때 너는 선생님이 네 연주를 마음에 들어 하지 않는다는 걸 알면서도 계속 노력했어. 그 결과 피아노 콩쿠르에서 우승해 링컨센터에서 연주할 수 있는 영광을 얻었잖니. 학교 수업도 마찬가지란다. 성적을 잘 받기 위해 네가 어려워하는 과목은 모두 빼고, 잘 하는 과목만 골라 듣는다면 가난한 사람이 가난한 사람들 무리에 계속 남아 있는 것과 뭐가 다르겠니? 어려운 과목에 도전하기 두려워 너의 컴포트존에 숨어 있기만 한다면 성적은 잘 나올지 몰라도 네 인생에는 전혀 도움이 되지 않을 거란다.

앞으로 살면서 수많은 '가난'과 마주하게 될 거야. 이럴 때 현실에 안주하지 않고 더 나은 삶을 살기 위해 노력한다면 계속 앞으로 나아갈 수 있을 거란다. 안타깝게도 대부분의 사람들은 30대에 접어들면 노력하기를 멈춰 버리곤 해. 나이가 들어서도 계속 노력하는 사람은 아주 소수란다. 자신의 가난을 과감히 인정하고 다른 사람들의 비웃음을 두려워하지 않는 사람만이 인생의 진정한 부를 얻을 수 있는 법이야. 어떤 일이든 처음부터 그 일을 완벽하게 하는 사람은 없어. 서투르고 실수하면 남들의 비웃음도 피할 수 없는 법이지. 다른 사람들이 너의 부족함을 인정해 주기를 기대하지 말거라. 네가 열심히 노력해서 더 나은 사람이 되는 것만이 난관을 극복하고 성공할 수 있는 유일한 길이란다. 부디 인생의 수많은 시련과 결핍이 너의 동력이 될 수 있기를 바란다.

아빠로부터

낭비도 문제지만
지나치게 아끼는 것도 문제다

돈에 관해서는 큰 그림을 그릴 줄 알았으면 해.

외지에서 혼자 생활하고 있는 명화가 돈을 아끼느라 정작 자신이 정말 하고 싶은 일을 하지 못할까 걱정이 들어 다음과 같은 편지를 보냈다. 아이에게 하고 싶었던 이야기는 돈에 있어서는 조금 더 큰 그림을 그릴 수 있어야 한다는 것이었다.

멍화에게

지난번에 멍신이 했던 말 기억나니?

"언니, 이제 신용카드가 있으니 매일 좋은 식당에서 밥 먹겠네?"

멍신은 신용카드만 있으면 쓰고 싶은 대로 마음껏 쓸 수 있다고 생각하는 것 같더구나. 동생은 아직 어려서 그러려니 하고 웃어 넘겼지만 실제로 혼자 학교생활을 하는 대학생 중에 이런 생각을 가진 아이들이 적지 않더구나. 부모가 힘들게 번 돈을 펑펑 쓰면서도 아무런 거리낌이 없는 것 같아. 물론 우리 딸은 정반대지. 우리가 자유롭게 쓰라고 준 돈을 정말 아껴 쓰고 있다는 걸 알고 있어. 네게 준 신용카드 명세서만 봐도 그 사실을 알 수 있지. 이 점은 정말 칭찬하고 싶구나. 하지만 아빠는 네가 돈을 아끼느라 돈의 효용을 모르고 사는 건 바라지 않는단다.

아빠는 대학시절부터 돈에 인색하지 않으려고 노력했어. 돈을 벌기 시작하면서부터는 더더욱 그랬지. 그렇다고 쓸데없는 곳에 돈을 낭비한 것은 아니란다. 만약 돈으로 어떤 문제를 더 효율적으로 해결할 수 있다면 나는 그 돈이 가치 있게 쓰였다고 생각해. 실제로 아빠가 지출한 돈은 나중에 몇 배의 보상으로 돌아온 적이 많았어. 그러니 돈에 관해서는 큰 그림을 그릴 줄 알았으면 해.

십여 년 전에 IBM에서 면접을 봤을 때 면접관이 이런 질문을 했었어.

"갑자기 당신에게 큰돈이 생긴다면 그 돈을 어떻게 쓸 겁니까?"

네게도 같은 질문을 해 볼게. 만약 네게 갑자기 100만 달러가 생긴다면 그 돈을 어디에 쓰겠니? 1,000만 달러가 생긴다면 무엇을 하고 싶어? 지금 당장 대답하려고 하지 말고 천천히 생각해 보렴. 나중에 시간이 날 때 함께 이 문제에 대해 이야기해 보자꾸나.

아빠로부터

돈을 의미 있게 사용하는 법

더 의미 있는 일을 하고 싶다면
누군가 한 번도 해보지 않은 일을 해야 해.

멍화에게

지난번에 100만 달러와 1,000만 달러가 생긴다면 무엇을 하겠냐고 물은 적 있었지? 너는 100만 달러가 생기면 중국으로 여행을 가고 싶다고 했어. 중국 곳곳에서 찍은 사진으로 전시를 열어 전 세계 사람들에게 보여주고 싶다고 말이야. 내가 그건 이미 <내셔널지오그래픽>에서 하고 있는 일이 아니냐고 물었더니 그 사진들은 중국이라는 거대하고 다원화된 나라의 전반적인 모습을 잘 묘사하지 못한다고 말했지. 1,000만 달러가 생기면 중국 농촌에 학교를 하나 세우고 싶다고 했지? 친구들이 여름 방학 때 중국 농촌으로 자원봉사를 다녀온 것이 인상적이었나 보구나. 이것도 아주 좋은 생각이기는 한데 중국에는 이미 이런 일을 하는 사람들이 많단다. 게다가 중국 정부에서도 농촌 아이들의 교육 문제를 해결하기 위해 많은 노력을 기울이고 있어.

사실 100만 달러만 해도 네게는 천문학적인 금액이니 1,000만 달러를 어떻게 써야 할지 잘 모를 수도 있어. 아마 나중에 정말로 100만 달러를 갖게 되면 1,000만 달러를 더 유용하게 쓸 수 있는 방법을 찾을 수 있을 거야.

어쨌든 아빠는 네가 큰돈이 생겼다고 마음대로 펑펑 쓰겠다거나,

주식시장에 투자하겠다거나, 일을 당장 그만두겠다거나 하지 않고 의미 있는 일에 사용할 거라고 대답해서 얼마나 기쁜지 몰라. 워런 버핏은 돈은 아무 일도 하지 않기 위해서 있는 것이 아니라 하고 싶은 일을 하기 위해서 있는 것이라고 말했어.

돈이 생겼을 때 그 돈을 어떻게 사용하느냐가 그 사람의 그릇의 크기를 결정하고, 그릇의 크기가 얼마나 멀리 갈 수 있는지를 결정한단다. 돈이 생기면 자신이 하고 싶었던 일을 할 수 있는 기회가 생겨. 만약 그것이 세상에 긍정적인 영향을 끼칠 수 있는 일이라면 정말 의미가 클 거야. 뉴턴 시대의 천문학자 핼리Edmund Halley와 화학자 보일Robert Boyle 처럼 말이야. 현대 화학의 창시자로 불리는 프랑스의 과학자 라부아지에Antoine Laurent de Lavoisier도 마찬가지야. 그들은 과학이 좋아서 자신의 재산을 과학 연구에 아낌없이 투자했단다. 오늘날에는 과학자들이 사비를 털어 연구할 필요는 거의 없지만 옛날엔 그렇지 않았거든.

멍화는 돈이 생기면 중국 일주를 하고 싶다고 했잖아. 사실 역사적으로 그런 일을 한 사람은 꽤 많단다. 하지만 그중 인류 문명에 공헌한 사람은 그리 많지 않아. 왜 같은 일을 하고서도 이런 차이가 나는 걸까? 중국 명나라 말에 서하객徐霞客이라는 사람이 있었어. 그는 여행을 좋아했고 집이 부유했기 때문에 오랫동안 여행을 다닐 수 있었어. 평생 동안 명나라 땅의 절반 정도를 유람했지. 다만 단순히 여행을 하는 사람과 달리 그는 자신이 간 곳의 지리와 문화 그리고 동식물에 관해 상세한 기록을 남겼고, 특히 석회암 지형(카르스트 지형을 말해. 예전에 구이린桂林에 갔을 때 본 적 있을 거야)에 대해 자세히 연구했단다. 그가 보고 들은 모든 것을 기록한 여행기는 당시 중국의 지리, 지형, 수문, 기후, 상업, 경제, 문화를 가장 완전하게 보여주는 역사적 사료가 되었어. 안타깝게도 그의 여행기는 전쟁으로 많은 부분이 훼손되었지만 일부분은 지금까지 전해져 내려오고 있고 오늘날까지도 역사적으로 대단한 참고 가치가 있단다.

큰돈이 생겼을 때 대부분의 사람들은 누군가 했던 일을 따라 한단다. 물론 그런 일들이 아무 의미도 없다고 말할 수는 없지만 더 의미 있는 일을 하고 싶다면 누군가 한 번도 해보지 않은 일을 해야 해. 의미 있는 일을 하는 것은 단순히 돈이 많이 있다고 가능한 건 아니야. 똑똑한 머리와 지구력도 있어야 하지. 역사적으로 서하객만큼이나 중국 지리와 경제문화의 전승에 많은 공헌을 한 사람으로 독일의 지질학자 리히트호펜F. von Richthofen을 꼽을 수 있단다.

리히트호펜의 가장 큰 공헌은 중국에 대한 지리적 연구였어. 그는 총 일곱 차례 중국을 방문했고 '실크로드'라는 명칭을 만들어 처음 사용한 장본인이기도 해. 그는 중국을 여행하면서 후세에 많은 문화유산을 남겼어. 예를 들어 도자기를 구울 때 사용하는 흙을 고령토라고 부르는데 이 명칭 또한 그와 관련이 있단다. 리히트호펜이 중국 징더현景德鎭에서 도자기 굽는 법을 연구할 때 현지에 있는 고령산의 흙을 이용했고 이를 고령토라고 불렀는데, 그때 사용한 이름이 오늘날까지 전해 내려오고 있는 거야. 또한 그는 중국 산둥 지방에서 자오저우만 膠州灣을 둘러보다가 지리적으로 굉장히 특별한 지역을 발견했어. 천연의 양항良港을 건설할 수도 있고 기후도 온화해 전략적으로 중요한 의미를 가진 곳이었지. 그는 독일 정부를 대신해 이곳을 조계지로 선정했단다. 그곳이 바로 오늘날의 칭다오 지역이야. 그리고 그 유명한 칭다오 맥주는 바로 그 시절 독일에서 들어온 기술로 만들어진 거란다. 그밖에도 그는 중국의 고대 실크로드에서 사라졌던 롭노르 호수의 위치를 찾아내기도 하고, 세계에서 가장 오래된 수리 시설인 두장옌을 전 세계에 처음으로 소개하기도 했지.

학자였던 리히트호펜은 중국의 여러 지질현상과 상업문화도 연구했어. 중국 황토고원이 생기게 된 원인이나 중국 북방지역이 가난한 이유 등을 밝혀냈고 주요 석탄 생산지인 산시 지방의 석탄 저장량에 대해 조사하기도 했어. 리히트호펜 이전에는 마르코 폴로가 남긴 《동방견문록》의 불완전한 묘사가 전부였지. 리히트호펜 덕분에 그들은 중국을 조금 더 객관적으로 이해할 수 있게 되었단다. 이후 그의 제자인 스벤 헤딘Sven Anders Hedin은 누란loulan의 유적지를 발견해 이름을 알리게 되었어. 1933년 스벤 헤딘은 리히트호펜 탄생 100주년 기념식에서 기념사를 발표하며 '중국을 누구보다 사랑하고 중국 지질 지식의 기반을 마련한 천추에 길이 빛날 학자'라고 그를 묘사했단다. 여행자 리히트호펜의 공헌을 아주 잘 드러낸 표현이었지.

이처럼 큰돈이 생겨 경제적 자유를 얻게 된다면 남들이 하지 않은, 혹은 남들이 하지 못한 일들을 할 수 있어야 한단다. 실리콘밸리에 있는 사람들은 큰돈을 벌고 나면 대부분 회사를 차리고 싶어 해. 회사를 차린다는 건 그 자체로 상업적인 목적을 갖고 하는 일이기 때문에 이런 일들은 언제든 누군가 할 거야. 구글이든 애플이든 테슬라든 그들이 그 일을 하지 않았더라도 분명 누군가 했을 거야. 물론 회사의 이름과 일하는 방식은 달랐겠지. 반면 큰 의미가 있어도 단기간 내에 효과가 나타나지 않는 일들도 있어. 그런 일은 누군가 그 일을 하지 않으면 오랫동안 아무도 하려는 사람이 없을 거야.

구글의 초기 엔지니어링 부서 부사장이었던 웨인 로싱Wayne Rosing은 천문 망원경에 관심이 많아서 구글이 상장되고 돈을 많이 벌게 되자 첨단 망원경들을 직접 제조하기 시작했고 라스 쿰브레스 천문대Las Cumbres Observatory를 세웠어. 이 천문대는 두 가지 중요한 발견을 하는 데 핵심적인 역할을 했단다. 하나는 중력파의 증명이고, 또 다른 하나는 지속적으로 폭발하는 초신성에 관한 것이었어. 돈은 바로 이런 곳에 사용해야 가장 의미 있게 쓰일 수 있다고 생각해. 돈을 사용할 때 더욱 큰 그림을 그릴 수 있기를 바란다.

아빠로부터

돈의 올바른 쓰임을 알고
돈 버는 능력을 키워야 한다

이 세상에 당연히 주어지는 것은 없어.
모두 상응하는 노동을 통해 얻어지는 것이지.

멍신은 종종 집안일을 도와 용돈을 벌었고 나는 이러한 방
식을 반대하지 않았다. 그런데 최근 친척들에게 세뱃돈을 많이
받은 이후에는 집안일을 해서 용돈을 벌려고 하지 않고 세뱃돈
으로 자주 밀크티를 사 먹기에 제지를 한 일이 있었다. 아이가
돈에 대한 올바른 태도를 가졌으면 하는 마음으로 다음과 같
이 편지를 썼다.

멍신에게

　아빠는 지금까지 너를 크게 혼낸 적도 거의 없었고, 네가 좋아하는 일이라면 되도록 제한하지 않으려고 노력했단다. 그 이유는 네 인생을 아빠의 생각대로 살아가게 할 수는 없기 때문이야. 그래서 가능한 많은 자유를 주려고 했던 거야. 하지만 최근 너를 지켜보면서 조금 걱정이 되더구나. 그래서 오늘은 너와 돈과 관련된 이야기를 하려고 해.

　먼저 '작은 돈'을 대하는 태도에 대해 얘기해 보자꾸나. 아빠가 그동안 네게 절약을 특별히 강조하지 않은 것은 나중에 돈에 너무 인색한 사람이 될까 걱정이 됐기 때문이야. 우리는 물론 네가 꿈을 크게 갖기를 바라지만 그렇다고 해서 작은 돈을 하찮게 여기면 안 된단다. 예전에 너는 아빠 차를 세차하고 용돈으로 5달러를 받아 밀크티를 사먹곤 했어. 때로는 이어폰 등 필요한 물건을 사기 위해 정원 청소를 자처하기도 했었잖니. 아빠는 이것이 스스로 용돈을 버는 아주 좋은 방법이라고 생각했단다. 그런데 최근에 네가 세뱃돈을 너무 많이 받은 것 같구나. 물론 세뱃돈을 많이 받은 건 좋은 일이야. 훗날 여윳돈으로 쓸 수 있으니 말이야. 하지만 이것 때문에 집안일을 해서 용돈을 버는 데는 흥미를 잃은 것 같아. 게다가 세뱃돈을 네가 응당 받아야 할 돈으로 생각하고 있는 것 같아서 아빠는 조금 걱정이 되는구나.

미국의 은행가 J.P.모건은 '작은 돈을 흘러가도록 놔두면 절대 큰 돈을 붙잡아두지 못한다'고 말했어. 나중에 큰돈을 벌고 싶다면 지금 작은 돈부터 모으기 시작해야 하는 거야. 이 세상에 당연히 주어지는 것은 없어. 모두 상응하는 노동을 통해 얻어지는 것이지. 할머니, 외할머니가 주시는 용돈도 두 분이 일을 해서 번 돈이라는 걸 명심하렴. 네가 앞으로 돈을 많이 벌고 풍족한 삶을 살기 위해서는 그만큼 더 많이 노력해야 하는 거야.

그럼 이제 돈의 쓰임에 관해 이야기 해보자. 돈은 두 가지 쓰임새가 있어. 첫 번째는 돈을 매개로 하여 더 큰 것을 얻는 거야. 예를 들면 투자를 통해 더 많은 돈을 벌거나 후원으로 우리가 사는 세상을 바꾸는 것이지. 어떤 방식이든 이렇게 돈을 쓰는 것은 의미 있는 일이란다. 두 번째는 삶을 즐기기 위해 쓰는 거야. 이러한 지출은 꼭 필요하지만 그렇다고 무절제하게 쓰면 안 돼. 가장 중요한 것은 자신의 수입에 맞는 지출을 하는 거야. 네가 무언가 갖고 싶다면 먼저 그만한 돈을 번 다음 소비를 해야 한단다. 이 순서는 절대 뒤바뀌면 안 돼. 나중에 빚을 지지 않기 위해서도 그렇지만, 그래야만 계속 일을 하고자 하는 동력을 얻을 수 있거든.

미국에서는 자신의 노력으로 가난에서 벗어나 성공을 이루고 다시 사회에 환원하는 정신을 높이 산단다. 미국 국부들 중에도 이를 실천한 사람들이 많아. 벤자민 프랭클린, 토머스 제퍼슨 등이 대표적인 인물이지. 앞에서 잠깐 언급한 금융업계의 거장 J.P.모건도 이러한 사람들 중 하나란다. 그는 삼시 세끼 풍족하게 먹을 수 있는 집에서 나와 자신의 노력으로 미국 역사상 가장 유명한 투자자이자 부호가 되었어. 그가 남긴 말 중에 인상 깊은 명언이 있어.

"진정한 친구를 얻는 것은 어렵지만, 친구 하나를 잃는 방법은 굉장히 간단하다. 가장 효과적인 방법은 그에게 돈을 빌려주는 것이다."

한번 돈을 빌리는 습관을 들이면 자신의 노력으로 돈을 벌고자 하는 의지가 사라진단다. 친구에게 습관적으로 돈을 빌리는 사람은 언젠가 돈을 갚지 못하게 되거나, 갚을 생각을 하지 않게 돼. 그러면 두 사람 사이의 우정도 거기서 끝이 나지.

미국에서는 최근 몇십 년 사이에 아주 이상한 풍조가 생겼어. 돈이 없으면 대출을 받아서라도 소비를 하도록 부추긴다는 거야. 이와 같은 소비는 결국 그 사람을 파산에 이르게 한단다. 그래서 정작 이를 부추기는 상업 기관 종사자 중에는 대출을 받는 사람이 많지 않아. 마약 판매상이 본인은 마약을 하지 않는 것과 마찬가지지. 그러니 돈을 쓰기 전에는 반드시 먼저 대가를 치를 수 있는 돈이 수중에 있는지를 확인하는 습관을 가지렴.

또한 돈이 생기면 절대 인색하게 굴어서는 안 돼. 이것만큼은 네가 아주 잘하고 있다고 생각한단다. 넌 좋은 물건이 생기면 다른 친구와 나눠 갖고, 학교에서 맛있는 음식을 나눠주면 아빠, 엄마를 생각해서 집에 가져오기도 하잖니. 너는 마음이 후하기 때문에 나중에 돈을 쓰는 것에 인색할까 걱정하지는 않는단다. 세상에는 자애로운 마음을 갖고 다른 사람을 도울 수 있는 사람이 그리 많지는 않아. 만약 네가 나중에 큰돈을 벌게 된다면 그것을 올바른 곳에 사용해 이 사회에 긍정적인 영향력을 발휘할 수 있기를 바란다.

그러기 위해서는 돈을 의미 있는 일에 사용할 수 있는 능력이 있어야 해. 돈이 많은 과학자가 자비로 암을 치료할 수 있는 신약을 개발한다거나, 성공한 엔지니어가 도시 미관과 교통 현황을 개선하는 등의 일은 돈을 올바르게 사용할 줄 아는 능력을 전제로 한단다. 많은 정치인들이 매일 자신의 이상에 대해 떠들면서 세상을 바꾸겠다고 하지만 정작 돈을 엉뚱한 곳에 낭비하거나 일을 더 악화시키는 경우가 많아. 그러니 돈을 올바르게 쓰기 위해서는 의지뿐만 아니라 적절한 능력도 필요하단다. 이러한 능력은 지금부터 조금씩 키워나가야 해. 학교에서 열리는 의미 있는 활동에 참여하는 것부터 시작할 수 있겠지?

몇 년 전 소림사의 주지스님인 스융신釋永信이 애플의 초청을 받은 적이 있었는데 그때 팀 쿡이 스님께 조언을 구했어.

"저는 저의 경지를 높이고 선한 영향력을 발휘하기 위해 매일 15분씩 명상을 하고 있어요. 그런데 수행에 어려움이 많네요. 제 고민을 해결해 주실 수 있으십니까?"

스융신 스님이 말씀하셨어.

"애플은 그동안 사람들에게 유용한 제품을 많이 만들어냈습니다. 이것이 바로 당신의 선행이죠. 앞으로 더 좋은 제품을 만들어내는 것이 선한 영향력을 발휘할 수 있는 길입니다."

스융신 스님의 말은 정말 일리가 있어. 말로만 선한 영향력을 발휘하겠다고 떠들 것이 아니라 그것을 현실로 바꿀 수 있는 능력이 필요한 법이거든. 생각해 보렴. 만약 애플의 제품 성능은 계속 떨어지는데 팀 쿡 개인의 정신적인 수행 능력이 높아진다고 세상에 무슨 도움이 되겠니? 이는 선행이 아니라 위선이라고 할 수 있지.

오늘 하고 싶었던 이야기를 정리해 보면 돈은 반드시 번 다음에 써야 한다는 거야. 또 큰돈을 벌고 싶다면 작은 돈부터 차근차근 모아야 하고, 돈을 많이 모은 다음에는 제대로 쓸 줄 알아야 해. 그러기 위해서는 선한 마음 외에도 돈을 잘 활용하는 능력이 있어야 하지. 며칠 전 밀크티를 사먹지 못하게 해서 마음이 상한 건 아닌지 모르겠구나.

아빠로부터

첫 번째 투자에 대한 조언

진짜 돈을 버는 사람은
바로 끈기 있게 기다리는 사람들이지.

멍화는 방학 동안 회사에서 인턴으로 일한 덕분에 돈을 조금 벌 수 있었다. 멍화는 이 돈을 함부로 쓰지 않고 은행에 저금해 두었다. 멍화의 주변 친구들 대부분이 방학 기간에 인턴으로 일을 했기 때문에 비슷한 돈을 번 모양이다. 그래서 친구들끼리 자신이 번 돈을 어디에 투자하면 좋을지 상의했다고 한다.

멍화에게

여름 방학 때 인턴으로 일하면서 번 돈을 투자하고 싶다는 네게 굉장히 좋은 생각이라고 말해 주고 싶구나. 아빠는 너의 그런 생각을 응원해. 장기적으로 보면 물가는 꾸준히 상승하기 때문에 돈을 은행에 묶어놓으면 결국 가치가 조금씩 떨어지게 돼. 하지만 주식시장에 투자하면 경제가 성장함에 따라 수익을 얻을 수 있으니 더 많은 돈을 벌 수 있지.

지난번에 어디에서 계좌를 개설하고, 어떻게 투자를 해야 하는지 물었지? 네가 참고할 수 있는 내용을 정리해서 알려주도록 할게.

먼저 어떤 은행(혹은 증권사)에 계좌를 개설하는지는 크게 중요하지 않아. 다만 다음 세 가지 원칙에 부합하는 곳을 선택해야 한단다.

첫째, 거래하기 편한 곳이어야 해. 인터넷 뱅킹이 가능하고 네가 머무는 지역에 지점이 있는 곳이어야겠지? 그래야 혹시 전화나 인터넷으로 해결할 수 없는 문제가 생겨도 찾아가 해결할 수 있으니 말이야.

둘째, 수수료가 저렴한 곳이어야 해. 수수료가 얼마 안 하는 것 같아도 투자 결과에 중요한 영향을 주기 때문에 결코 얕잡아 봐서는 안 된단다. 일반적으로 너 같은 학생들은 한 번에 거래하는 양이 많지는 않을 거야. 그래도 일 년에 한두 번, 한 번에 1만 달러 정도를 거래한다고 생각해 보면 네가 얻은 수익의 1/10이 수수료로 나가는 셈이야. 아빠가 사람들에게 주로 추천하는 곳은 피델리티 펀드인데 그 이유는 한 번 거래할 때 수수료를 5달러만 받기 때문이야.

셋째, 서비스가 좋은 곳이어야 해. 즉 전화를 걸었을 때 잘 받는 곳인지 봐야 한다는 거야. 전화 연결조차 제대로 되지 않는 은행은 수수료가 아무리 낮아도 선택하면 안 돼. 만약 인터넷으로 해결되지 않는 문제가 생기면 전화를 걸어 처리해야 하는데 그럴 때 연결이 안 되면 중요한 타이밍을 놓칠 수 있기 때문이야. 2001년 닷컴 버블 붕괴나 2008년 금융위기와 같은 상황이 발생하면 많은 사람들이 한꺼번에 몰리기 때문에 인터넷 거래가 불가능해. 이럴 때는 전화 업무 처리가 중요하지. 2008년 말 대부분의 은행과 증권사의 인터넷이 마비되었을 때 아빠는 골드만삭스의 전화 거래 서비스를 이용했기 때문에 무사히 거래를 마칠 수 있었단다.

그럼 이제 투자 방법에 대한 이야기를 해 보자꾸나. 내게 해줄 수 있는 제안은 다음과 같은 네 가지야.

첫째, 절대 네가 시장을 이길 수 있을 거라는 생각을 하면 안 돼. 다시 말해 자신의 감각이 인덱스펀드보다 낫다고 생각하면 안 된다는 거야. 전문가인 펀드매니저들도 대부분 자신이 관리하는 펀드의 수익률이 시장지수보다 높을 거라고 예상해. 하지만 현실은 매년 70%의 펀드가 S&P500지수에도 못 미치고 있고 최근 5~10년 동안 80%의 펀드가 시장지수보다 낮게 나타났단다.

왜 전문적인 투자자들이 시장을 뛰어넘지 못하는지에 관해서는 스스로 분석해 보기를 바란다. 한 가지만 알려주면 시장을 뛰어넘으려는 사람은 시장에 있는 다른 투자자들을 상대하는 것이 아니라 시장의 효율성에 도전하는 거야. 다시 말해 미시경제학의 기본 원칙에 도전하는 것이나 마찬가지지. 그러므로 90%의 개인 투자자들에게 있어서 가장 좋은 투자는 S&P500지수를 대량 매수하는 거야. 이것은 투자의 대가인 워런 버핏도 인정한 투자 원칙이란다. 워런 버핏은 자신의 유서에 유산의 대부분을 S&P500지수를 사는 데 쓰라고 명시해놓았어. 그가 얼마나 이 지수를 신뢰하는지 알 수 있겠지?

둘째, 시장에 대한 믿음이 있어야 해. 주식시장은 오를 때도 있고 떨어질 때도 있고 갑작스럽게 폭락할 때도 있단다. 하지만 역사적으로 볼 때 주식은 여전히 가장 좋은 투자 방법이야. 그래서 네가 주식에 투자하겠다고 말했을 때 적극적으로 동의한 거란다. 만약 워싱턴 대통령이 취임했을 당시 네가 100달러를 주식시장에 투자했다면 지금 그 가치는 20억 달러가 되어 있었을 거야(이건 예측이 아니라 실제 결과란다).

셋째, 시장은 하락세를 보이다가 다시 반등하기도 하지만 개별 주식은 꼭 그렇지 않을 수도 있어. 그동안 다우존스지수와 S&P500지수의 수익은 비슷한 수준을 유지해왔어. 때때로 큰 기복이 있긴 해도 꾸준한 상승세를 보이고 있지. 다우존스지수의 경우 폭락 이후 결국 회복을 하기는 했지만 지수에 포함된 개별 종목의 상황은 그리 좋지 않았어. 오늘날 다우존스지수 대표종목 30개 가운데 최초의 12개 종목에 해당했던 기업은 제너럴 일렉트릭뿐이란다(편지를 쓸 당시에는 제너럴 일렉트릭이 다우존스지수 대표종목 중 하나였지만 현재는 대표종목에 포함되어 있지 않다). 나머지 11개 종목은 기업이 파산하거나 매각되어 사라져버렸지. 만약 그런 주식에 투자한다면 돈을 모두 잃게 될 거야. 세상에 영원히 죽지 않는 산업은 있어도 죽지 않는 회사는 없기 때문이야. 2000년에 최고의 주가를 기록한 인텔과 시스코의 현재 주가는 당시의 1/4도 채 되지 않아. 게다가 앞으로 다시 최고가를 기록하기는 힘들 거야. 그러니 개별 주식에 투자할 때는 아무리 유명한 회사라고 해도 계속 돈을 벌 수 있으리라 장담해서는 안 된단다.

넷째, 시간은 네 편이지만 시기는 그렇지 않아. 이것은 《시장변화를 이기는 투자》의 작가이자 경제학자인 버튼 G. 맬킬Burton G.Malkiel이 한 말이란다. 내가 너에게도 여러 번 말했듯이 성공의 가장 중요한 요소는 바로 인내야. 인내는 투자를 할 때도 굉장히 중요해. 과거 45년 동안 미국 주식시장의 연평균 수익률은 대략 7% 정도였으니, 자산은 대략 20배 정도로 증가했을 거야. 그런데 어느 해에 만약 네가 주식시장의 상승세가 가장 높았던 25일을 놓쳤다면 투자 수익률은 절반 정도인 3.5%에 그쳤을 테고, 매년 그런 식이라면 45년 동안 네 자산도 4배 정도밖에 증가하지 않았을 거야. 다시 말해 자산 증가액이 1/5 수준인 셈이지. 그런데 그 25일이 언제 찾아올지 예상할 수 있는 사람은 아무도 없어. 현명한 투자자는 주식시장에 꾸준히 투자하지, 최저가와 최고가 투기를 노리지 않아. 그러니 나쁜 운을 피해가려면 시간을 좋은 친구로 삼고 꾸준히 인내하는 방법밖에 없단다.

위의 내용을 종합해 보면 가장 좋은 투자방법은 인덱스펀드 ETF 상장지수펀드에 정기적립식 투자를 하는 거란다. ETF의 매매 방법은 일반 주식과 마찬가지로 아주 간단해. 정기적립식 투자는 일정 기간마다 주식시장의 등락과 관계없이 ETF를 고정된 금액만큼 사는 거야. 주가가 상승하면 고정된 금액으로 살 수 있는 주식의 양이 줄어들고, 주가가 하락하면 살 수 있는 양이 늘어나게 된단다. 이렇게 하면 평균 구매 비용은 비교적 낮아지게 되지. 물론 이런 투자를 하려는 사람은 먼저 시장에 대한 믿음을 가져야 해. 주가가 상승하면 사람들은 대부분 가격이 너무 비싸다며 다시 하락할 때까지 기다리려 하고, 주가가 하락했을 때는 가격이 더 떨어질까 봐 쉽게 구매하지 못해. 가장 좋은 방법은 자신을 바보라 생각하고 가격이 올라도 사고, 떨어져도 사는 거야.

구체적으로 너의 경우에는 먼저 갖고 있는 돈의 1/3로 S&P500지수 ETF를 구매하렴. 그리고 두세 달 지난 다음 1/3의 돈을 더 투자하고, 다시 세 달에서 반년 정도 지난 후 남은 1/3을 투자하면 좋을 것 같아. 또 나중에 취업을 해서 돈을 벌기 시작하면 매월 혹은 분기마다 저축

한 돈의 70%로 S&P500지수 ETF를 구입하렴. 만약 매년 7%의 수익률을 낼 수 있다면 10년 후 네 재산은 배가 되어 있을 거란다.

마지막으로 네게 하고 싶은 말은 주식을 사고 나서는 가격변동에 일희일비하지 말라는 거야. 주식시장은 매년 10% 정도 상승하거나 5% 가량 하락한단다. 이러한 등락폭은 하루 만에 결정되는 것이 아니야. 주식시장에서 매일 2~3%정도 가격 변동이 일어나는 것은 아주 정상적인 일이야. 어떤 사람들은 주가가 올라가면 자신이 마치 주식의 신이라도 된 것처럼 의기양양해졌다가 주가가 하락하면 갑자기 의기소침해지기도 하는데 이런 사람은 주식 투자에 적합한 사람이 아니란다. 매일 주식에만 매달려있는 사람은 주식시장에 돈을 보태주는 일만 할 뿐이야. 진짜 돈을 버는 사람은 바로 끈기 있게 기다리는 사람들이지. 특히 너와 같은 젊은이들은 주가가 상승하기를 기다릴 시간이 충분해. 그러니 일단 주식을 사고 나면 주가의 등락에 너무 신경 쓰지 말거라. 이것이 아빠가 네게 해줄 수 있는 조언이야. 부디 도움이 되기를 바란다.

아빠로부터

이후 명화는 피델리티 펀드에 계좌를 개설하고

S&P500지수 ETF를 구매했다.

영원히 경계해야 하는
세 가지 빨간선

지나치게 모험을 하지 말 것,

모르는 분야는 절대 투자하지 말 것,

다른 사람들이 어떤 기회를 잡았든 부러워하지 말 것

명화가 처음으로 주식을 구매하고 정식 주식투자자가 된 이후 메일을 보내 투자할 때 주의사항에 대해 물었다.

멍화에게

지난번에 아빠가 조언한 대로 피델리티 펀드에 계좌를 개설하고 갖고 있는 돈의 1/3로 S&P500지수 ETF를 구입했다는 소식을 듣고 매우 기뻤단다. 마음먹은 일을 곧장 시행하는 것은 좋은 습관이야. 비록 큰돈은 아니지만 기왕 투자를 시작했으니 네가 좋은 투자 습관을 갖고 평생 주식을 통해 돈을 벌 수 있도록 20년간 쌓아온 아빠의 투자 노하우를 전수해 주도록 할게.

아빠는 다행히 지금까지 투자를 하면서 크게 손해를 본 적이 없어. 나보다 경험이 많은 전문가들도 한 번쯤은 큰 손실을 입기도 했는데 말이야. 그 이유는 투자를 시작할 무렵에 좋은 길잡이가 되어 준 사람들을 만났기 때문이야. 바로 아빠의 직장동료인 P삼촌과 S삼촌이란다. 두 사람은 우리 집에도 여러 번 온 적 있어서 너도 잘 알 거야. 그들은 모두 신중하고 이성적인 투자자였고 내게 자신의 경험을 아낌없이 전수해 주었단다. 덕분에 정말 큰 도움이 되었어. Z삼촌은 한번 돈을 크게 잃고 나서 참담한 심정으로 워런 버핏이 주주들에게 쓴 편지를 모두 읽었다고 해. 그리고 워런 버핏의 경험을 토대로 십여 년간 성공적인 투자를 할 수 있었지. 나중에 그는 자신의 경험과 교훈을 내게 아낌없이 전수해 주었고 덕분에 나는 주식투자를 하면서 여러 번의 재앙을 피해갈 수 있었어. 그래서 때로는 주변에 어떤 사람들이 있는가에 따라 네 운명이 결정되기도 하는 거란다. 투자에 있어서는 절대 일반 사람에게 조언을 구하면 안 돼. 왜냐하면 그들은 대부분 주식시장에서 돈을 잃기 때문이야.

워런 버핏의 편지는 인터넷에 검색해 보면 쉽게 찾을 수 있고 이를 바탕으로 책을 쓴 사람들도 많지만 아직 네가 읽어보지 못했을 것 같구나. 설령 읽어봤다고 해도 내가 직접 이야기하는 것만큼 깊은 인상을 받았을 것 같지 않아 여기서 다시 한번 이야기하도록 할게.

아빠 친구들 중에는 '워런 버핏과의 점심식사' 경매에 참여해 실제로 그와 점심을 먹은 친구가 두 명 있단다. 나는 워런 버핏의 투자 철학을 보다 정확하고 가감 없이 듣기 위해 두 사람에게 직접 조언을 구했어. 그들이 워런 버핏과 나눈 이야기 중에 가장 중요한 건 다음과 같은 두 가지였어. 너도 꼭 기억해두기를 바란다. 첫 번째는 지나치게 모험을 하면 치명적인 손실을 입을 수 있다는 것이고, 두 번째는 자신이 잘 모르는 분야는 절대 투자하지 말라는 거야. 이 두 가지 내용에 대해 조금 더 자세히 설명하도록 할게.

먼저 치명적인 손실을 초래할 수 있는 지나친 모험이란 어떤 것일까? 워런 버핏은 공매도와 레버리지를 이용한 투자를 언급했단다. 공매도란 일반적으로 주식을 사고파는 것과 상반되는 투자 방식이야. 사람들은 통상 주가가 낮을 때 주식을 사들이고, 주가가 높을 때 팔아서 이득을 취해. 이것을 일반적인 주식매매라고 부르지. 그런데 반대로 주가가 높을 때 자신의 자산을 담보로 주식을 빌려 매도한 뒤 주가가 떨어지면 다시 몽땅 사들이는 방식을 공매도라고 해. 공매도는 일반 주식매매와 비교해 심각한 리스크가 두 가지 있어.

첫 번째는 주가가 예상한 것처럼 떨어지지 않고 오히려 오르는 거야. 그러면 공매도를 한 사람은 엄청난 손실을 입게 돼. 아마 전 재산을 모두 탕진하게 될 거야. 반대로 일반 주식매매를 하는 사람은 주가가 0까지 떨어져도 100% 손실을 입는 건 아니야. 예를 들어 네가 구글이 상장할 때 50달러에 한 주를 샀다고 하자. 그러면 구글이 파산해서 문을 닫아도 너는 한 주에 50달러씩 손해를 보는 것뿐이야. 네가 일을 해서 돈을 벌면 금방 모을 수 있는 금액이지. 하지만 만약 구글 주식에 대해 공매도를 시도했다고 가정해 보자. 오늘날 구글의 가치는 한 주에 1,000달러 정도이니, 50달러였을 때 공매도에 실패했다면 한 주당 약 950달러의 손실을 입은 것이지. 그러니 공매도의 수익은 한정적인 반면 리스크는 어마어마하다고 할 수 있어.

두 번째는 경제가 발전해 주가가 연일 상승하는 거야. 일반 투자자에게는 좋은 현상이지만 공매도를 하는 사람에게는 최악의 상황이지. 연일 큰 손실을 입게 될 테니까 말이야.

다음으로 레버리지를 이용한 투자는 네 자산을 담보로 돈을 빌려 주식에 투자하는 것을 의미해. 이 방법의 장점은, 예를 들어 주가가 1% 오르면 레버리지가 배가 되어 2%의 수익을 얻는 거야. 하지만 반대로 떨어지면 손실도 배가 된단다. 지난번에 보낸 편지에서도 언급했듯이 주가는 아무리 떨어져도 언젠가 다시 오르게 되어 있어. 그러니 개별 주식이 아닌 주식시장에 투자하면 단기적인 손실에 대한 걱정을 덜 수 있지. 그런데 만약 레버리지를 이용하면 상황은 달라진단다. 네가 2배의 레버리지를 사용했는데 주가가 50% 떨어지면 완전히 회복이 불가능해지는 거야. 이러한 상황을 와이프 오프wipe off라고 부르는데 속된 말로 '깡통이 되었다'고 표현하기도 해. 네가 10배의 레버리지를 사용했는데 주가에 10%의 변동이 생기면 네 자산은 완전히 깡통이 되는 거지.

얼마 전 워런 버핏은 2017년에 주주들에게 보낸 편지를 공개했어. 편지에는 버크셔해서웨이가 지난 반세기 동안 네 차례의 주가 폭락 상황을 맞닥뜨렸는데 그중 두 번은 50% 가까이, 그리고 나머지 두 번은 50% 넘게 하락했었다는 내용이 있어. 만약 회사가 2배의 레버리지만 사용했어도 벌써 네 차례나 와이프 오프 되었을 상황이었던 거지. 물론 한 번이라도 와이프 오프 당했다면 지금의 워런 버핏은 없었을 거야.

20세기 말, 노벨경제학 수상자들을 비롯해 세계적인 경제학자와 투자자들이 모여 롱텀 캐피탈 매니지먼트LTCM라는 회사를 차렸어. 그들은 10배의 레버리지를 사용해 유럽과 아시아 지역에서 반짝 성공하는가 싶더니 곧바로 와이프 오프 되었지. 이처럼 투자를 할 때는 똑똑한 머리와 전문지식보다 규율과 원칙을 지키는 것이 더 중요하단다.

그럼 왜 자신이 잘 모르는 분야에 투자하면 안 되는 걸까? 워런 버핏은 자신이 잘 모르는 회사나 잘 이해가 되지 않는 금융 상품에는 절대 투자하지 않았어. 그래서 많은 투자 기회를 놓치기도 했지만 수익을 올리는 데는 전혀 지장이 없었단다. 자신이 투자한 부분에서 만큼은 제대로 수익을 냈기 때문이지. 투자에는 언제나 보이지 않는 함정이 숨어있어. 2008년 금융위기가 터지기 전 금융기관의 수많은 금융 파생상품이 바로 그런 함정이었단다. 워런 버핏은 당시 파생상품에 대한 설명서를 하루 동안 읽고 또 읽어봤지만 도저히 이해할 수 없었다고 해. 그 안에 교묘한 계략을 숨겨놓았기 때문이지.

사람은 처음부터 자신이 모르는 일을 시도하지 않아. 그러나 어떤 분야에서 작은 성공을 거두고 나면 마치 자신이 모든 것을 알고 있고, 무엇이든 할 수 있다는 생각에 잘 모르는 일도 무턱대고 하게 되는 거란다. 그러다가 처참하게 실패하는 거지. 워런 버핏과 함께 점심식사를 한 D삼촌은 중국 민영기업가들 가운데 꾸준한 성공을 유지하고 있는 인물이야. 그는 20여 년 전에 이미 중국 중앙방송의 광고를 따냈어. 미국으로 치면 슈퍼볼 광고를 따낸 것과 마찬가지야. 광고 덕분에 그의 회사에서 만든 가전제품은 중국 시장에서 높은 점유율을 차지했단다. 그는 기업의 브랜드를 구축하기 위해 몇 억 위안 혹은 몇십 억 위안의 돈을 계속 광고에 쏟아 부었어. 덕분에 광고 회사들만 배가 불렀지. 그때 그와 같이 일하는 고위 관리들이 그럴 바에는 차라리 광고 회사를 직접 차리거나 하나 인수하면 어떻겠냐고 조언했어. 하지만 D는 이 조언을 받아들이지 않았단다. 본인이 광고 산업에 대해 잘 알지 못하기 때문에 제대로 운영할 수 없을 거라 생각했던 거야. 그러자 고위 관리들이 말했어.

"왜 우리가 제대로 운영을 못할 거라 생각하시는 거죠? 잘 모르면 공부를 해서 잘 되게 만들면 되잖아요."

D삼촌이 설명했어.

"제대로 운영을 할 수 있을지 없을지에 관해서는 정확히 모르겠어요. 하지만 결국 실패하게 될 거예요. 만약 당신들의 논리대로 세상이 돌아간다면 오늘날 가장 큰 광고회사는 코카콜라나 P&G겠죠. 하지만 그렇지 않은 데에는 다 이유가 있을 겁니다."

D삼촌은 워런 버핏에게 배운 대로 자신이 잘 아는 분야에만 투자했고 스마트폰 시대가 도래하면서 그가 운영하는 휴대폰 회사의 시장 점유율은 점점 높아졌어. 반면 당시 비용을 줄이기 위해 광고 회사를 인수했던 다른 기업들 중 대부분은 이미 사라지고 없단다.

워런 버핏의 두 가지 충고가 네게도 삶의 원칙이 되기를 바란다. 그 밖에 내가 투자에 대한 조언을 한 가지 더 하자면, 다른 사람들이 어떤 좋은 투자 혹은 투기 기회를 잡았든 부러워하지 말라는 거야. 다른 사람 때문에 자신의 투자 방침을 어기면 곤란해. 아빠 주변에는 요즘 이렇게 말하는 사람들이 많아.

"비트 코인을 샀더라면 지금쯤 100배가 되어 있을 텐데…."

너도 알겠지만 그렇게 생각하는 건 아무 의미가 없단다. 그런 일은 복권에 당첨되는 것만큼이나 엄청난 운이 따라야 해. 그러니 좋은 기회를 만나지 못했다고 너무 신경 쓰지 마렴. 네 인생에는 아직 기회가 많으니 말이야.

사람들은 누군가 저렴한 가격에 주식을 사서 돈을 벌었다는 이야기를 들으면 너도나도 몰려들곤 해. 하지만 그런 마음으로 사들이는 건 쓰레기일 가능성이 높아. 설령 그들이 좋은 주식을 샀다고 해도 주변에서 하는 말에 흔들려 제대로 수익을 내지 못하고 모두 팔아버리고 말거야. 그러니 투자를 할 때는 모든 기회에 욕심을 내서는 안 돼. 그것은 투기나 다름없단다. 설령 투기를 해서 한두 번 운이 좋을 수는 있어도 운명을 바꾸기는 어려워. 욕심으로 인해 네 원칙을 무분별하게 깨트려서는 안 된다는 것이 세 번째 조언이란다.

이상 세 가지 조언을 네가 절대 넘어서는 안 되는 빨간선이라고 하자. 부디 평생 이 선을 넘는 일이 없기를 바란다. 그럼 공부 열심히 하렴.

아빠로부터

돈에 대한 관념

돈을 얼마나 많이 벌 수 있는가를 따지기보다는
돈을 꿰뚫어 보고 물질의 매개체로서의 돈을
올바로 인식해야 한단다.

이 편지는 명화의 21번째 생일이 되기 몇 달 전에 나눈 대화
를 바탕으로 쓴 것이다. 나는 명화가 앞으로 자신의 돈을 잘 관
리하고 유용하게 쓰기를 바랐다.

멍화에게

이제 곧 스물한 살이 되는구나. 미국의 법률에 따라 이제 너는 자신의 돈을 스스로 관리할 수 있게 된 거야. 언젠가 내게 재테크 방법에 대해 물은 적이 있었지? 이 문제는 돈을 다루는 기술에 대한 것이므로 당장은 언급하지 않도록 하마. 오늘은 네가 돈을 어떻게 생각하는지, 돈에 대한 관념에 대해 이야기해 보고 싶구나.

돈에 대한 태도에 관해 아빠는 중국의 대문호 루쉰魯迅의 관점을 지지한단다. 그는 사람이 생존하고, 배불리 먹고, 발전하기 위해 돈이 필요하다고 말했어. 그가 말하는 생존이란 하루를 겨우 버티는 것이 아니라 사람답게 사는 것을 의미하고, 배불리 먹는 것이란 의식주 걱정 없이 살지만 사치를 부리지 않는 것을 의미해. 그리고 마지막으로 발전이란 물질적인 것을 적당히 누리며 살지만 재벌처럼 제멋대로 살지 않는 것을 뜻하지. 아빠는 네가 돈의 의미와 용도를 올바로 이해했으면 하는 바람이 있어. 일부 학생들은 이 문제를 너무 단순하게 생각하기도 하는데 너는 부디 그들의 생각을 뛰어넘기를 바란다.

작년에 하버드대학교에서 강의를 한 적이 있었는데 강의가 끝나고 몇몇 화교 출신 학생들과 이야기를 나눌 기회가 있었단다. 모두 대단한 능력을 가진 친구들이었지만 대화를 하다 보니 자신의 미래에 관해 다소 편협한 생각을 갖고 있는 것 같더구나. 앞으로 어떤 공부를 하고, 어떤 일을 하고 싶냐고 묻자 답변은 둘 중 하나였어. 컴퓨터 관련 일을 하거나 의대에 진학하는 것이었지. 학문을 연구하겠다거나, 정치를 하겠다거나, 사회사업을 해 보겠다고 말한 사람은 단 한 명도 없었어. 이유를 물어보니 위의 두 가지 일이 가장 안정적이고 수입도 많기 때문이라고 대답하더구나. 아빠 절로 한숨이 나왔단다. 그런 생각이라면 하버드를 허투루 다니는 것이나 다름없단다. 화교 출신 학생들 중에 매년 하버드대학교에 진학하는 학생 수는 매우 적어. 어떤 학교에서는 한 명도 진학하지 못할 때가 있지. 그들이야말로 화교들의 희망이야. 그런데 그런 학생들이 단순한 꿈을 꾸고 있다니 실망스러울 수밖에. 그런 일은 힘들게 하버드대학교에 진학할 필요 없이 카네기멜론대학교에만 진학해도 충분한 일이야. 게다가 그 편이 나중에 구글 같은 회사에 들어가기도 훨씬 수월하고 말이야.

언젠가 하버드·예일 대학교 교수님들과 각계에서 비교적 큰 성공을 거둔 졸업생들이 모여 최고의 대학을 다니는 의미가 무엇인지에 관해 이야기를 나눈 적이 있었단다. 그들의 대답은 대부분 비슷했어. 사회에서 영향력 있는 일을 하기 위해서라고 했지. 그들은 결코 돈을 얼마나 벌 수 있냐에 의미를 두지 않았어. 아마 매달 수입과 지출의 균형을 겨우 맞춰가며 살아가는 사람들은 이러한 이치가 공허하게 들릴 수도 있어. 밥도 모자란 사람에게 왜 고깃국을 먹지 않냐고 묻는 것처럼 황당한 이야기라고 생각할지도 몰라. 하지만 당장 의식주 걱정 없이 살 수 있다면, 젊어서부터 돈에 대해 어느 정도 초연한 자세를 가질 필요가 있어. 돈이라는 것은 본질적으로 말하면 물질의 매개체이지 물질 그 자체는 아니야.

미국에서는 자신의 재산을 기부하는 부자들을 흔히 볼 수 있어. 아빠는 분석을 통해 미국 사람들이 기꺼이 재산을 기부할 수 있는 세 가지 이유를 찾았단다. 첫 번째는 종교적인 이유에서야. 기독교에서는 봉헌이라는 전통이 있어. 미국의 석유 사업가 록펠러John Davison Rockefeller는 큰돈을 벌기 전부터 수입의 5%를 봉헌했다고 해. 아주 어린 학생일 때부터 말이야. 오늘날에도 십일조 봉헌 규칙을 엄격하게 지키는 종교가 꽤 있단다.

두 번째는 돈이 너무 많아서 후손들이 일을 게을리하거나 더 이상 노력하지 않을까 두려워서야. 미국의 부자들이 많은 돈을 기부하기 시작한 것은 19세기 말에서 20세기 초에 반독점과 진보운동이 한창일 때부터였어. 2차 산업혁명 덕분에 많은 부를 누릴 수 있었던 사람들은 대부분 자수성가한 재벌 1세로, 뛰어난 사업 능력과 좋은 습관을 가진 사람들이야. 하지만 그들의 2세는 오늘날 중국의 재벌 2세들과 마찬가지로 돈 때문에 오히려 폐인이 되는 경우가 많았어. 그래서 록펠러와 카네기와 같은 부호들은 대부분의 재산을 기부했고 수많은 사람들의 본보기가 되었지. 미국의 굵직한 자선기금들은 대부분 그 시기에 만들어진 것이란다.

세 번째는 자신의 영향력을 넓히고 이상을 실현하기 위해서야. 최근에는 기부에 조건이 붙거나 정치적인 의도가 숨어있기도 해. 이러한 조건들은 자기 자신을 위해서라기보다는 자신이 속한 집단이나 민족의 이상을 실현하기 위해서인 경우가 많아. 예를 들어 화교들이 대학에 장학기금을 마련하는 이유는 입학 자격을 얻었지만 돈이 없어서 학교에 다니지 못하는 화교 학생들을 돕기 위해서란다.

그러니 하버드, 예일, MIT와 같은 최고의 학교를 다니는 목적은 돈을 벌 수 있는 능력을 키우기 위해서가 아니라 어떻게 하면 사회에 공헌할 수 있는 엘리트가 되는가를 배우는 데 있어. 그러려면 돈을 얼마나 많이 벌 수 있는가를 따지기보다는 돈을 꿰뚫어 보고 물질의 매개체로써의 돈을 올바로 인식해야 한단다. 이는 돈을 많이 버는 것보다 훨씬 중요한 일이야. 많은 학생들이 하버드를 졸업하고도 단순히 컴퓨터 엔지니어가 되거나 월스트리트에서 펀드매니저로 일하거나, 의사가 되는 것으로 만족하고 있어. 하지만 사회적 영향력으로 따지자면 그들은 여전히 가난한 사람의 마음가짐을 갖고 있는 거야.

물론 돈의 용도를 정확히 이해하는 것뿐만 아니라 돈을 벌 수 있는 능력도 있어야 해. 그렇지 않으면 위에서 이야기한 모든 것이 공허한 외침에 불과할 테니까. 큰돈을 버는 핵심은 참깨가 아닌 수박을 잡는 거란다. 수박 하나의 중량은 참깨 200만 알과 비슷해. 작은 일을 수만 가지 하는 것은 시간도 많이 들고 효율도 떨어지기 때문에 큰일 한 가지를 하는 것만 못해. 야후는 기업 규모가 가장 컸을 당시 인터넷의 거의 모든 영역에 진출해 엄청나게 다양한 서비스를 제공했지만, 세계 최고가 될 수는 없었어. 대부분 서비스 플로우나 영리적인 면에서 한계가 있는, 참깨 같은 일이었기 때문이야. 모든 수익을 합쳐도 구글의 광고 제품 하나에 못 미치는 수준이었지. 중국에는 이처럼 다양한 사업을 운영하는 종합 회사들이 많아. 누군가 어떤 사업으로 돈을 벌었다고 하면 그곳으로 몰려가 깨알만 한 수입을 얻는 사람들이지. 사실 이건 득보다 실이 더 큰 일이야. 대게 이런 회사들은 직원 수는 텐센트나 알리바바보다 많지만 시장 가치는 몇 분의 일밖에 되지 않거든.

네게도 자주 말했듯이 사람은 패기가 있어야 해. 돈에 있어서도 마찬가지야. 보잘것없는 작은 이익 때문에 머리를 쓸 필요는 없어. 아빠가 생각하는 참깨만 한 일이란 다음과 같은 것들이란다.

- 공짜 물건을 받기 위해 경쟁하는 것
- 한두 푼 하는 버스비를 아끼기 위해 10분 더 걷는 것
- 얼마 안 되는 수익을 얻기 위해 종일 모니터만 들여다보고 있는 것
- 부수입을 벌기 위해 근무시간에 사적인 일을 하는 것
- 블랙프라이데이 세일에 물건을 사기 위해 밤을 새서 줄을 서는 것

- 할인을 받기 위해 점포를 다섯 군데나 돌아다니거나 인터넷으로 두 시간 넘게 가격 비교를 하는 것

그럼 어떻게 하면 참깨 대신 수박을 잡을 수 있을까? 핵심은 얼마나 완벽을 추구하는가에 달려 있어. 파텍 필립Patek Philippe 손목 시계는 하나에 10만 달러가 넘는데도 물건이 늘 모자라는 반면 중국에서 만든 손목시계는 몇십 달러면 살 수 있지. 똑같이 시간을 보기 위해 만들어진 물건인데 왜 전자는 후자보다 몇천 배나 비싼 걸까? 그것은 전자가 완벽에 가까운 경지를 추구했기 때문이야.

소련의 물리학자이자 노벨상 수상자인 란다우는 물리학자를 5개 등급으로 구분했어. 최고 등급인 1등급부터 최저 등급인 5등급까지 각 단계마다 능력과 공헌의 차이는 10배 정도 되었어. 란다우는 보어, 디랙 등 당시 세계적으로 유명했던 학자들을 1등급으로 꼽았고 2등급에는 10여 명의 물리학자만 포함시켰지. 그가 0등급 과학자로 뽑은 단 한 사람이 있었는데 바로 아인슈타인이란다. 사실 다른 분야의 전문가도 능력과 태도에 따라 란다우의 방식대로 5등급으로 구분할 수 있어. 엔지니어를 예로 들어보자.

- 5등급: 독립적으로 문제를 해결하고 업무를 완성할 수 있는 사람

- 4등급: 다른 사람을 지도하고 이끌어 함께 영향력 있는 업무를 완성할 수 있는 사람

- 3등급: 독립적으로 제품을 디자인하고 만들어 시장에서 성공을 거둔 사람

- 2등급: 다른 사람이 만들지 못하는 제품을 디자인하고 만들며 독보적인 지위를 가진 사람

- 1등급: 새로운 산업을 창시할 수 있는 사람

5등급 수준의 일 다섯 개를 하는 것은 3등급 수준의 일 하나를 하는 것보다 시간은 더 많이 들지만 수익과 영향력은 후자의 5% 정도밖에 되지 않아. 그러니까 수박을 잡는 핵심은 더 높은 등급의 일을 하는 거란다.

MIT 같은 최고의 학교에서는 단순히 생계를 도모할 방법을 배우는 것이 아니라 또래의 능력을 뛰어넘어 더 큰 영향력을 발휘할 수 있는 방법을 모색해야 하는 거야. 만약 네게 여윳돈이 생긴다면 반드시 중요한 일에 사용할 수 있기를 바란다.

돈의 쓰임을 진정으로 이해한다면 재테크도 어렵지 않을 거야.

아빠로부터

경제적 홀로서기를 준비하는 너에게

열세 번째 편지
가난을 대하는 태도

· 가난은 양날의 검과 같아서 사람에게 큰 동력이 될 수도 있고 의기소침하게 만들 수도 있다.

· 세상에는 여전히 가난한 사람들이 많고 그들은 완전히 다른 세상에 살고 있다는 사실을 기억할 것.

열네 번째 편지
자기만의 '가난'을 극복하는 방법

· 물질적인 부족만이 '가난'은 아니다. 자신의 가난을 과감히 인정하고 타인의 비웃음을 두려워하지 않는 사람만이 인생의 진정한 부를 얻을 수 있다.

· 가난을 극복하는 것은 어떤 일을 잘 못했을 때 내가 다른 사람보다 못하다는 사실을 인정하고 주위의 비웃음을 견디며 계속 앞으로 나아가는 것과 비슷하다.

열다섯 번째 편지
다음의 질문에 답해 볼 것

"어느 날 갑자기 당신에게 큰돈이 생긴다면 그 돈을 어떻게 쓸 겁니까?"

열여섯 번째 편지
돈을 의미 있게 사용하는 법

· 돈이 생겼을 때 그 돈을 어떻게 사용하느냐가 그 사람의 그릇의 크기를 결정하고, 그릇의 크기가 얼마나 멀리 갈 수 있는지를 결정한다.

열일곱 번째 편지
돈의 두 가지 쓰임

· 돈을 매개체로 사용해 더 큰 것을 얻는 것. 투자를 통해 더 많은 돈을 벌거 나 후원으로 우리가 사는 세상을 바꾸는 것을 의미한다.
· 삶을 즐기기 위해 쓰는 것. 이러한 지출은 꼭 필요한 것이지만 무절제를 경계 해야 한다. 이때 가장 중요한 것은 자신의 수입에 맞는 지출을 하는 것!

열여덟 번째 편지
올바른 투자 방법

· 절대 시장을 이길 수 있을 거라는 생각을 하지 말 것.
· 시장에 대한 믿음을 가질 것.
· 최저가와 최고가 투기를 노리지 말고, 시장에 투자하여 꾸준히 인내할 것.

열아홉 번째 편지
워런 버핏에게 배우는 투자의 법칙

· 지나치게 모험을 하면 치명적인 손실을 입을 수 있음을 명심하라.
· 자신이 잘 모르는 분야는 절대 투자하지 마라.

스무 번째 편지
작은 이익 때문에 큰일을 놓쳐서는 안 된다

큰돈을 버는 핵심은 참깨가 아닌 수박을 잡는 것이다. 수박 하나의 중량은 참깨 200만 알과 비슷하다. 작은 일을 수만 가지 하는 것은 시간도 많이 들고 효율도 떨어지기 때문에 큰일 한 가지를 하는 것만 못하다.

"사람을 사귈 때는 언제나 진실하고 너그럽게 행동하기를 바란다. 조금 손해 보는 것을 두려워하지 말고 상대방의 작은 약점들은 적당히 눈감아 주렴. 사람은 누구나 완벽하지 않으니 사소한 약점 하나로 그 사람 전체를 파악하려고 하지는 말거라."

4장

사람을 대하는 태도

관계가 어려운 너에게

좋은 친구는 인생의 큰 자산

부모와 가족을 선택할 수는 없지만 친구는 선택할 수 있어.
좋은 친구는 인생의 큰 자산이란다.

멍화는 MIT에 진학하고 나서 얼마 후 편지를 보내 잘 지내고 있다는 소식을 전했다. 또 학교 친구들과도 잘 어울리고 함께 즐거운 시간을 보내고 있다면서 학교에서 친구 사귀는 법에 대한 조언을 구했다.

178

명화에게

얼마 전 통화를 할 때 네가 학교생활을 즐겁게 잘 하고 있는 것 같아 아빠와 엄마는 안심했단다. 사실 아빠는 네가 어떤 학교에 가도 잘 적응할 수 있으리라 믿었기 때문에 크게 걱정하지는 않았어.

J삼촌에게 MIT 학생들은 모두 착하고 친절하다는 이야기를 들은 적 있는데 지난번에 너희 학교에 갔을 때 보니 정말로 그런 것 같더구나. 주변에 너와 성향과 관심사가 비슷한 사람들이 많다는 건 좋은 일이야. 그만큼 좋은 친구를 사귈 수 있는 기회가 많다는 의미니까.

좋은 학교에 가는 목적은 양질의 교육을 받는 것 외에 좋은 친구들을 만나기 위함도 있어. 좋은 친구를 사귀는 것은 어쩌면 교육을 받는 것보다 중요할지도 몰라. 공부는 시간만 있으면 할 수 있지만 친구를 사귀는 일은 시간뿐만 아니라 교류할 상대도 필요해. 즉 사람과 시간, 이 두 가지가 모두 갖춰져야 하는데 그런 의미에서 대학은 친구를 사귀기에 가장 좋은 곳이란다.

4년이라는 시간 동안 함께 생활하고 공부하다 보면 상대방의 개인적인 특징을 세세히 이해하게 될 거야. 더욱 중요한 건 학생 시절에는 서로에게 솔직하기 때문에 상대방을 더 잘 이해할 수 있다는 점이지. 나중에 사회에 나가 일을 하면서는 쉽게 느끼지 못하는 점이란다.

　나중에 직장에서 일을 하다 보면 너도 알게 될 거야. 아무리 오랜 시간 함께 일해도 직장 동료와는 깊은 교류가 어렵다는 사실을 말이야. 직장에서는 서로 업무적으로 얽혀 있기 때문에 여러 가지 이해관계에서 자유로울 수 없어. 하지만 학교는 다르단다. 학생들끼리는 기꺼이 서로 돕고 협력하려고 해. 이것은 젊은 사람들 특유의 선의와 친구를 사귀려는 본능적인 욕망에서 나오는 행위지. 하지만 일단 학교 문을 나서는 순간 '너'와 '나'의 구분이 확실해져. 직장에서는 동료에게 도움을 받으면 아주 작은 일이라고 해도 그 사람에게 빚을 지는 것이니 정중히 감사 인사를 해야 해. 그건 다른 사람이 네게 도움을 받아도 마찬가지야. 이렇게 서로 예의를 중시하는 환경에서는 깊은 교류가 이루어지기 어려운 법이지. 게다가 사회에서는 많은 사람들이 자신의 이익을 위해 타인의 이익을 해치는 것도 불사한단다.

　또한 학교에서는 각자의 가정환경이나 기타 조건에 큰 차이가 있다 해도 일단 한 강의실에 모여 공부를 하다 보면 서로 평등해지거나 혹은 상대적으로 평등한 관계가 돼. 반면 직장에서는 대부분 상하 관계이거나 같은 직급이라고 해도 입사한 시기에 따라 선후배가 구분되기 마련이야. 진실한 교류는 평등을 기초로 한 관계에서만 이루어질 수 있단다. 중국에 '함께 숙제를 베낀 친구끼리는 전쟁에 함께 나간 전우와 같은 감정을 나눈다'는 말이 있어. 그러니 대학에서 친구를 사귈 기회를 놓친다는 건 매우 안타까운 일이지.

그렇다면 사람에게는 왜 평생의 친구가 필요한 걸까? 그건 우리가 무슨 일을 하든 다른 사람의 도움이 필요하기 때문이야. 특히 오늘날에는 혼자서 큰일을 해내기 어려워. 중국에는 '아무리 뛰어난 사람도 그를 도와줄 사람 셋이 필요하다'라는 말이 있어. 어떤 친구를 사귀냐는 네 인생 전반에 중요한 영향을 미친단다. 부모와 가족을 선택할 수는 없지만 친구는 선택할 수 있어. 좋은 친구는 인생의 큰 자산이란다. 그러니 대학에서 평생의 친구를 사귀게 된다면 그들을 네 형제자매처럼 대하렴. 셰익스피어는 《햄릿》에서 친구에 관해 이렇게 묘사했어.

"진정한 친구를 사귀었다면 네 마음속에 쇠사슬로 묶어두되, 햇병아리 풋내기 친구들과 함부로 사귀지 마라."

아빠와 데이비드 아빠는 대학에서 알게 된 사이는 아니지만 우리가 구글에서 처음 일할 때는 중국인들이 많지 않아서 서로 도움을 주고받다가 절친한 사이가 되었단다. 데이비드 아빠는 나보다 훨씬 먼저 구글에서 일하고 있었기 때문에 내가 입사했을 때는 이미 꽤 유명한 엔지니어였어. 우리는 성격도 다르고 취미도 다르고 무엇보다 경력에 큰 차이가 있었지만 그는 아주 이성적이고 그릇이 큰 사람이어서 함께 일하는 동안 본인의 경력이 더 많다고 나를 무시하거나 잘난 척하지 않았단다. 그래서 그와 함께 일을 하면 굉장히 즐거웠어.

2005년에 구글은 중국 진출을 준비하고 있었어. 데이비드 아빠는 중화 및 아태 지역 업무를 맡게 된 리카이푸 박사의 조수를 자처해서 온 가족이 중국으로 거처를 옮기게 되었단다. 아빠는 이론 연구 쪽에 더 흥미를 느껴 노빅 박사와 함께 구글에서 자연어 처리 업무를 하기로 했기 때문에 그때부터 우리는 각자 다른 일을 하게 되었어.

그러다가 2009년 아빠는 텐센트로부터 함께 일해 보자는 제안을 받게 되었지. 그때 함께 일할 파트너가 한두 명 필요했는데 가장 먼저 데이비드 아빠가 생각나더라. 그는 나보다 한참 전에 텐센트의 제안을 받은 적이 있는데 그때는 시기가 적절하지 않은 것 같아 결정을 내리지 못했었대. 그런데 오랜만에 같이 일해 보자는 내 제안에 흔쾌히 동의해준 거야. 다음해 우리는 함께 텐센트에 들어가게 되었단다.

2년 후 네가 고등학교에 진학하면서 아빠는 다시 미국으로 돌아오려고 했어. 그런데 혼자만 미국으로 올 수 없어서 데이비드 아빠와 상의를 했지. 그에게 동의를 구한 후에 아빠는 다시 구글로 돌아왔단다. 그 후로 2년 뒤 나는 구글에서의 임무를 완수하고 다른 친구와 함께 벤처캐피탈 투자회사를 설립했어. 물론 회사를 차리기 전에 나의 계획을 데이비드 아빠에게도 모두 이야기했지. 하지만 처음 회사를 시작할 당시에는 규모가 작아서 직원들에게 의료 보험도 제공해줄 수 없었고 데이비드네는 우리보다 아이들이 많았기 때문에 그에게 차마 회사를 그만두고 함께 일하자고 할 수 없었어. 그래도 나중에 회사 규모가 커지면 꼭 함께 일하자고 말해두었지. 2년 후 회사의 펀드 운용이 잘 되어 직원들에게 구글 못지않은 복지를 제공할 수 있게 되었어. 그제야 나는 데이비드 아빠에게 정식으로 함께 일을 하자고 제안했고 그도 곧바로 제안을 수락했어. 나중에 그가 자신의 동창이자 구글의 글로벌 정보 보안 총 책임자였던 마커스를 소개해줘서 우리 회사에서 함께 일하게 되었단다. 이처럼 아빠에게 데이비드 아빠는 무엇보다 소중한 자산이야.

그런데 일을 하다 보면 단순히 네가 가진 지위나 권력 혹은 재능 때문에 너와 교류하고 친구가 되려는 사람들도 많아. 그런 사람들은 네가 더 이상 필요 없어지면 네게 접근했던 속도보다 12배 빠른 속도로 떠나버릴 거야. 아빠가 텐센트의 부사장으로 일할 때 많은 사람들이 매일같이 식사 한번 하자고 줄을 섰어. 심지어 내게 집과 차를 내어주는 사람들도 있었지. 그런데 내가 텐센트를 떠나고 더 이상 회사에 대한 영향력이 없어지자 그중 90%의 사람들은 연락을 하지 않더구나. 나뿐만 아니라 어느 정도의 자원과 권력을 가져본 사람들은 모두 이런 경험이 있을 거야. 아빠 선배 중에는 자산규모가 수천 억에 달하는 중국 국영 기업의 임원을 지낸 사람들이 여럿 있는데 그들 말로는 회사에 있을 때는 문턱이 닳도록 찾아오던 사람들이 일단 회사를 그만두고 권력이 없어지면 연락을 뚝 끊는다는 거야. 그렇다고 이 상황을 너무 이상하게 생각할 필요는 없어. 자신의 이익을 먼저 생각하는 건 사람의 본능이니까. 우리에게 피해를 주지만 않는다면 크게 신경 쓸 일은 아니란다. 나중에 너도 사회에 나가 일을 하다 보면 이런 상황을 경험하게 될 거야. 그러면서 진정한 친구의 소중함을 깨닫게 될 거란다.

살다보면 겉으로만 네게 잘하고 뒤에서는 해를 입히는 사람(중국에서는 악우惡友라고도 부른단다)이 있을 수도 있어. 대학을 다니는 동안 여러 친구들을 사귀는 것이 좋은 또 다른 이유는 이때 사귄 친구들에게는 설령 뒤통수를 맞는 일이 있더라도 손실이 크지 않기 때문이야. 하지만 사회에 나가 일을 할 때 친구를 한번 잘못 사귀면 엄청난 손실을 입을 수도 있단다. 그러니 그런 시행착오는 사회에 나가기 전에 가급적 미리 겪어보기를 바란다. 관계에 있어서는 크고 작은 상처를 겪으면서 예방법을 깨닫는 수밖에 없어. 아빠 같은 경우 사람의 본색을 알아차리는 데 별로 소질이 없어서 나만의 '손실 제한 방법'을 사용한단다.

아빠 기본적으로 사람은 누구나 정직하고 선량하며 진실하다고 믿어. 하지만 결정적인 순간에 믿음을 저버린 사람에게는 두 번 다시 기회를 주지 않는단다. 사업을 할 때 한번 손실을 입고 나면 곧장 손실의 원인을 제거하는 것과 마찬가지지. 그러면 어쩌다 손해를 입을 수는 있지만, 반복되는 일은 없단다. 이것은 중국의 현명한 정치가였던 증국번曾國藩의 방법을 따른 거란다. 그는 방탕한 생활을 하는 친척이 있으면 절대 왕래하지 않았다고 해.

마지막으로 네게 한 가지 더 조언을 하자면 사람을 사귈 때는 언제나 진실하고 너그럽게 행동하기를 바란다. 조금 손해 보는 것을 두려워하지 말고 상대방의 작은 약점들은 적당히 눈감아 주렴. 사람은 누구나 완벽하지 않으니 사소한 약점 하나로 그 사람 전체를 파악하려고 하지는 말거라. 네가 특별히 까다롭거나 계산적인 사람이 아니라는 걸 나도 잘 알지만 갈등 상황에 놓이면 너도 모르게 감정이 동요할 수도 있어. 그럴 때는 마음을 넓게 갖고 자신을 위한 여지를 남겨놓기를 바라. 새로운 출발을 응원한다!

아빠로부터

스물두 번째 편지

사랑에 관하여

서로에게 꼭 맞는 두 사람이 만나면
그들이 가진 힘은 1+1 > 2가 된단다.

멍화가 엄마에게 전화해 잘 지낸다는 소식을 전하며 연애에
관해 언급했다는 이야기를 들었다. 연애와 사랑에 관해 해 주
고 싶었던 이야기를 편지에 담았다.

명화에게

이제 대학생이 되었으니 진정한 독립생활의 시작이구나. 이제부터는 연애 문제도 네 인생의 중요한 부분이 될 거야. 연애에 관해서는 엄마와 평소에 많은 이야기를 나누는 것으로 알고 있다. 두 사람이 무슨 이야기를 했는지 자세히 물을 생각은 없단다. 오늘은 조금 다른 관점에서 연애 문제를 이야기해 보려고 해.

사람은 왜 사랑을 하는 걸까? 오늘날 과학자들이 밝혀낸 바로는 도파민, 페닐에틸아민, 엔도르핀, 노르에피네프린 등의 호르몬 때문에 서로에게 끌리고, 적합한 상대가 나타나면 사랑에 빠지는 것이라고 해. 이것은 사랑의 생리적인 특징이야. 하지만 사람에게는 생리적인 욕구를 뛰어넘는 정신적인 욕구도 있단다. 오늘 너와 나누고 싶은 이야기도 바로 이것에 관한 거야.

고대 그리스의 현인들은 아테네 올림푸스산에 모여 사랑의 본질과 사랑이 왜 필요한지에 관한 토론을 벌였어. 물론 당시 그들은 생리나 화학에 관한 것은 잘 몰랐기 때문에 대부분 정신적인 측면에서 이야기를 나눴단다. 그때 위대한 학자인 아리스토파네스가 다음과 같이 사랑을 설명했어.

아주 오래 전 사람은 네 개의 손과 네 개의 다리를 가진 강인한 생명체였다. 사람은 앞뒤로 두 개의 얼굴을 가지고 있었는데 얼굴마다 눈이 있어 앞뒤를 동시에 볼 수 있었고 덕분에 그들의 눈을 피해갈 수 있는 것은 아무것도 없었다. 사람의 이러한 비범한 능력 때문에 올림푸스산의 신들이 위협을 느끼자 신들의 왕인 제우스는 사람을 둘로 나누기로 결심했다. 그는 머리칼 한 올로 달걀 하나를 반으로 가르듯 사람을 두 쪽으로 나눴다. 그때부터 사람은 두 개의 손과 두 개의 다리 그리고 하나의 얼굴만 갖게 되었다. 하지만 원래 하나였다가 분리된 두 사람은 끊임없이 자신의 반쪽을 찾아 하나로 결합하려고 했고 이러한 욕망이 바로 사랑이 된 것이다.

이 이야기를 읽고 너는 어떤 생각이 들었는지 잘 모르겠지만 아빠는 아리스토파네스가 사랑의 본질에 관해 잘 이야기한 것 같구나.

첫째, 사랑이 없는 사람은 어딘가 부족하고, 진정한 사랑을 경험하지 못한 인생은 완전하지 않아. 왜냐하면 그런 사람은 반쪽짜리에 불과하니까. 아리스토파네스의 이야기는 많은 의미를 담고 있어. 사람은 원래 두 개의 얼굴로 앞뒤 세상을 모두 볼 수 있었는데 얼굴이 하나만 남게 되면서 세상을 단편적으로 보게 되었다고 하잖아. 실제로 남자와 여자가 세상을 바라보는 방식은 서로 달라. 너도 이점에 관해서는 그동안 느낀 바가 있을 테니 더 이상 설명하지 않을게. 다만 남자와 여자는 각자가 가진 한계를 서로 보완해줄 때 완전해질 수 있다는 사실을 기억하렴.

둘째, 서로에게 꼭 맞는 두 사람이 만나면 그들이 가진 힘은 1+1>2가 된단다. 아리스토파네스는 둘이 하나가 되고자 하는 마음을 통해 사랑의 힘이 얼마나 강한지를 설명하려고 했어. 만약 두 사람이 서로에게 같은 충동을 느낀다면 둘의 행복은 배가 된단다. 드디어 자신의 반쪽을 찾았기 때문이지.

셋째, 가장 중요한 건 남녀가 하나가 되기 위해서는 자신에게 꼭 맞는 상대를 찾아야 한다는 거야. 만약 잘 맞지 않는 두 사람이 억지로 하나가 되려고 한다면 균열이 생기고 함께할수록 득보다 실이 많아질 거야. 어떤 사람이 나에게 잘 맞고, 맞지 않는지는 지극히 주관적인 문제야. 그러니 이 문제는 네 감정을 바탕으로 판단할 일이란다. 굳이 한 가지 조언을 하자면, 누구든 환경적인 영향을 완전히 무시할 수는 없어. 여기에는 사상, 도덕관념, 문화, 가치관 등의 요소가 포함되어 있지. 두 사람이 비슷한 문화나 가치관 등을 공유하는 것은 중요한 부분이야. 이러한 공통적인 기반 없이 외적인 조건만 보고 생겨난 호감은 그리 오래 유지되지 못한단다. 하지만 아빠는 너의 판단과 선택에 대해 어떠한 평가도 하지 않을 거야. 네가 꼭 맞는 짝을 찾았다면 그건 굉장히 축하할 일이니까.

다음으로는 동양의 지식인들이 사랑에 관해 어떤 생각을 갖고 있었는지 이야기해 보자. 저우궈핑周國平은 중국의 저명한 학자이자 작가란다. 그는 니체의 책을 번역하기도 했는데 나는 그 책들을 통해 비로소 니체를 이해하게 되었어. 그가 쓴 철학적인 산문들 가운데 다음과 같은 글이 있어.

> 사람은 태어나면 줄곧 죽음을 향해 걸어간다. 모든 사람이 줄지어 천천히 걸어가고 그 길의 끝에는 인생의 종점이 있다. 이런 장면은 사람을 한없이 침울하게 만든다. 그런데 그때 몇몇 남녀가 말한다. 기왕 모두가 앞으로 가는 길이라면 중간에 함께 이야기도 나누고 놀이도 하면서 즐기며 가자고 말이다. 사람들은 모두 그들의 말에 공감했고 그때부터 줄지어 걸어가는 무리에는 환성과 웃음이 끊이지 않았다.

저우궈핑은 인생을 한번 떠나면 돌아올 수 없는 여정이라 여겼어. 그리고 이 과정에서 세상을 아름답게 만들 수 있는 것은 남녀 간의 연애와 사랑 그리고 결혼이라고 생각했지. 사랑이 없으면 삶은 그저 죽음을 향해 걸어가는 침울하고 적막한 여정이 될 거야. 사랑을 하는 사람들은 더 이상 죽음을 향해 혼자 걸어가는 것이 아니라 뜨거운 생명을 부여 받은 존재가 되는 거지.

아리스토파네스와 저우궈핑의 관점을 이야기했으니 이제 한 남자로서 아빠의 관점을 이야기해 보도록 할게. 먼저 남자와 여자는 서로 다르고, 바로 이러한 차이 때문에 서로에게 끌린단다. 좋아하는 이성을 만나면 페닐에틸아민과 도파민이 분비돼. 페닐에틸아민이 분비되면 마치 전기가 오르는 것 같은 느낌을 받게 되고, 도파민은 사랑을 더욱 아름답게 느끼게 하지. 하지만 외모로 느끼는 끌림은 길어야 3~6개월밖에 가지 않아. 그래서 외모만 봐서는 관계를 오래 지속하기 힘들단다. 다행히 연애를 할 때는 엔도르핀이라는 물질도 분비되는데 안정감을 느끼게 해 주고 지속시간도 훨씬 길어. 많은 사람들이 자신의 짝을 찾아 결혼을 하면 안정적인 삶을 살 수 있다고 말하잖아. 이때 사람들이 느끼는 안정감도 엔도르핀과 관련이 있단다.

두 사람이 오랫동안 편안하고 안정적인 관계를 유지하려면 각자 상대방이 끌림을 느낄 만한 내재적인 아름다움이 있어야 해. 너는 재주도 많고 관심사도 다양하니 이 점에 관해서는 크게 걱정하지 않아. 다만 한 가지 주의할 점은 모든 일에 너무 강한 모습을 보이려 애쓰지 말라는 거야. 내면이 정말로 강한 사람은 겉으로 보이는 모습에 크게 연연하지 않아. 그러니 다른 사람 앞에서 약한 모습을 보이는 것도 괜찮단다.

다음으로 좋은 남자와 너에게 잘해 주는 남자는 별개의 문제야. 가장 좋은 건 너에게 잘하고 너도 호감이 있는 남자를 만나는 거야. 대부분의 남자들이 처음 만나서 아직 서로에게 익숙해지지 않았을 때는 예의를 지키고 좋은 모습만 보여주려고 해. 하지만 시간이 흐르면 그 사람이 원래 어떤 사람인지 알게 되지. 그냥 괜찮은 남자와 너를 진심으로 아껴주는 남자는 별개야. 후자를 만나고 싶다면 그 사람과 많은 교류를 해봐야 한단다.

또 사람은 변하기 마련이라 오늘 네게 잘해준다고 앞으로도 쭉 잘해준다는 법은 없어. 처음 연애를 시작할 때는 상대방이 세상의 전부처럼 느껴져. 그래서 하늘의 별도 달도 다 따다 줄 수 있을 것만 같지. 하지만 며칠이 지나 이성을 되찾고 나면 전혀 딴사람이 되어 버려. 이건 일부러 속이려고 그러는 것이 아니라 사랑의 호르몬 탓이야. 호르몬 때문에 잠시 상대방을 위해서라면 무엇이든 할 수 있다고 생각하게 되는 거야. 아빠 '백마 탄 왕자'와 같은 표현들을 믿지 않아. 이런 말은 연애를 하고 있는 사람들의 허풍에 불과해. 마치 운이 좋아 가격이 오르는 주식을 하나 사고서 주식의 신이라고 떠드는 것과 마찬가지지. 사랑을 오래도록 유지하려면 두 사람이 함께 노력해서 키워나가야 한단다. 프랑스의 작가 로맹 롤랑은 사랑은 연약한 꽃과 같다고 말했어. 아무리 지키려고 애서도 상처를 받을 수밖에 없기 때문이지. 두 사람에게 갈등 상황이 생겼을 때 이를 얼마나 효과적으로 해결할 수 있는지가 앞으로 얼마나 오랫동안 관계를 유지할 수 있는가를 결정해.

그럼 내게 맞는 짝인지는 어떻게 알아볼까? 네게 맞는 짝을 만난다면 온 세상을 갖게 되지만 맞지 않는 짝을 만났을 때는 세상을 모두 잃게 된단다. 젊은 사람들 중에는 이렇게 말하는 사람들도 있어.

"너를 위해서라면 이 세상 무엇도 필요 없어. 나는 모든 것을 희생할 준비가 되어 있어."

하지만 이런 입에 발린 거짓말을 믿어서는 안 돼. 이상적인 사랑은 상대방으로 말미암아 온 세상을 누릴 수 있게 되는 거란다. 아리스토파네스의 이야기처럼 사랑은 우리 인생에 해를 끼치는 것이 아니라 도움을 줘야 하는 거야.

사랑은 워낙 큰 주제라 단순히 책을 통해 본질을 이해하기는 힘들어. 그러니 직접 경험하면서 느끼고 이해해 나가야 한단다. 오늘 아빠가 이야기한 건 그중 1%도 안 될 거야. 나머지 99%는 네가 직접 경험해 보기를 바란다.

너의 행복을 빌며
아빠로부터

다양한 사람들과 어울려라

내가 별로 좋아하지 않는 사람이라고 해도
그 사람이 가진 장점을 발견해 적극 활용할 수 있어야 해.

멍화는 2년 동안 아마존에서 인턴으로 일하면서 여러 부류의 사람들을 만났는데 그중에는 뭐든 대충 하고 넘어가는 사람도 있고, 능력은 뛰어나지만 치명적인 단점을 가진 사람도 있었다고 했다. 나는 멍화가 세상에 각양각색의 사람들이 있음을 이해하고 다양한 사람들과 어울리며 그들의 장점도 볼 수 있기를 바랐다.

멍화에게

최근 네 고등학교 생활을 돌이켜보다가 한 가지 아쉬운 생각이 들었어. 그때 리더십을 조금 더 길러주지 못했다는 점이 걸리더구나. 리더십이라는 건 다른 능력들처럼 명확히 정의를 내리거나 쉽게 단련할 수 있는 것이 아니란다. 굉장히 추상적이고 광범위한 개념이지. 그래서 그중에서 가장 중요한 두 가지를 꼽아보려고 해. 첫 번째는 조직력과 업무 능력이야. 어떤 일이 네게 주어졌을 때 적합한 사람들에게 적절히 분배해 함께 완성할 수 있는 능력을 의미하지. 두 번째는 사람들을 단결하게 하고 각자 자신의 재능을 충분히 발휘할 수 있도록 하는 거야.

일을 하다 보면 세상 사람들을 크게 네 종류로 구분할 수 있어. 첫 번째는 인간관계가 좋고 협력을 잘하며 능력도 뛰어난 사람들이야. 이런 사람에게는 무슨 일을 맡겨도 안심할 수 있지. 두 번째는 첫 번째 사람들의 일부 특징을 갖고 있지만 능력에 한계가 있는 사람들이야. 이들에 관해서는 나중에 다시 이야기하자꾸나. 세 번째는 능력은 뛰어나지만 남의 말을 잘 듣지 않고 사람들과 어울리지 못하는 사람들이야. 만약 이런 사람이 네 부하직원이라면 지시사항을 잘 듣지 않을 것이고, 네 상사라면 공평한 대우를 기대하기 힘들어. 그런데 세상에는 이런 사람들이 생각보다 많단다. 내가 오늘 특별히 강조하고 싶은 내용도 바로 이런 사람들에 관한 거야. 네 번째는 위에서 언급한 두 가지 능력에 모두 문제가 있는 사람들이야. 이런 사람들과는 교류할 일이 많지 않으니 크게 신경 쓰지 않아도 된단다. 결국 세상을 살아갈 때 유의해야 할 사람들은 두 번째와 세 번째 사람들이야.

아빠가 예전에 옹졸하고 이기적인 사람들을 경계하라고 이야기했던 것 기억나니? 하지만 나와 친구가 아니라고 해서 무조건 배척하는 자세도 결코 옳은 건 아니야. 어떤 일을 완성하려면 여러 능력을 가진 사람들의 도움이 필요해. 세상에는 똑똑하고 능력이 뛰어난 사람들이 많지만 그들이 꼭 나와 잘 맞으리라는 법은 없어. 우리는 이런 사람들에 대해 공평한 태도를 보여야 해. 나와 다르다거나 어떤 결함이 있다고 해서 그가 가진 능력과 업적까지 부정해서는 안 돼. 이런 사람에 대해 이야기할 때면 나는 프랑스 혁명기의 탈레랑 페리고르라는 인물이 떠오른단다.

탈레랑은 미국에서 잘 알려진 인물은 아니야. 하지만 유럽에서, 특히 외교적으로 굉장히 유명한 인물이란다. 탈레랑은 프랑스의 한 귀족 집안에서 태어났고 왕자에게 작호를 받기도 했지만 태어날 때부터 다리에 장애가 있어 군인이 되지는 못했단다. 그는 할 수 없이 신학을 공부해 직급이 낮은 성직자로 프랑스 왕실 교회에서 일했어.

안타깝게도 탈레랑의 사상은 모순적인 부분이 많았고 이것은 곧 그의 행동으로도 나타났지. 그는 일찍이 성직자라는 신분에도 불구하고 교회를 반대하다가 말년에는 천주교로 귀의했고, 역사적으로 교황청에서 성직자의 신분을 박탈당한 몇 안 되는 인물 중 하나야. 개인적인 생활도 방탕했어. 정식으로 결혼을 한 적은 없지만 서너 명의 사생아가 있었고, 유명한 화가인 외젠 들라크루아도 그중 한 명이었단다. 그의 이러한 행보 때문에 서양에는 '탈레랑talleyrand'이라는 단어가 생겨나기도 했어. 오늘날 이 단어는 냉소적 혹은 간사한 외교를 가리키는 대명사로 사용돼.

그러나 누가 뭐래도 외교 능력만큼은 뛰어난 사람이었단다. 탈레랑은 프랑스 혁명 중 공화국 정부를 위해 일하며 외교 사무를 담당했어. 1792년에는 영국에 파견되어 상대가 중립을 요구하도록 설득하는 임무를 성공적으로 해냈지. 프랑스의 궐기로 그의 평화적인 노력은 물거품이 됐지만 이후 나폴레옹의 외교 대신으로 프랑스 외교를 책임졌단다. 1802년에는 영국과 평화 조약인 <아미앵 조약>을 맺어 유럽 국가들이 평화롭게 공존하는 데 기여하기도 했어.

그러나 언젠가부터 탈레랑과 나폴레옹 사이에는 이견이 생기기 시작했어. 탈레랑은 외교를 통한 평화 실현으로 프랑스 혁명과 전쟁의 성과를 유지하기를 주장했고, 나폴레옹은 무력으로 더 많은 이익을 얻으려 했던 거야. 탈레랑은 결국 1807년에 외무장관의 직책에서 내려왔어. 그리고 그 이후에는 암암리에 나폴레옹을 실각시키려고 조정하며 뇌물을 받기도 했지. 만약 나폴레옹이 성공했다면 그는 돈 때문에 나라를 팔아먹은 매국노로 역사에 기록되었을 거야. 하지만 그는 나폴레옹이 실패하고 유럽 열강들이 프랑스의 영토 분할을 시도할 때 과감히 나서서 프랑스가 유럽 대국의 지위를 유지할 수 있도록 열강들을 회유하는 데 성공했단다. 국가적인 측면에서는 큰 역할을 해낸 거지. 그래서 그는 역사적으로 쉽게 평가할 수 없는 인물이 되었어.

결론적으로 탈레랑이라는 사람 자체는 문제가 많았지만, 그의 외교 력만큼은 인정해야 한단다. 하지만 훌륭한 외교 능력을 발휘했음에도 후대 사람들은 그를 교활하고 간사하며 표리부동한 사람으로 묘사해. 앞으로 사회에 나가 일을 하다 보면 탈레랑 같은 사람들도 많이 만나게 될 거야. 그들은 우리와 친밀한 관계가 아닐 수 있지만 목적이 일치할 때는 좋은 파트너가 될 수도 있어. 능력이 뛰어나고 맡은 일에 충실하기 때문이지. 네가 훌륭한 일을 하기 위해서는 그들과도 좋은 관계를 유지하는 것이 중요하단다.

사람들은 어떤 일이나 사람에 대해 지극히 주관적인 기호에 따라 판단을 내리는 경우가 많아. 자기가 좋아하는 사람은 어떤 일을 해도 좋게 봐주고, 좋아하지 않는 사람은 어떤 일을 해도 트집만 잡으려고 하지. 하지만 이러한 태도는 좋지 않아. 성격이 좋고 친절하지만 업무 능력이 떨어지는 사람이 있다고 치자. 일을 할 때는 내가 그 사람을 좋아하고 친분이 있다고 해서 무조건 그의 편을 들어줄 순 없단다. 직장에서 친분에 따라 사람을 쓰는 건 아주 나쁜 습관이야. 이런 경우 많은 사람들에게 피해를 주기도 하거든. 반대로 내가 별로 좋아하지 않는 사람이라고 해도 그 사람이 가진 장점을 발견해 적극 활용할 수 있어야 해. 일을 할 때 가장 바보 같은 행위는 탈레랑 같은 사람을 적으로 밀어내는 거야. 서로 공동의 목표를 정해놓고 공동의 이익을 추구하다 보면 더 많은 사람들과 협력해 맡은 일을 더 잘 해낼 수 있단다.

오늘 네게 하고 싶은 이야기는 나와 맞지 않는 사람이라고 해서 무조건 배척하지 말라는 거야. 학교를 떠나면 많은 사람들이 나와 같지 않다는 것을 알게 될 거야. 하지만 네가 어떤 일에 성공하려면 그들의 지지와 도움이 필요해. 만약 네가 나중에 리더가 된다면 동료나 부하직원의 흠을 찾기보다는 그들의 장점을 발견해 적극 발휘하도록 해줘야 하니까. 학교생활이 모두 순조롭기를 빈다.

아빠로부터

소인배를 멀리하라

소인배들을 피하기 위해서는 가장 먼저
나 자신이 탐욕이 없어야 해.
탐욕은 소인배들이 비집고 들어올 수 있는 틈을 준단다.

명화가 동창회에 나갔다가 서로 다른 대학에 진학한 친구들과 주변에서 일어나는 일들에 대해 이야기를 나눈 모양이다. 나는 MIT 학생들이 지나치게 순수하다는 것을 알기에 나중에 사회에 나가 주의해야 할 일들을 이야기해 주기로 했다.

멍화에게

이제 곧 있으면 대학을 졸업하는구나. 엄마가 네게 앞으로 사회에 나가 사람을 사귈 때 주의해야 할 점들을 일러주면 좋겠다고 하더구나. 사실 MIT 학생들은 대부분 착하기 때문에 그동안 네가 누구를 사귀든 크게 걱정하지 않았단다. 학교를 졸업하고 앞으로 겪게 될 일들은 조금 손해를 보더라도 네가 직접 경험해 보는 것이 인상 깊으리라 생각한다. 하지만 굳이 한 가지를 꼽아보자면, 사회에 나가 가장 주의해야 할 것은 '소인배'들을 조심하라는 거야.

소인배에 해당하는 영어 단어를 찾다 보니 가장 적합한 건 'villain'이라는 단어였어. 하지만 villain이 소인배라는 단어에 담긴 '속이 좁고 간사하다'는 의미까지 표현해 주지는 못하는 것 같아. 이해를 돕기 위해 짧은 이야기를 하나 들려주마.

예전에 오자서伍子胥에 관한 이야기를 해준 적 있지? 그가 국경을 넘기 위해 고심하느라 백발이 되었다는 것과 보은을 아는 사람이라는 것, 그리고 물고기 배속에 넣어둔 비수로 정적을 죽였다는 이야기 등이 있었지. 그는 오나라를 도와 강대한 초나라를 멸망에 이르게 했고 초평왕의 시체를 파내 채찍질을 하기도 했어. 초나라에 어떤 원한이 있었기에 이렇게까지 한걸까? 이 모든 건 초나라의 소인배 비무극費無極이 초래한 일이야.

비무극은 초나라의 대신이었어. 당시 초평왕은 진秦나라와 연합해 중원 강국인 진晉나라를 제약하려고 했어. 그는 진나라와 연합하기 위해 자신의 아들, 즉 태자를 진나라 공주 멍잉과 혼인시켰어. 비무극은 원래 진나라 공주를 모시러 간 사절이었는데 공주가 생각보다 너무 아름다워 마음속에 딴생각이 생겼던 거야. 그가 어떻게 했을 것 같니? 보통 사람이었다면 곧장 초평왕과 태자에게 가서 아름다운 공주를 모셔온 것에 대한 공적을 인정받으려 했을 거야. 이것이 가장 일반적인 생각이지. 물론 공주가 너무 아름다워 몰래 데리고 도망을 갈 수도 있어. 하지만 비무극의 생각은 이것보다 훨씬 창의적이었어. 그는 초평왕에게 가서 아름다운 공주를 태자가 아닌 초평왕의 아내로 삼을 것을 제안했어. 여자를 좋아하기로 유명했던 초평왕의 마음은 곧바로 흔들렸지. 하지만 태자를 볼 낯이 없어 쉽게 결정을 내리지 못했는데, 그때 비무극이 제나라로 가서 태자와 결혼할 공주를 모셔오겠다고 한 거야. 좋은 핑계가 생긴 초평왕은 비무극의 제안에 따라 진나라 공주를 아내로 맞이했단다.

비무극은 이 일로 초평왕의 큰 신임을 얻게 되었지만 동시에 큰 위험을 안고 있었어. 바로 앞으로 새로운 군주가 될 태자의 노여움을 샀다는 거야. 만약 태자가 왕의 자리에 오르면 비무극의 입지가 위태로워질 것이 뻔했지. 그러나 비무극은 간사한 소인배답게 미리 대책을 세워두었단다. 그는 초평왕에게 가서 태자를 폐위하고 새로 결혼한 공주와 낳은 아들을 태자의 자리에 앉히라고 설득했어. 그렇게 하면 공주와 장차 태어날 아이도 기뻐할 것이고 오랫동안 부귀영화를 누릴 수 있을 거라고 말이야.

그렇지만 태자를 폐위하는 것은 결코 간단한 일이 아니었단다. 태자에게는 지혜로운 스승 오사伍奢가 있었거든. 하지만 소인배의 간사한 계략 또한 끝이 없었지. 비무극은 오사까지 함께 엮어 태자와 오사가 반란을 일으키려 한다며 무고했어. 초평왕은 이 이야기를 듣자마자 오사를 불러들였고, 오사는 초평왕에게 간사한 비무극의 말만 듣고 아들을 의심하지 말라고 설득했지. 하지만 초평왕은 자신의 잘못을 깨닫지 못하고 오사를 감옥에 가두고 사람을 시켜 태자를 죽였어.

오사가 감옥에 갇히자 일이 더욱 커졌어. 왜냐하면 오사에게는 밖에서 군대를 이끌고 있는 두 아들이 있었거든. 큰 아들의 이름은 오상伍賞이었고, 작은 아들의 이름은 오원伍員, 즉 오자서였단다. 비무극은 오사에게 두 아들이 돌아오면 풀어주겠다고 거짓말을 했어. 물론 그의 목적은 이참에 오가 가문을 모두 없애려는 것이었지. 오사는 두 아들을 잘 알고 있었어. 큰 아들 오상은 효심이 깊어 아버지와 함께 기꺼이 죽임을 당하려 하겠지만 오자서는 그렇지 않다는 걸 말이야. 오사는 비무극에게 아들들에게 편지를 쓰긴 쓸 것이나 큰 아들은 돌아오고, 작은 아들은 돌아오지 않을 것이라고 말했어. 그렇게 되면 초나라가 큰 위기에 처할 수도 있다고 했지. 결과는 오사가 예상한 그대로였어. 나중에 오자서는 군대를 이끌고 초나라에 쳐들어갔어. 그때 초평왕은 이미 죽은 뒤였지만 그는 복수하기 위해 무덤에서 시체를 파내 채찍질했단다.

비무극 같은 신하는 겉으로는 충신처럼 보이지만 자신의 이익을 위해 나라 전체에 비극을 초래하는 것도 불사해. 이런 사람은 철저히 소인배라고 할 수 있지. 초평왕의 문제는 상대방이 자신에게 잘해 주는 목적을 파악하지 못했다는 거야. 역사적으로 비무극과 같은 소인배들은 정말 많단다. 그런데 오늘날 우리 주변에서도 이런 사람들을 자주 볼 수 있어. 그들의 특징은 다음과 같아.

첫째, 대부분 아주 똑똑해.

둘째, 다른 사람들(특히 윗사람이나 상사)이 자기에게만 잘한다는 착각을 하게 만들어. 하지만 결국 겉으로 잘해 주는 것처럼 보이는 사람들에게 화를 입게 되는 법이란다.

셋째, 그들의 목적은 자신의 이익이야. 이를 위해 다른 사람들에게 손해를 입히기도 하지.

넷째, 직접적으로 해를 끼치는 악당과 달리 친구의 얼굴을 하고 다가와. 그들은 자신의 목적을 위해 아주 친절하게 굴기 때문에 사람들은 큰 피해를 입고 나서야 그가 진정한 친구가 아니었다는 사실을 깨닫게 돼.

그렇다면 이런 소인배들을 피할 수 있는 방법은 무엇일까?

소인배를 피하기 위해서는 가장 먼저 나 자신이 탐욕이 없어야 해. 탐욕은 소인배들이 비집고 들어올 수 있는 틈을 줘. 만약 초평왕이 미인을 탐하지 않았다면 비무극의 뜻대로 하지 않았을 것이고 그러면 혈육을 죽이거나 나라를 망하게 하지도 않았을 거야. 비슷한 예는 우리 주변에서도 찾을 수 있어. 컴퓨터 바이러스에 감염된 사람들을 보면 대부분 무료로 프로그램을 이용하기 위해 이것저것 설치했기 때문이라는 걸 알 수 있어. 무료로 프로그램을 제공하는 사람들도 진짜 목적을 숨기고 호의를 제공하는 소인배들인 거지. 이처럼 사람이 탐욕스러워지면 아무 이유도 없이 잘해 주는 사람들에 대한 경계 능력을 잃게 돼.

물론 이유 없이 잘해 주는 사람들이 모두 소인배라는 건 아니야. 대부분의 사람들은 선량하고 진실하단다. 그렇다면 그냥 좋은 사람과 소인배를 어떻게 구분할 수 있을까? 아빠가 그동안 경험하고 느낀 바를 다음과 같이 세 가지로 정리해 봤어.

첫째, 선량한 사람은 너의 이익을 위해 네게 잘해 주고, 소인배는 자신의 이익을 위해 네게 친절을 베풀어. 그들은 너의 (하나 혹은 그 이상의) 약점을 이용해 네가 이익을 얻은 것처럼 착각하게 만들지만 멀리 보면 네게 가장 중요한 것을 잃게 만들지. 초평왕의 경우를 다시 살펴보면 그에게 가장 큰 이익은 초나라의 영구적인 평안이었어. 비무극이 초평왕에게 제안한 일들은 모두 초나라를 멸망시킬 재앙의 씨앗들이었지. 다시 말해 비무극이 초평왕에게 진나라 공주를 아내로 맞으라고 제안한 것은 초평왕을 위한 것처럼 보이지만 실제로는 그의 가장 큰 이익을 대가로 치러야 하는 일이었던 거야.

이처럼 작은 선물을 주면서 먼저 환심을 산 다음 나중에 원칙에서 벗어나는 무리한 부탁을 하는 사람들이 있어. 이럴 때 작은 이익 때문에 그들의 부탁을 들어주면 나중에 엄청난 대가를 치러야 할 수도 있단다. 만약 누군가 네게 작은 호의를 베풀고 학교나 회사의 이익에 해를 끼치는 일을 해달라고 부탁한다면 절대 들어줘서는 안 돼. 그리고 그런 사람은 반드시 멀리하렴.

둘째, 사람을 볼 때 나에게 잘하는지만 보지 말고 그 사람이 다른 사람들을 어떻게 대하는지도 잘 관찰해봐야 해. 비무극의 경우 초평왕에게는 더할 나위 없이 좋은 신하였지만 태자와 오사 앞에서는 소인배의 간사함을 여지없이 드러냈잖니. 네 할아버지가 살아계실 때 늘 이렇게 말씀하셨어. 주변 사람들 모두에게 각박하면서 나에게만 잘하는 사람을 조심하라고 말이야. 나중에 무언가 부탁할 것이 있는 사람들은 평소에 너를 살뜰히 챙겨주려 할 거야. 처음부터 이런 사람들의 의도를 알아차리는 건 결코 쉽지 않아. 그럴 땐 주변에 어떤 사람들이 있는가를 보면 돼. 이게 바로 세 번째 방법이란다. 사람은 끼리끼리 어울린다고 했어. 만약 주변에 고상한 사람들이 많으면 그 사람 역시 고상한 사람일 테고, 주변에 도덕적 관념이 해이한 사람들이 많다면 그 사람 또한 좋은 사람일 리 없다는 뜻이야.

지금까지는 네게 세상은 아름답고 사람들을 믿어야 한다고 가르쳐 왔어. 그래서 네가 아직까지 천사처럼 순수한 마음을 간직하고 있다고 생각해. 하지만 이제 너도 어른이 되었으니 이 세상의 어두운 면에 관해서도 이야기를 해줘야겠다고 생각했어. 네가 나중에 좋은 사람과 나쁜 사람을 구분할 수 있는 능력을 갖출 수 있도록 말이야.

아빠로부터

소통의 목적

진정한 소통은 상대방이 내가 전달한 정보를 제대로 듣고
그 의미를 정확히 파악했는지 확인한 다음에
비로소 완성되는 것이라는 사실을 기억하렴.

명화가 전화를 걸어 학교와 직장에서 사람들의 교류가 어떻
게 다른지 물었다. 이 편지는 그에 대한 답을 적은 것이다.

명화에게

　그제 네가 엄마에게 문자를 보내 여름 방학 때 필요한 비행기 티켓을 예약해 달라고 부탁했다고 들었어. 그런데 엄마가 깜박하고 문자의 내용을 전달해 주지 않아 비행기 티켓 예약이 늦어졌구나. 사실 이제 와서 누구의 잘못이었는지 따지는 것은 의미가 없어. 우선 이 일을 해결한 다음 앞으로 더 원활한 소통이 이루어질 수 있도록 서로 노력하자.

　너도 컴퓨터를 배워서 알겠지만 컴퓨터 통신은 상대방이 확인했다는 정보를 얻어야만 비로소 완성된단다. 내가 정보를 내보내는 것만으로 끝나는 것이 아니야. 이러한 방법은 통신의 효율을 낮추는 단점도 있지만 덕분에 통신이 확실하게 이루어진다는 장점도 있단다. 그러나 사람과 사람 사이의 통신은 그렇지 않아. 말을 하는 사람은 자신의 말이 끝나면 상대방이 의미를 제대로 파악했는지 상관없이 통신이 완료되었다고 생각해. 너도 학교나 인턴으로 일하는 회사에서 이런 경우를 본 적이 있을 거야. A가 B에게 어떤 일을 지시했는데 한참 뒤에 보니 B는 그 일을 시작조차 하지 않았어. 그런데 B는 그 일이 하기 싫어서 안 한 것이 아니라 A가 무슨 말을 했는지 아예 듣지 못했거나 이해를 못했던 거지. 직장에서의 갈등은 대부분 이러한 작은 오해로부터 생겨나. 이런 문제를 근본적으로 해결하는 방법은 효과적인 소통을 하는 거야. 두 사람 사이의 통신, 즉 소통은 상대방이 내가 전달한 정보를 제대로 듣고 그 의미를 정확히 파악했는지 확인한 다음에 비로소 완성되는 것이라는 사실을 기억해야 해.

소통의 목적이 내 의견을 제대로 전달하는 것이라면, 이야기를 할 때 는 상대방과 나의 공통된 이해를 바탕으로 문제를 논의해야 해. 다시 말해 상대방이 내 말을 이해하게 만들려면 그가 이해할 수 있는 언어로 말해야 한다는 거야. 학교에서 수업을 듣다 보면 어떤 교수님은 아무리 어려운 과목도 학생들이 알아듣기 쉽게 설명하는가 하면, 어떤 교수님 은 학생들이 이해하든 말든 그저 자신이 아는 대로 설명하는 걸 볼 수 있을 거야. 후자의 문제는 수업을 듣는 학생들이 자신과 지적 수준이 동일하지 않다는 걸 간과하고 있는 거야. 그래서 상대방이 알아들을 수 있는 용어로 풀어서 설명하는 것이 아니라 자신이 알고 있는 걸 그대로 이야기하는 것이지.

중국의 훌륭한 외교관이었던 구웨이쥔顧維鈞의 이야기를 들려 줄게. 그는 1919년 파리 평화회의에서 서방 국가의 대표들에게 산둥성의 중 요성(당시 일본에서 산둥성을 식민지로 삼으려고 했어)을 설명하면서 그들 이 이해하기 쉬운 예를 들었어. 그는 중국 사람들에게 공자는 예수님만 큼이나 중요한 존재라고 설명했어. 서양에서 예수님이 태어난 예루살렘 을 성지로 지정해놓고 줄곧 그곳을 되찾기 위해 애쓰고 있는 것처럼,

공자가 태어난 산둥성은 중국인들에게 예루살렘과 같은 성지라고 말했지. 서방 국가의 대표들은 그의 설명을 잘 이해할 수 있었어. 그건 그들이 공자와 산둥성에 대해 잘 알고 있었기 때문이 아니라 예수와 예루살렘에 관한 이야기가 익숙했기 때문이야.

또한 누군가와 소통할 때는 말을 많이 해서는 안 돼. 사람들은 흔히 자신이 더 많은 이야기를 하면 상대방이 더 많은 정보를 얻을 수 있을 거라 생각해. 그러나 불필요한 말이 너무 많으면 상대방은 네가 무슨 말을 하려는지 전혀 이해하지 못하게 되고, 그러면 소통의 효과는 제로가 되는 거야. 더욱이 소통을 할 때 쓸데없는 잡음이 섞이면 의미가 제대로 전달되지 않아 오해가 생기기도 해. 효과적인 소통은 상대방이 누구인지 확실히 인지하고 한두 마디의 핵심으로 내 생각을 전달하는 거야. 이번에는 인텔의 창업자인 로버트 노이스가 적절한 사례가 될 수 있을 것 같구나.

60년 전만 해도 사람들은 대부분 반도체가 무엇인지 잘 몰랐어. 로버트 노이스는 1957년에 반도체 생산을 위한 투자를 받기 위해 셔먼 페어차일드를 설득해야 했어. 페어차일드는 과학기술 업계에 오랫동안 몸담았음에도 도체와 반도체의 차이가 무엇인지, 반도체로 만든 트랜지스터가 어디에 쓰이는지 잘 이해하지 못했어. 노이스는 다음과 같이 설명했고 페어차일드는 곧장 그의 설명을 이해할 수 있었단다.

"모래와 금속 회로의 기본 물질은 앞으로 트랜지스터 재료의 원가를 0에 가깝게 낮출 것입니다. 그러면 이제부터 경쟁은 제조 공법에 달린 셈이죠. 페어차일드가 투자한다면 당신은 이 경쟁의 승리자가 될 것입니다. 저렴한 트랜지스터는 전자 제품의 원가를 크게 낮춰 수리보다 제조가 더 저렴해지도록 만들 테니까요."

노이스는 앞으로 다가올 정보화 시대의 상업적 특징을 간단히 잘 설명했어. 그는 돈이 되는 것은 재료가 아니라 위에서 설명한 지적 부가가치라고 강조했지. 페어차일드는 노이스의 말을 이해하고 투자를 결정했단다. 훗날 페어차일드는 62세라는 고령에 벤처 투자를 하게 된 이유에 대해 노이스가 설명한 트랜지스터의 앞날에 감동을 받았기 때문이라고 설명하기도 했어.

이러한 예들을 종합해 보면 새로운 결론을 내릴 수 있어. 즉 어떤 말을 전달할 때는 상대방을 잘 살펴봐야 한다는 거야. 똑같은 내용을 전달하더라도 사람에 따라 각기 다른 방식으로 말해야 할 때가 있어. 아빠는 강연을 부탁받을 때마다 청중이 누구인지 먼저 물어봐. 그들이 어떠한 지식배경을 갖고 있는지 파악한 다음, 그들이 알아듣기 쉬운 방식으로 설명한단다.

또한 소통을 할 때 중요한 건 자신이 옳은지 틀렸는지를 증명하는 것이 아니라 소통의 목적을 달성하는 거야. 말을 잘하는 사람은 대화가 끝나면 자신의 관점을 충분히 설명했고 상대방도 문제없이 받아들였을 거라고 생각하곤 해. 하지만 상대는 그렇게 생각하지 않는 경우도 종종 있단다. 오히려 유려한 말솜씨에 자신이 속은 것 같다는 생각이 들어 괜히 반발심을 갖기도 하지. 이러한 소통은 겉으로 봤을 때는 성공적으로 보이지만 사실 철저히 실패했다고 볼 수 있어. 소통을 할 때는 확실한 사실이 화려한 언변보다 훨씬 중요하단다.

오늘 했던 이야기를 정리하자면,

첫째, 효과적으로 소통하려면 상대방이 누구인지 제대로 파악해. 내가 말을 끝냈다고 해서 의미를 제대로 전달했다고 생각하면 안 돼.

둘째, 상대방이 이해하기 쉬운 언어로 소통해야 해. 절대 자신의 지식을 내세우기 위해 간단한 내용을 어렵게 만들어서는 안 돼.

셋째, 소통은 간결해야 하고, 이를 위해 사람에 따라 다른 방식으로 이야기를 해야 해.

넷째, 조리 있게 설명하는 것이 반드시 효과적인 소통을 의미하지는 않아. 소통의 목적은 상대방이 자신의 생각을 받아들이게 하는 것이지 상대방의 말문을 막는 것이 아니야.

효과적으로 소통하는 것은 아주 중요한 문제야. 특히 직장에 들어가고 나서는 더더욱 그렇단다. 그러니 평소 다른 사람과 이야기할 때 얼마나 효과적으로 소통하고 있는지 잘 살펴보기를 바란다.

아빠로부터

스물여섯 번째 편지

부탁을 정중히 거절하는 방법

부탁을 거절하는 것은 창피한 일이 아니야.
부탁을 들어주겠다고 큰소리치고 해결하지 못하는 것이야말로
창피한 일이란다.

멍화는 일을 하면서 겪은 일들을 편지에 적어 보냈는데 그중 늘 남의 덕을 보려는 사람의 이야기도 적혀 있었다. 아내는 내가 쓴 <실리콘밸리에서 온 편지> 중 다른 사람의 부탁을 정중히 거절하는 법에 관한 글을 읽고 그 글을 멍화도 읽었으면 좋겠다고 말했다. 멍화가 겪은 구체적인 일에 관해서는 편지에 다시 한 번 언급했다.

멍화에게

 며칠 전 너는 함께 일하는 동료 중에 일을 제대로 하지 않고 늘 도와 달라고 하는 사람이 있는데 거절할 수 없어 난처하다는 이야기를 했었어. 그리고 이 문제를 어떻게 해결하면 좋겠냐고 물었지. 사실 네가 지금 처한 문제는 인간관계에 있어서 가장 중요한 원칙과 기술에 관련된 것이란다. 마침 몇 주 전에 아빠도 너와 비슷한 일을 두 번이나 겪었어. 먼저 내가 겪은 상황을 이야기해 줄게.

 어느 날 한 친구에게서 연락이 왔는데 그의 친구의 자식이 구글이나 텐센트에서 인턴으로 일할 수 있도록 부탁해 달라는 거야. 아빠는 그 아이의 이력서를 받아 보고 바로 거절했어. 만약 내가 아직 구글이나 텐센트에서 일하고 있었다면 회사에 이력서를 전달하는 것쯤은 문제가 없었을 거야. 인사팀에서 회사 상황에 따라 적절한 판단을 내렸을 테니까. 하지만 나는 이미 두 회사를 모두 떠난 상태여서 이력서를 전달하려면 회사에 있는 옛 동료에게 부탁을 해야 하는 상황이었지. 아이의 이력이 괜찮으면 그 동료도 내 부탁을 들어주는 것이 어렵지 않겠지만, 그렇지 않은 경우 난처한 입장에 처하게 돼. 자격이 되지 않는 아이의 추천을 부탁하면 인사팀에서는 그들의 안목을 의심하게 될 거야. 이렇게 설명했더니 부탁을 한 친구도 내 입장을 이해한다면서 더 이상 이 일을 언급하지 않았어.

두 번째 일도 첫 번째와 비슷한 상황이었어. 한 친구가 조카의 이력서를 구글에 전달해 달라고 부탁했는데, 아이의 이력서를 살펴보니 프린스턴대학교를 졸업했고 성적도 우수했어. 전공도 적합하고 구글에서 찾고 있는 인재상과 잘 맞아떨어졌지. 그래서 구글에서 함께 일했던 동료에게 이력서를 살펴봐 달라고 부탁했어. 얼마 후 친구의 조카는 구글에서 면접을 보러 오라는 연락을 받았고 모든 관문을 무사히 통과해 구글에 입사할 수 있었단다.

네게 하고 싶은 말은 누군가를 도와줄 수 있는 상황이면 도와주지만 네가 난처해지는 상황이라면 굳이 도와주지 않아도 된다는 거야. 그리고 이럴 때는 상대방에게 곧바로 도움을 줄 수 없다고 말하는 것도 중요해. 그래야 그 사람도 다른 방법을 찾을 테니 말이야.

많은 사람들이 거절하기 미안하다는 이유로 자신이 해결하지 못하는 일을 계속 지연시키곤 해. 시간이 흐르다 보면 상대방도 눈치를 채고 알아서 물러설 거라는 생각에서야. 그런데 이렇게 문제를 피하기만 하는 방법은 좋지 않아. 또 어떤 사람은 도와줄 수 있는 만큼만 도움을 주라고 하기도 해. 설령 아무 성과가 없어도 어쨌든 시도는 했으니 상대방도 결과를 받아들여야 한다는 식이지. 그런데 이런 방식은 자기 자신과 상대방 모두에게 해를 끼칠 수 있단다. 상대방은 부탁을 거절당한 것이 아니니 희망을 품고 있을지도 몰라. 거절했다면 다른 방법을 찾았을 텐데 부탁만 믿고 기다리다가 성과가 없으면 결국 시기를 놓쳐 일을 그르치게 될지도 모르지. 이런 일이 발생하면 아무리 좋은 관계도 위협을 받는단다. 그럼 나도 역시 피해를 입게 되는 거야.

사람들이 다른 사람의 부탁에 '아니'라고 대답하지 못하는 또 다른 이유는 자신의 능력과 역할에 대한 잘못된 평가 때문이야. 다른 사람이 네게 부탁을 할 때도 네가 반드시 그 일을 할 수 있을 거라고 생각하지는 않아. 만약 네가 그 부탁을 들어주지 못하면 그 사람은 또 다른 사람에게 부탁하면 돼. 사람들은 자신이 부탁을 들어주지 않으면 상대가 희망을 잃을까 봐 걱정하기도 하는데 실제로 부탁을 하는 사람은 자신이 부탁하는 일이 얼마나 성공할 수 있을지 누구보다 잘 알고 있어. 그러니까 네가 못할 것 같은 일은 섣불리 승낙해서는 안 돼. 부탁을 거절하는 것은 창피한 일이 아니야. 부탁을 들어주겠다고 큰소리치고 해결하지 못하는 것이야말로 창피한 일이라는 걸 명심하렴.

아빠는 누군가 도움을 요청할 때 상대방의 부탁을 네 종류로 구분하고 다음과 같은 원칙에 따라 처리한단다.

첫째, 내 능력이 부족해 도움을 줄 수 없을 때는 곧바로 완곡히 거절해. 곧바로 거절을 해야 하는 이유에 대해서는 앞에서도 설명했으니 넘어가도록 하자.

둘째, 도와줄 수 있는 능력은 있지만 대가가 너무 커서 도와주고 싶지 않을 때가 있어. 도와주고 싶지 않으면 억지로 도움을 주지 않아도 된단다. 하지만 즉시 거절 의사를 전달하는 건 잊지 말아야 해.

네가 말했던 상황도 아마 여기에 해당할 거야. 만약 그 동료가 가끔 한 번씩 도움을 요청하면 문제가 되지 않지만 수시로 도움을 청한다면 네 업무에도 영향을 줄 것이고, 그러면 결국 회사 전체의 이익에도 손해를 입히게 되겠지. 이런 부탁은 들어주지 않아도 괜찮아.

셋째, 아무리 어려운 상황이어도 돕고 싶고 도울 능력이 된다면 곧바로 승낙하고 최선을 다해 도와줘. 예전에 중국에 있을 때 상사로 모시던 분이 있는데 그때 나를 많이 챙겨주셨지. 나중에 그분 딸이 존스홉킨스대학교에 가려고 하는데 도와달라고 부탁하셨어. 나는 그 일이 결코 쉽지 않다는 걸 알았어. 그래서 우선 솔직히 말씀드렸어. 따님이 중국에서 베이징대학교나 칭화대학교를 다닌 것도 아니고 그렇다고 성적이 엄청 우수한 것도 아니니 합격이 어려울 수 있다고 말이야. 하지만 어쨌든 과거에 나를 많이 도와주셨던 분이기에 부탁을 거절하지는 않았어. 나는 그 아이가 지원서 쓰는 것을 물심양면 도와줬어. 그리고 장학금도 신청해 줬지. 그분의 부탁을 들어드리기로 한 건 나도 어느 정도 확신이 있었기 때문이야. 나는 누군가의 부탁을 받으면 우선 그 일이 성공할 수 있을지 여부를 판단해. 만약 그 일을 성공시키는 데 필요한 능력이 X면 내 능력이 3X 정도는 되어야 그 부탁을 승낙하지. 안전계수를 왜 그렇게 높이 잡았냐고? 언제나 일을 처리하다 보면 예상치 못한 난관에 부딪히기도 하고, 내가 할 수 있을 거라 생각했던 일이 막상 해보면 잘 안 될 수도 있기 때문이야. 그제야 상대방에게 부탁을 들어줄 수 없을 것 같다고 말하면 서로에게 상처가 될 뿐이지. 일단 도와주기로 결정했으면 최선을 다해야 해. 그러면 대부분 성공하는 편이야. 도움을 주는 횟수가 중요한 것이 아니라 한번 도와줄 때 일을 성공시키는 것이 중요하단다.

넷째, 도와주고 싶어도 도와줄 능력이 될지 안 될지 가늠할 수 없을 때가 있어. 이럴 때는 섣불리 승낙하지 말고 자신의 현 상황을 상대방에게 솔직하게 이야기해야 해. 도와주고 싶은 마음은 크지만 상황이 이러이러해서 도와주기 힘들 것 같다고 이야기하면 상대방도 다른 대안을 찾을 거야. 몇 년 전, 한 친구의 아이가 미국 대학에 지원했다면서 내게 추천서를 써달라고 부탁한 적이 있어. 나는 그 아이에 대해 잘 몰랐기 때문에 직접적인 도움을 줄 수는 없고 대신 미국에서 그래도 잘 알려진 대학에 지원할 수 있도록 연결을 해줄 수는 있을 것 같았어. 나는 이러한 생각을 친구에게 전달하고 솔직하게 설명했어. 아이의 성적으로는 명문 대학교에 진학하는 것은 어렵고 20위 안에 드는 공립대학교는 가능할 것 같다고 말이야. 그런 다음 그 아이에게 전화를 걸어 몇 가지 질문을 했어. 일종의 면접 같은 것이었지. 나는 그렇게 해서 얻은 정보들을 바탕으로 아이에게 적합한 몇 개 대학을 추천해 줬어. 결국 그 아이는 자신이 희망하던 대학은 아니었지만 중위권 공립대학에 입학하게 되었단다.

인간관계에서 가장 중요한 건 진실함이야. 이 점을 명심한다면 네 생각을 솔직히 이야기해도 너를 원망하거나 비난하는 사람은 없을 거야. 하지만 누군가에게 잘 보이거나 고맙다는 소리를 듣기 위해, 혹은 자신이 무엇이든 할 수 있다는 것을 보여주기 위해 할 수도 없는 일을 무리해서 한다면 결국 관계를 망가뜨리게 된단다.

다른 사람을 도와줄 때 절대 해서는 안 되는 행동을 네 가지로 정리해 봤어. 첫째, 자신의 능력을 과시하려고 허풍을 떠는 거야. 중국의 언론인 중에 자신이 정부의 관계자와 친분이 있고 말만 하면 무엇이든 해결해줄 수 있다고 허풍을 떨면서 여러 기업으로부터 돈을 받은 사람이 있어. 그런데 나중에 한 기업에서 돈을 줬는데도 일이 잘 해결되지 않자 그를 고발해버렸어. 이처럼 능력을 과시하고 허풍을 떨면 다른 사람뿐만 아니라 자기 자신에게도 피해가 돌아온단다.

둘째, 자신이 할 수 없는 일에 대해 섣부른 대안을 제시하는 거야. 구글에서 일할 때 누군가로부터 일자리를 부탁받은 동료들이 도움을 줄 수 없는 상황에 이렇게 말하는 것을 들은 적이 있어.

"어쩌지, 우리 회사에는 알맞은 자리가 없네. 대신 내가 마이크로소프트에 아는 사람이 있으니까 네 이력서를 그쪽에 넘겨줄게."

하지만 바보가 아닌 이상 그 사람이 진심으로 도와줄 생각이 아니라 그저 책임을 전가하고 있다는 사실을 알 수 있어. 만약 도움을 주지 못하는 상황이면 다른 사람에게 책임을 넘기려고 하지 말고 어려울 것 같다고 직접적으로 이야기하렴.

셋째, 도움을 주고 보답을 기대하는 거야. 어떤 사람은 자신이 무리해서 다른 사람을 도와주고 나서 왜 고맙다는 인사를 제대로 하지 않느냐고 뾰로통해 있기도 해. 그럴 바에는 차라리 처음부터 도와주지 않는 편이 나아.

넷째, 원칙에서 벗어나는 부탁을 들어주는 거야. 옳고 그름을 가리지 않고 부탁을 들어주는 것은 잘못된 거란다. 예를 들어 과제를 베끼거나 논문을 대신 써달라는 부탁은 절대 들어줘서는 안 돼. 원칙만 지킬 줄 알아도 나쁜 사람에게 이용당해 문제가 생기는 일은 없을 거야.

넌 똑똑한 아이니 동료와의 일을 현명하게 해결하리라 믿는다. 일이 순조롭게 풀리기를 빌어.

아빠로부터

관계가 어려운 너에게

스물한 번째 편지
친구를 사귈 때의 태도

- 언제나 진실하고 너그럽게 행동할 것.
- 손해 보는 것을 두려워하지 말고 작은 약점들은 적당히 눈감아 줄 것.
- 사소한 약점 하나로 그 사람 전체를 파악하려고 하지말 것.
- 마음을 넓게 갖고 자신을 위한 여지를 남겨놓을 것.

스물두 번째 편지
아리스토파네스에게 배우는 사랑의 본질

- 사랑이 없는 사람은 어딘가 부족하고, 진정한 사랑을 경험하지 못한 인생 은 완전하지 않다.
- 서로에게 꼭 맞는 두 사람이 만나면 그들이 가진 힘은 1+1>2가 된다.
- 두 남녀가 하나가 되기 위해서는 자신에게 꼭 맞는 상대를 찾아야 한다.

스물세 번째 편지
탈레랑 같은 사람을 만났을 때

세상에는 능력은 있지만 인간적으로 맞지 않는 사람이 많다.

일을 할 때 가장 바보 같은 행위는 탈레랑 같은 사람을 적으로 밀어내는 것이 다. 맞지 않는 사람이라고 해서 무조건 배척하지 말고, 동료나 부하직원의 흠 을 찾기 보다는 그들의 장점을 발견해 적극 발휘하도록 해줘야 한다.

스물네 번째 편지
그냥 좋은 사람과 소인배를 어떻게 구분할 수 있을까?

· 선량한 사람은 상대의 이익을 위해 잘해 주고, 소인배는 자신의 이익을 위
  해 친절을 베푼다.
· 나에게 잘하는지만 보지 말고 그 사람이 다른 사람들을 어떻게 대하는지
  도 잘 관찰해야 한다.
· 사람은 끼리끼리 어울린다. 주변에 어떤 사람들이 있는가를 보면 그 사람을
  알 수 있다.

스물다섯 번째 편지
원활한 소통을 위한 방법

· 상대방이 누구인지 제대로 파악할 것.
· 상대방이 이해하기 쉬운 언어로 소통할 것.
· 소통은 간결하게, 그리고 사람에 따라 다르게 시도할 것.
· 말을 잘 하려고 노력하기 보다 의미를 잘 전달하는 데 집중할 것.

스물여섯 번째 편지
누군가 부탁을 할 때, 분별하여 처리하는 법

· 내 능력이 부족해 도움을 줄 수 없을 때는 곧바로 완곡히 거절한다.
· 도와줄 수 있는 능력이 있지만 도와주고 싶지 않을 때 역시 바로 거절한다.
· 어려운 상황이지만 돕고 싶고 도울 능력도 될 때는 곧바로 승낙하고 최선
  을 다해 도와준다.
· 도와주고 싶어도 도와줄 능력이 될지 안 될지 가늠할 수 없을 때는 섣불리
  승낙하지 말고 자신의 상황을 상대방에게 솔직하게 이야기한다.

"스스로의 능력을 과대평가하고 무슨 일이든 할 수 있다고 생각하다 보면 어느새 자신이 신보다 뛰어난 존재라는 착각에 빠지게 돼. 스스로를 점검하지 않으니 자기도 모르게 계속 실수를 저지르게 되고, 결국 성적이나 일의 성패에 영향을 미친단다."

5장

문제를 대하는 태도

삶의 문제에
직면한 너에게

신은 바보 같은 사람을
더 좋아한다

어떤 일은 사소한 실수가 엄청난 손실로 이어지기도 해.
그래서 미련하고 바보 같아도 확실한 방법을 택하는 거야.

멍신은 수학 숙제를 할 때 글씨를 엉망으로 쓰거나 계산 단
계를 몇 개씩 빼먹는 등 꾀를 부린다. 간단한 내용일 때는 상관
없지만 이것이 습관이 되면 나중에 문제가 생길 수 있다. 어떤 일
이든 정해진 순서와 규정에 따라 처리하는 것이 얼마나 중요한
지에 관해 멍신과 이야기를 나눈 적이 있는데 완전히 이해한 것
같지 않다. 그래서 내 생각을 편지에 담아 전달했다.

멍신에게

최근 네 수학 시험지를 봤더니 실수로 틀린 문제들이 많은 것 같더구나. 그런데 문제를 틀린 원인이 단순히 실수였다고 해명하고 넘어갈 일은 아닌 것 같아. 아빠는 여기에 두 가지 원인이 있다고 생각해. 첫 번째는 네가 기본적인 개념을 완전히 이해하지 못한 것이고, 두 번째는 문제를 푸는 방식이야. 너는 항상 풀이 단계를 몇 개씩 뛰어넘곤 하는데 이렇게 하면 문제를 틀리기 쉬워. 지난번에 이 이야기를 했을 때 풀이 단계를 모두 적으면 시간이 너무 많이 걸려서 문제를 다 풀지 못하게 될 수도 있다고 했지? 사실 몇 글자 더 적는다고 시험 시간이 모자라지는 않아. 오히려 풀이 단계를 건너뛰었다가 뒤에서 막히면 다시 생각하는 시간이 더 많이 걸릴 거야. 물론 오늘 너와 문제 풀이 시간에 관해 이야기하려는 건 아니란다. 아빠가 하고 싶은 이야기는 수학 문제를 풀 때는 조금 바보 같고 답답하더라도 순서와 절차에 따라 푸는 것이 가장 좋다는 거야.

아빠는 주말마다 투자 정보들을 정리하는데 컴퓨터 프로그램을 이용하면 자동으로 정리할 수도 있지만 일부러 시간을 내어 손으로 정리한단다. 편한 방법이 있는데 왜 굳이 이런 힘든 방법을 사용하냐고? 이유는 두 가지야. 첫 번째 이유는 컴퓨터로 정리하면 시간을 절약할 수는 있지만 충분히 생각을 할 수 없어. 어떤 일이든 스스로 생각하고 결론을 내려야만 발전이 있는데, 손으로 정리하면 자료를 살펴보면서 충분히 사고할 수 있기 때문에 더 효율적이야. 수학 문제를 풀 때 가급적 계산기를 사용하지 못하게 하는 것도 이러한 이유에서야.

두 번째 이유는 정보를 손으로 하나씩 정리하면 시간이 오래 걸리기 때문에 과도하고 빈번하게 투자하는 것을 막을 수 있어. 덕분에 몇몇 중요한 투자에 집중할 수 있고 더 장기적인 목표를 세울 수 있단다. 반면 아빠 주변의 투자자들을 보면 일주일마다 한 회사씩 투자하는 사람도 있는데, 이런 사람들은 일 년 후에 자기가 어디에 투자했는지 조차 헷갈리는 경우가 많아. 그러니 투자 효과도 보장할 수 없지. 오늘 아빠가 이야기하는 방법은 마음에 새겨놓고 수학 문제를 풀 때뿐만 아니라 다른 일을 할 때도 꼭 기억하기를 바란다. 신은 잔꾀를 쓰는 사람보다 바보같이 미련한 사람을 더 좋아한다는 사실을 잊지 않았으면 좋겠구나.

신은 바보 같은 사람을 더 좋아한다는 말을 아빠에게 자주 들었을 거야. 너도 알다시피 아빠는 평소에 일처리를 조금 바보같이 할 때가 있어. 며칠 전에는 낮에 우편으로 부쳤어야 할 세금계산서를 깜박하고 만 거야. 사실 다음 날 출근하는 길에 우체국에 들러 보냈어도 될 일이 없지만 나는 그 일을 처리하기 위해 저녁에 한 시간이나 차를 운전해 우체국에 다녀왔단다. 너는 휴대폰 알림 기능을 설정해놓고 우체국을 지나가는 길에 보내면 되지 않냐고 물었지. 그러나 지금까지 아빠의 경험에 의하면 다른 일을 하는 김에 겸사겸사 처리한 일은 실수가 많기 마련이야. 어떤 일은 사소한 실수가 엄청난 손실로 이어지기도 해. 그래서 미련하고 바보 같아도 확실한 방법을 택하는 거야. 이것이 바로 내가 일을 할 때 지키는 원칙이란다.

아빠는 다행히 운이 좋아서 지금까지 하고자 한 일들이 모두 순조롭게 진행되었어. 너는 좋은 운이 어디에서 오는 거라고 생각하니? 아빠는 스스로 바보 같고 미련하다는 것을 인정하기 때문에 신의 사랑을 받았다고 생각해. 신은 왜 바보 같은 사람을 더 좋아할까? 사실 이것은 자신의 능력과 기량에 대해 정확히 인식하고 있는가와 관련되어 있어. 사람이 스스로의 능력을 과대평가하고 무슨 일이든 할 수 있다고 생각하다 보면 어느새 자신이 신보다 뛰어난 존재라는 착각에 빠지게 돼. 스스로를 점검하지 않으니 자기도 모르게 계속 실수를 저지르게 되고, 이러한 실수가 성적이나 일의 성패에 영향을 미친단다. 반면 신이야말로 가장 뛰어난 존재며 자기 자신은 신이 계획한 일의 일부일 뿐이라고 생각하면 조금 바보같아 보일지는 몰라도 더 부지런하고 겸손한 자세로 일을 하게 돼. 다른 사람들보다 시간은 더 많이 걸릴지언정 여러 실패 요인들을 피해갈 수 있으므로 더 좋은 결과를 얻을 수 있단다. 다시 말해 신의 총애를 얻게 되는 것이지. 시험을 볼 때도 마찬가지야. 나는 신보다 똑똑한 사람이 아니라는 생각을 갖고 풀이 과정을 모두 적으며 문제를 풀다 보면 실수를 피할 수 있고 잘못된 부분을 쉽게 찾아낼 수 있어. 당연히 훨씬 좋은 성적을 거둘 수 있겠지.

신이 바보 같은 사람을 좋아하는 두 번째 이유는 얕은수를 쓰지 않고 더 많은 이익을 얻기 위해 욕심을 내지 않아서야. 이들은 무슨 일을 하든 여유 있게 하기 때문에 뜻밖의 상황이 생겨도 당황하지 않고 대처할 수 있어. 공항 보안검색대를 통과할 때 보면 비행기 시간이 촉박하다며 줄을 선 사람들에게 양해를 구하고 먼저 통과하려는 사람들을 종종 볼 수 있어. 분명 다급해 보이는 그들을 위해 양보하는 사람들도 있겠지. 덕분에 그들은 시간을 절약할 수 있겠지만 늘 이런 식으로 행동한다면 언젠가 정말로 비행기를 놓치게 될 것이고 그동안 얻은 이익보다 훨씬 큰 손해를 입게 될 거야.

마찬가지로 아침마다 학교에 갈 때 등교 시간보다 최소한 3~5분 일찍 도착하도록 해야 해. 전에도 여러 번 이야기했듯이 마지막 5분은 네게 주어진 시간이 아니라 신이 지배하는 시간이라는 걸 기억하렴. 여유 있게 출발하면 예상치 못하게 차가 막힌다 해도 지각하지 않을 수 있을 거야. 이것이 바로 바보 같은 사람만이 누릴 수 있는 행운이란다. 물론 5분 일찍 출발하려면 아침에 5분 일찍 일어나는 노력이 필요하겠지?

바보 같은 사람이 누릴 수 있는 또 하나의 좋은 점은 친구가 많다는 거야. 너도 알다시피 아빠는 우리가 마땅히 누려야 할 권리에 대해서는 양보하는 일이 없지만 그 외의 사소한 이익에 관해서는 비교적 관대한 편이야. 그래서 모두들 아빠를 편하게 생각하고 친구가 되고 싶어 해. 이런 경험은 예전에 중관춘中關村에서 사업을 할 때 배운 거란다. 학생 시절에는 아빠도 손해 보는 것을 좋아하지 않았어. 그리고 다른 사람들보다 똑똑해 보여야만 일을 더 잘할 수 있고 성공할 수 있을 거라 생각했지. 하지만 사업을 할 때 보니 업계에는 똑똑한 사람들이 차고 넘칠 만큼 많았지만 그들이 모두 사업에 성공하는 건 아니었어. 오히려 바보같이 우직한 사람들이 사업을 하면 더 잘 되는 경우가 많았단다. 나중에 곰곰이 생각해보니 이유는 간단했어. 만약 네게 계산적인 사람과 우직한 사람 중 누구와 사업을 함께하고 싶냐고 물으면 어떻게 대답하겠니? 아마 너는 후자를 선택할 거야. 왜냐하면 우직한 사람들은 맡은 일에 최선을 다하고, 더 많이 가지려고 무리한 욕심을 부리지 않기 때문이지. 만약 대부분의 사람들이 이런 생각을 한다면 우직한 사람에게는 그만큼 사업 기회가 더 많아지는 거야.

그 이후 사업을 할 때 고수하는 한 가지 원칙이 생겼어. 그건 바로 남들이 얼마를 벌든 남의 이익을 탐하지 않고 나는 내가 벌만큼만 벌겠다는 거야. 이것이야말로 사업을 오래 유지하는 방법이란다. 너도 친구를 사귈 때 손해 보는 것을 두려워하지 말거라. 친구와 어떤 물건을 교환할 때에도 많이 갖든 적게 갖든 너무 마음 쓸 필요도 없어. 매번 너만

이득을 취하려 한다면 나중에는 아무도 너와 친구를 하려고 하지 않을 거야. 사람들은 착하고 정직한 사람들과 친구가 되고 싶어 하지, 너무 똑똑해 보이는 사람은 오히려 경계하게 된단다. 세상에 똑똑한 사람은 많아. 하지만 똑똑한 사람이 바보 같은 사람보다 일을 더 잘하리라는 법은 없어. 똑똑한 사람은 혼자서 일을 처리하려고 하고, 바보 같은 사람은 신에게 도움을 청하기 때문이야.

오늘 아빠가 한 이야기들을 네가 다 이해하지 못할 수도 있어. 그러나 앞으로 네가 경험을 통해 서서히 깨닫게 될 거란다. 다음 시험에서는 더 좋은 결과가 있기를 바란다!

아빠로부터

이성적인 회의론자가 되어라

어떠한 경우에도 냉정하고 독립적으로
생각할 수 있어야 한다는 걸 알려주고 싶구나.

MIT 학생들이 한동안 과학 지식이 부족한 트럼프 대통령과 TV 프로그램에서 형편없는 수학 실력을 보여준 트럼프의 딸 이방카를 비웃었다는 이야기를 전해 들었다. 심지어 트럼프 대통령을 싫어하는 학생들은 그가 내세우는 정책들마저 줄곧 반대하고 있다. 명화가 보내 온 편지에는 주변 친구들의 생각이 적혀 있었는데 젊은 엘리트 청년들의 과학에 대한 관심과 그들이 문제를 어떻게 단순화시키는지에 관한 내용이었다. 다음 편지는 이에 대한 나의 생각을 적은 것이다.

멍화에게

얼마 전 네 친구들이 트럼프 대통령이 과학 지식이 부족하다고 비웃고 그의 모든 정책에 무조건 반대하고 있다는 이야기를 했었지? 아빠는 그것이 너희가 아직 젊고 판단력이 부족하며 자신의 학식을 너무 높게 평가하고 있다는 사실을 보여주는 예라고 생각한다. 무엇보다 그들에게는 과학적 태도가 부족한 것 같구나. 물론 고작 18~22세 되는 청년들에게 성숙함을 기대하지는 않아. 게다가 너희에게는 성숙하지 않은 생각을 마음대로 표현할 권리가 있단다. 하지만 과학은 너희가 생각하는 것만큼 단순하지 않고 심지어 가르침을 주는 선생님들조차 과학에 관한 오해를 가질 수 있다는 사실을 알았으면 좋겠구나.

오늘은 과학에 관한 아빠의 생각을 전하려고 해. 먼저 과학이란 무엇일까? 넓은 의미에서 보면 인류의 모든 지식 체계를 과학이라고 말할 수 있어. 이러한 정의에 따르면 수학과 역사학도 과학에 포함되지. 좁은 의미에서 보면 과학은 고대 그리스에서 시작되었고 엄격한 논리와 추론을 바탕으로 형성되었으며 근대에 들어 서양의 과학적 방법에 의해 발전한, 실증과 반증이 가능한 체계를 가리킨단다. 이러한 정의에 따르면 수학은 과학이라고 할 수 없어. 수학은 가설을 전제로 하기 때문이야. 역사학도 마찬가지로 과학이라고 할 수 없는데 그 이유는 반증이 불가능하기 때문이지. 하지만 넓은 의미에서든, 좁은 의미에서든 과학은 결론보다 방법과 과정을 더욱 중시하는 학문이란다.

왜 방법과 과정이 결론보다 중요한 걸까? 사실 정확한 결론을 얻는 것은 생각보다 쉬워. 예전에 너와 멈춰버린 시계에 대해 이야기한 적이 있는데, 기억나니? 멈춰버린 시계도 하루에 두 번은 시간을 정확히 맞출 수 있다고 했었잖아. 이렇듯 단편적인 결과만으로는 과학을 설명할 수 없단다. 잘 갖춰진 방법이 있어야만 과학은 계속 발전할 수 있는 법이지. 과학에서는 실증 정신을 중요하게 생각해야 해. 실험 결과의 반복과 검증 가능성을 강조하고 과거의 생각을 끊임없이 뒤집을 수 있어야만 과학이 발전하고 인류도 계속 진화할 수 있는 거란다.

종종 사람들은 과학은 무조건 정확해야 하고, 정확한 것은 무조건 유용해야 한다고 오해할 때가 있어. 정확한 것이 꼭 유용한 것은 아니라는 건 명백한 사실이야. 날씨를 설명할 때 비가 올 수도 있고, 안 올 수도 있다고 하면 정확하기는 하지만 유용하지는 않은 것처럼 말이야.

또한 과학은 계속 발전하는 것이기 때문에 절대적인 진리는 없어. 한 사람이 세상을 인식하는 과정을 과학이라고 한다면 세상에 대한 인식이 깊어질수록 앞서 인식했던 것들은 의미가 퇴색할 수밖에 없단다. 그래서 진정한 과학자는 세상과 세상의 법칙에 대해 늘 경외감을 갖고 있으며 자신들이 정확함을 대변한다고 함부로 말하지도 않아.

젊은 사람들 중에는 과학을 마치 종교처럼 맹신하는 이들이 있어. 물론 과거 중대한 과학적 발명들이 이러한 정신에서 나왔기 때문에 이것이 꼭 나쁘다고만은 할 수 없어. 그러나 사람의 인식은 아주 길고 긴 과정을 통해 이루어지는 것이고 과학자들도 때로는 실수를 저지를 수 있다는 거야. 네 이해를 돕기 위해 두 가지 이야기를 해줄게.

첫 번째 이야기는 호프만이 발명한 두 가지 약에 관한 거야. 첫 번째 약은 아스피린인데 100년이 지난 지금까지도 세계에서 가장 많이 사용되고 있는 약이야. 호프만이 아스피린을 발명하게 된 동기는 매우 단순해. 류머티즘을 앓고 있는 아버지의 고통을 줄여주기 위함이었지. 호프만의 발명 이전에 사람들은 진통제로 살리실산을 사용했는데 부작용이 너무 컸어. 이 부작용을 줄여서 만든 것이 아세틸살리실산 즉 아스피린이었어. 물론 부작용이 전혀 없는 것은 아니야. 아스피린이 위에 자극을 준다는 부작용 때문에 당시 호프만이 소속되어 있던 바이엘사에서는 이 약을 판매하지 않으려고 했어. 하지만 많은 의사들이 약의 효과가 아주 좋다고 평가한 덕분에 2년 뒤에 정식 판매될 수 있었지. 나중에 사람들은 아스피린이 혈소판 응집을 억제하는 작용을 해 급성 심근경색 등 심혈관 질환의 발병률을 낮춰준다는 사실을 알게 되었어. 그래서 오늘날까지도 매년 4만 톤 넘게 소비되고 있단다.

하지만 이렇게 엄청난 약을 발명하고도 그는 세상 사람들의 존경을 받지 못했을 뿐만 아니라 도의적인 책임을 짊어지고 고독하게 생을 마감해야 했어. 그 이유는 그가 우연히 헤로인이라는 약을 발명했기 때문이야. 호프만은 헤로인이 약효가 뛰어나지만 중독성은 약한 기침약으로 쓰이기를 바랐어. 당시 효과가 있는 기침약에는 중독성이 강한 모르핀이 섞여 있었기 때문에 인체에 굉장히 해로웠거든. 헤로인이 처음 발명되었을 때 사람들은 이 약의 부작용에 대해 크게 인식하지 못했고 중독성도 없다고 생각했어. 그래서 바이엘사에서는 이 약의 효과를 기대하며 아주 멋지고 웅장한 이름을 지어주었어. '헤로인'이라고 말이야. 너도 알다시피 헤로인은 영어의 히어로hero라는 단어와 비슷해. 실제로 이이름은 독일에서 영웅을 뜻하는 heroisch에서 따왔다고 해. 당시 어떤 중한 병이든 헤로인을 먹기만 하면 영웅이 된 것 같은 흥분을 느낄 수있다고 해서 붙여진 이름이었지.

얼마 후 헤로인은 모르핀을 대신해 기침약으로 만들어져 판매되기시작했어. 오늘날 우리는 헤로인이 모르핀보다 더 해로운 마약이라는걸 알아. 게다가 주사를 이용해 주입할 경우 단 두 번만에 중독될 수있다는 사실도 알게 되었지. 그럼 호프만과 바이엘사는 그 당시 이러한 위험을 정말 몰랐을까? 당시의 자료를 살펴보면 초기에는 정말 몰랐던것 같아. 실제로 헤로인과 모르핀은 성분뿐만 아니라 화학 성질과 생물학적 특징이 완전히 달랐어. 바이엘사는 헤로인의 동물 실험을 실시했는데 아무런 문제를 발견하지 못했다고 해. 게다가 당시의 시험 결과에따르면 헤로인의 약효는 모르핀보다 4~8배나 높았어. 그러니 효과는 뛰어나고 중독성은 낮은 약이라고 확신했던 것이지. 시장에 출시된 기침약은 헤로인 함량이 많지 않았기 때문에 처음에는 헤로인의 중독 문제를 발견하지 못했던 거야. 당시 환자들이 느낀 부작용은 약간의 어지러움이 전부였어. 그래서 의사들도 심각하게 받아들이지 않았지. 심지어 헤로인이 모든 병에 효과가 있다는 사실이 알려지면서 유럽 전역에 빠르게 보급되기 시작했어. 1910년 《브리태니커 백과사전》에는 헤로인이 인체에 무해한 진통제라고 적혀 있기도 해.

헤로인이 초기에 중독을 일으키지 않았던 건 경구용 제제였기 때문인 것으로 밝혀졌어. 약의 효과가 천천히 오랫동안 지속되어 강렬한 쾌감은 느끼지 못하고 온몸이 이완되는 느낌만 있었던 거야. 물론 나중에 헤로인이 모르핀보다 훨씬 더 치명적인 마약이라는 사실을 깨닫고 서둘러 금지했지만 이미 많은 사람들이 피해를 본 다음이었어.

호프만이 발명한 아스피린과 헤로인은 모두 선의의 목적에서 나온 결과물이야. 하지만 선의의 목적으로 시작했다고 해서 늘 좋은 결과가 있는 것은 아니란다. 이를 통해 사람들은 약품의 효과와 부작용을 확인하려면 오랜 시간 지켜봐야 한다는 사실을 알게 되었지. 당시 아스피린의 부작용과 헤로인의 무해함을 이야기한 사람 모두 과학자였어.

과학자들이 실수를 저지르는 이유는 주관적인 것도 있고 객관적인 것도 있어. 주관적인 이유는 자신의 학식에 한계가 있거나 이익에 눈이 멀어 잘못된 판단을 하기 때문이야. 과학자도 결국은 사람이니 은행원이

나 일반 회사원, 변호사, 시장 상인들과도 별반 다르지 않은 셈이지. 때로는 일이 상상한 것보다 훨씬 더 복잡해서 짧은 기간 안에 완전히 파악하는 것이 힘들기도 해. 이 점을 설명하기 위해 존스홉킨스대학교 동문의 이야기를 해줄게. 그 사람의 이름은 레이첼 카슨이야.

1962년 카슨은 세계 환경보호 정책에 관한 책인 《침묵의 봄》을 출간했어. 그녀는 책 속에서 DDT가 환경파괴에 미친 영향에 대해 설명했어. DDT는 일종의 살충제인데 덕분에 전 세계의 식량 생산량이 급격히 증가할 수 있었어. 게다가 모기 퇴치에 효과적이어서 말라리아 같은 무서운 질병도 없애주었지. DDT를 개발한 밀러는 1948년 노벨 생리학 및 의학상을 수상하기도 했어. 그때까지만 해도 세계는 DDT에 열광하고 있었지. 하지만 나중에 사람들은 DDT가 환경파괴를 일으키고 어류와 조류 심지어 인류에게도 심각한 피해를 준다는 사실을 발견하게 되었어. 《침묵의 봄》은 이와 관련된 이야기를 담고 있어. 이 책 덕분에 DDT에 대한 전 세계 사람들의 인식이 180도 바뀌게 되었고 세계 각지에서 DDT 사용을 금지하기 시작했어. 1980년대에 이르러 DDT는 역사적으로 완전히 퇴출되었지.

이야기는 여기서 끝이 아니야. DDT 사용을 중단하니 빈곤 국가에서 말라리아가 다시 들끓기 시작했어. 오늘날에도 아프리카 국가에서는 매년 1억 명 정도의 사람들이 말라리아에 걸리고 그중 100만 명이 사망한단다. 그런데 여전히 DDT를 대체할 만한 약품은 개발되지 않은 상태야. 그래서 일부에서는 DDT의 효과를 재평가하기 시작했고 2006년 WHO는 일부 아프리카 국가에 DDT 사용을 허가해 줬어. 이러한 과정에서 볼 수 있듯이 과학자들이 내린 결론이 언제나 정확한 건 아니야. 그건 사람들의 인식이 끊임없이 변하기 때문이기도 하지.

마지막으로 네게 하고 싶은 이야기는 절대 과학을 종교처럼 여기지 말라는 거야. 너는 이렇게 말하겠지.

"어떻게 그 둘을 혼돈할 수 있어요? 둘은 완전히 다르잖아요!"

사실 일부 과학자와 과학을 공부하는 학생들의 태도는 특정 종교에 빠진 광신도들과 다를 바가 없어. 그들에게서는 광신도의 세 가지 특징을 모두 발견할 수 있어. 첫 번째는 과학 결론에 대한 맹신이고, 두 번째는 자신이 과학에 대해 잘 안다고 다른 사람을 무시하는 도덕적 우월감이고, 세 번째는 유명한 책에 나오는 권위 있는 학자들의 결론을 무조건 믿는 태도야. 하지만 이러한 태도는 과학의 본질에서 한참 벗어나 있다는 걸 너도 잘 알 거야. 그러니 절대 이러한 태도에 물들지 말고 이성적인 회의론자이자 미지의 탐구자가 되기를 바랄게. 학업에 진전이 있기를 바란다.

아빠로부터

일상의 질문을 해결하는
과학적 방법

네가 과학적 방법을 잘 활용할 수 있게 된다면
과학 연구 뿐만 아니라 인생의 다른 문제들을
해결하는 데도 많은 도움이 될 거야.

명화는 학년이 올라가면서 교수님들의 연구 프로젝트에 참여하기 시작했고 내게 연구에 관해 몇 가지 내용을 질문했다. 이 편지는 명화의 질문에 대한 답을 적은 것이다.

멍화에게

지난번에 연구는 어떻게 하는 것이고 네가 연구를 하는 데 적합한지 알고 싶다고 했지? 이것은 워낙 광범위한 주제라 아빠가 아는 대로 몇 가지 생각을 전달하니 참고하기를 바란다. 네가 연구에 적합한 사람인지는 우선 연구를 좋아하는지 생각해 보고 다음으로 연구를 할 수 있는 능력이 있는지 봐야 한단다.

과학 연구에서 과학적 방법을 따르는 것은 그 어떤 노력보다 중요해. 인류 문명이 시작된 이래 열심히 노력하는 사람은 많았지만 과학적인 성과는 대부분 몇몇 사람들의 특별한 천재성과 우연에 기대어 나오게 되었어. 아르키메데스, 유클리드, 갈릴레이, 뉴턴 등 위대한 과학자들은 몇백 년에 겨우 한 명 나올 뿐이었지. 그러나 근대에 들어 과학은 굉장히 빠른 속도로 발전하고 있어. 이것은 분명 과학적 방법과 관련이 있다고 생각해.

초기 과학적 방법을 집대성한 사람은 데카르트였어. 고등학교 때 그의 해석기하학을 배우기 때문에 대부분의 학생들은 그를 수학자로만 알고 있어. 하지만 사실 그는 철학자이자 사상가로 세상에 더 많은 공헌을 했단다. 훗날 그가 정리한 과학적 방법으로 수많은 성과를 낼 수 있었거든.

　너도 예전에 그림을 그려봐서 알겠지만 그림을 그릴 때는 먼저 그리려는 대상을 제대로 인지해야 해. 과학 연구도 이와 마찬가지야. 데카르트 역시 인지의 중요성을 강조했어. 그는 밀랍 한 덩이를 예로 들었는데 밀랍을 눈으로 살펴보면 그것의 형태, 크기, 색깔을 알 수 있고 냄새를 맡아보면 꿀의 달콤함과 꽃의 향기를 느낄 수 있어. 그런 다음 불을 붙여보면(과거에는 밀랍을 양초로 사용했단다) 성질상의 변화를 자세히 볼 수 있지. 밀랍에 불이 붙어 빛을 내기 시작하고 융해되는 모든 과정을 연결지어야만 밀랍에 대한 추상적인 인식이 생겨나게 된단다. 이러한 추상적 인식은 상상력에 의해 만들어진 것이 아니라 밀랍에 대한 '인지'를 통해 얻어진 거야. 네가 어렸을 때 우리는 너를 데리고 세계 곳곳을 여행했단다. 여행을 다닌 가장 큰 목적은 네게 세상을 인지할 수 있도록 하기 위해서야. 네가 앞으로 연구를 하고 실험을 하는 것은 어떤 현상에 대해 인지해나가는 과정이라는 것을 기억하렴.

　물론 더욱 심층적인 지식은 인지를 통해서만은 발견할 수 없어. 이럴 때는 더욱 완전하고 체계적인 방법이 필요해. 데카르트는 과학적 연구방법을 네 단계로 정리했어.

　첫 번째 단계는 의문을 제기하는 거야. 자신이 확실히 이해하지 못한 진리는 그대로 받아들여서는 안 돼. 데카르트는 모든 것을 의심하라고 말했어. 다소 지나친 방법이라고 생각할 수도 있지만 그가 강조하려고 한 것은 권위와 권위적인 결론을 맹신하지 않아야 과학이 발전할 수 있다는 것이었어. 자신이 직접 연구해서 얻은 것이 아니거나 완전히 이해하지 못한 결론은 반드시 의심해 봐야 해. 현재의 결론에 대해 의심하다 보면 머릿속에 새로운 생각들이 형성되기 시작해. 이때 여러 가지 생각이나 가설이 떠오를 수 있겠지만 자신의 생각에 대해서는 쉽게 결론을 내려서는 안 돼.

두 번째 단계는 조심스럽게 증명해내는 거야. 데카르트는 '대담한 가설을 세우고 조심스럽게 증명하라'고 했어. 우리는 결론을 내리기 전에 충분히 연구하고 분석하며 종합하는 과정을 거쳐야 해. 이렇게 해야 확실한 결론을 얻을 수 있어. 사람들은 고작 한두 개의 현상만을 관찰하고 섣불리 결론을 내리기도 하는데 이런 식의 과학 연구는 금방 한계가 드러나기 마련이지. 이내 일부만 보고 전체를 평가했다는 사실을 발견하게 될 거야. 세계적으로 유명한 과학 잡지들도 매년 이미 게재했던 논문들을 다량으로 삭제하기도 하는데, 주된 원인은 논문을 쓴 사람들이 너무 섣불리 결론을 내렸기 때문이야.

세 번째 단계는 복잡한 문제를 여러 개의 간단한 작은 문제들로 나눠 연구하고 하나씩 해결해 나가는 거야. 이 작은 문제들은 쉬운 것부터 단계적으로 해결하고 하나를 해결할 때마다 종합해서 원래 해결하려던 문제가 해결되었는지 봐야 해. 데카르트 시대에는 작은 문제들을 통해 하나의 복잡한 문제를 해결하는 것이 그리 어렵지 않았어. 부분의 합은 곧 전체였으니까. 그런데 20세기 들어 인류가 직면한 문제는 점점 더 복잡해졌고 전체는 더 이상 부분의 합이 아닐 때가 많았어. 그래서 2차세계대전 이후에는 복잡한 문제를 전체적으로 살펴보는 '체계 이론'이라는 새로운 연구 방법이 생겨났단다. 아마 이 방법은 네가 직접 연구를 하는 과정에서 서서히 경험할 수 있을 거야.

네 번째 단계는 실험을 통해 얻은 결과를 합리적으로 해석하고 결론을 내리며 이러한 결론을 널리 알려 일반화하는 거야. 물론 한정된 경험을 통해 얻은 결론은 일반화 이후 새로운 문제나 설명할 수 없는 현상이 나타나기도 해. 이러한 문제들은 다시 앞의 과정에 따라 새롭게 연구를 진행해야 한단다. 연구 과정은 이렇게 계속 반복되는 것이지.

과학자가 하는 일의 본질은 문제를 발견해서 해결하는 것이고, 이러한 과정은 계속 새롭게 반복돼. 이때 어떤 과학자들은 자신이 발견하고 연구했던 문제들을 후대에 넘겨주어 계속 보완하고 완성해나가도록 하지. 과학에는 절대적으로 옳은 것이란 없어. 과학자의 일이란 어떤 단계에서의 진보를 의미할 뿐이야. 근대에 들어 과학자들은 의식적으로 위에서 이야기한 과학적 방법에 따라 연구를 했기 때문에 많은 성과를 낼 수 있었고 과학의 발전을 더 이상 한두 명의 천재에 의존하지 않을 수 있게 되었단다. 그러니 네가 과학적 방법을 잘 활용할 수 있게 된다면 과학 연구뿐만 아니라 인생의 다른 문제들을 해결하는 데도 많은 도움이 될 거라고 생각한다.

　과학 연구를 할 때 중요한 건 결론이 아니라 과정이야. 결론은 시간이 지나면 언젠가 바뀌기도 하고 잊히기도 하지만 연구 과정에서는 끊임없이 새로운 지식들이 발견될 수 있어. 연구 과정에서 새로운 문제를 발견하는 것은 문제를 해결하는 것보다 더 중요하단다. 문제를 발견할 줄 아는 과학자야말로 일류 과학자라고 할 수 있지.

　오늘날 여전히 많은 사람들이 과학은 한 치의 오차도 없이 정확한 것이라고 생각해. 하지만 이는 분명 잘못된 거야. 이러한 생각을 갖고 있는 사람들은 과학을 마치 종교처럼 여기는 경향이 있어. 종교에서 가장 강조하는 것은 믿음이야. 그들이 섬기는 신의 존재를 조금도 의심하지 않고 믿는 것이 바로 종교의 본질이지. 이와 달리 과학은 실증(옳다는 것을 증명하는 것)하거나 반증(거짓임을 증명하는 것)해낼 수 있어야 해.

　또한 문제를 제기한 사람이 어떤 분야의 권위 있는 인물이라고 해서 더 정확한 결론을 낼 수 있는 것도 아니야. 박사 학위를 가진 학자가 내놓은 명제도 실증되기 전에는 호기심 많은 어린 아이가 내놓은 명제와 다를 바 없단다. 실증 과정에서 유명한 경전을 인용하거나 권위 있는 논리를 내세우는 것도 무의미해. 아마 언론에서 이렇게 보도하는 것을 너도 본 적이 있을 거야.

　'백여 명의 과학자들이 트럼프 대통령의 결정에 반대하고 있다'

　이런 기사를 쓴 기자는 과학에 대한 이해가 부족한 사람이야. 그의 말속에 숨은 뜻은 과학자는 일반 사람들보다 정확하므로 백여 명이나 되는 과학자들이 공통된 생각을 갖고 있으니 그것은 진리나 마찬가지라는 거야. 그래서 그들의 생각과 대통령의 결정이 다르다면 잘못은 당연히 대통령에게 있다는 뜻이지. 그러나 사실 과학 앞에서 사람은 모두 평등해. 누가 옳고 누가 틀렸는지는 과학적인 방법으로 증명해야 해. 오늘날 사람들은 중세 말 스콜라 학파에 대해 이야기하며 그들이 얼마나 과학적이지 못했는지 비웃고는 해. 왜냐하면 당시 그들은 아리스토텔레스나 프톨레마이오스의 논리와 성경 구절을 근거로 삼았거든. 과학자들을 내세워 기사를 쓴 기자들도 스콜라 학자들과 크게 다를 바 없어. 그들은 아무리 권위 있는 사람의 말도 어떤 명제를 실증할 수 없다는 사실을 이해하지 못하는 거야.

마지막으로 과학은 실증뿐만 아니라 반증이 가능해야 해. 과학과 비과학은 어떤 문제를 경험을 통해 반증할 수 있냐에 따라 경계가 나뉘어. 반증 가능성을 이해하려면 반증할 수 없는 문제들이 무엇인지 알아보면 돼. 예를 들면 다음과 같은 것들이야.

첫 번째는 신의 존재야. 이 문제는 진위 여부를 검증할 길이 없어. 그래서 이것은 과학 문제가 아니라 종교 문제라고 할 수 있지.

두 번째는 언제나 옳은 결론이야(항진명제라고도 해.) 예를 들어 1+1=2는 과학이 아니라 하나의 정의야. 만약 1+1=3이라고 정의했었더라면 1+1=3은 옳은 것이 되는 거야.

세 번째는 모든 가능성을 나열하는 거야. 예를 들어 '내일은 비가 올 수 있고, 안 올 수도 있어'와 같은 말이야. 이 말은 어떻게 해도 옳기 때문에 반증할 수 없어.

네 번째는 명제가 틀렸다는 전제 하에 내리는 결론이야. 설령 결론이 사실이라고 해도 이러한 논증 방법은 과학적으로 아무 의미가 없어. 예를 들어 '해가 서쪽에서 뜨면 바닷물이 출렁일 것이다'라는 명제는 반증할 방법이 없어. 물론 실제로 논문에 이런 말을 적는 사람은 없겠지만 잘못된 전제를 사용하는 사람은 많단다.

그렇다면 왜 반증이 실증보다 중요할까? 우리는 어떤 현상에 대해 그것을 설명하는 이론을 찾을 수 있어. 마찬가지로 어떤 결론에 대해서도 이를 증명할 수 있는 예들을 쉽게 찾을 수 있단다. 하지만 자기일관성 있고 실증된 이론이나 스스로 발견했다고 생각하는 원인이 때로는 그저 합리적인 해석에 불과할 때가 있어. 더 많은 데이터를 얻고 조금 더 심도 있게 이해하다 보면 우리의 이론이 얼마나 허술한 것인지 알 수 있지. 작년에 경제학자가 쓴 책 한 권을 샀는데 독특한 관점으로 큰 인기를 끈 책이었어. 그러나 대부분의 관점은 학계에서 인정받지 못했어. 반증할 수 없다는 이유에서였지. 책에서는 뉴욕의 범죄율에 관한 예를 들었어.

1990년대 말에 뉴욕의 범죄율은 급격히 줄어들었어. 나도 뉴욕의 이러한 변화를 직접 경험했단다. 1996년 뉴욕에서 크리스마스를 보낼 때는 남자 어른 몇 명이서 밤거리를 돌아다니는 것조차 두려울 정도였어. 거리에는 온통 선정적인 가게들뿐이고 술집들도 대부분 옷을 벗고 춤을 추는 스트립 클럽이었단다. 도시 전체의 미관은 엉망이었고 벽에는 온통 낙서뿐이었지. 그런데 2000년 봄에 뉴욕에 머무를 때는 혼자서도 밤거리를 나서는 것이 두렵지 않았어. 도시는 깨끗했고 즐비했던 선정적인 술집과 가게들도 모두 정리가 되어 있었지. 심지어 낭만적인 분위기마저 흐르고 있었어. 불과 몇 년 사이에 이렇게 큰 변화가 나타나자 사람들은 원인을 분석하기 시작했어. 하지만 그 어떤 것도 사람들에게 완전히 인정을 받은 건 없었단다.

앞서 언급한 책에서는 이 문제에 대해 독특한 관점을 내놓았어. 1970년대부터 미국에서 낙태가 합법화되었기 때문에 사생아 수가 줄어 뉴욕의 범죄가 줄어들었다는 거야. 당시에는 결손 가정의 아이들이 범죄를 저지르는 경우가 아주 많았거든. 작가는 뉴욕의 사례가 자신의 이론을 증명했다고 말했어. 너는 그의 말에 일리가 있다고 생각하니? 이를 확인하기 위해서는 문제를 뒤집어 반증해 보면 된단다.

낙태의 효과는 최소한 한 세대는 지나야 알 수 있어. 고작 3년 반 만에 변화가 나타날 수는 없다고 생각해. 게다가 같은 기간 미국의 다른 도시의 범죄율은 크게 줄어들지 않고 뉴욕만 줄어들었으니 낙태가 주요한 원인이 될 수는 없어. 무엇보다 낙태 합법화 이후 미국에서 낙태율이 가장 높았던 시기는 1980~1995년이었고 이때 낙태율은 1970년대의 세 배에 달했어. 그러니 그의 이론에 따르면 2000년 이후 뉴욕의 범죄율을 다시 한번 크게 줄어들어야 하는데 그렇지 않았지.

이와 비슷한 또 다른 주장은 뉴욕에서 1996년 이후 곳곳에 감시카메라를 설치하기 시작했기 때문에 범죄자들이 감히 범죄를 저지르지 못했다는 거야. 이 주장은 듣고 보면 일리도 있고 자기일관성도 있지만 그 자체로 반증이 어려워. 만약 시간과 공간을 더 길고 넓게 잡으면 반증을 할 수도 있겠지.

시간에 관해 이야기하자면 뉴욕에서는 2001년 9.11 테러 이후 감시카메라를 대량 설치했는데 범죄율이 크게 줄어든 건 1994년의 일이야. 만약 위의 주장대로라면 2005년에는 9.11 테러 이전보다 훨씬 많은 수의 감시카메라가 있으니 범죄율이 크게 줄어들었어야 하지만 그 당시 범죄율은 크게 줄어들지 않았어. 공간에 관해 이야기하자면 시카고, 볼티모어, 세인트루이스 지역에도 감시카메라가 설치되었지만 치안이 좋아지기는커녕 더욱 악화되었어.

그나마 가장 설득력 있는 주장은 1994년에서 2001년까지 뉴욕의 시장이었던 루돌프 줄리아니가 범죄 단속과 도시 미화를 강력히 시행했기 때문이라는 것이었어. 과거 뉴욕에는 수많은 운전자를 골치 아프게 했던 문제가 있었는데 바로 아프리카계 남자들이 신호에 걸린 차에 달려들어 마음대로 세차를 해 놓고는 돈을 요구하는 것이었지. 이런 일은 감시카메라가 있든 없든 공공연하게 일어났어. 그러나 줄리아니 시장이

당선된 이후에는 이런 작은 범죄들도 가차 없이 처벌을 받았어. 벽에 낙서를 하던 사람들도 마찬가지였지. 줄리아니 시장은 거리의 매춘부와 매춘 조직을 단속했을 뿐만 아니라 심지어 공공장소에서의 흡연도 금지시켰어. 그러면서 뉴욕 사회의 분위기가 점점 좋아지기 시작했지.

너도 인터넷에서 뉴욕 범죄 지수를 조회해 보면 1994년 이후 큰 폭으로 줄어들다가 2001년부터는 오늘날의 수준을 유지하고 있다는 걸 볼 수 있을 거야. 또 뉴욕의 범죄율 순위는 1993년 이전까지는 내내 3위 안쪽을 기록하다가 2001년에는 16위까지 떨어졌고 그 이후 변화는 크지 않았어. 다시 말해 줄리아니 시장 이후 더 이상 눈에 띄는 발전이 없었던 걸 보면 뉴욕의 발전은 줄리아니 시장의 정책과 무관하지 않다는 걸 알 수 있지.

사람들은 때때로 잘못된 원인을 사실인 것처럼 믿을 때가 있어. 이런 현상은 과학 연구를 할 때뿐만 아니라 일상생활에서도 자주 나타나. 어쨌든 네가 앞으로 어떤 연구를 한다면 결과보다 과학적 방법이 더 중요하다는 사실을 잊지 않기를 바란다. 좋은 방법만 익혀도 성공확률은 훨씬 더 높아질 거야. 연구가 즐겁기를 바랄게!

아빠로부터

명화는 예전보다 연구에 흥미를 더 많이 갖게 되었다.

앞으로 연구를 계속 할지 산업계로 진출할지 잘 모르지만

대학원에 다니면서 자신이 학술 연구를 하는 데 적합한 사람인지,

계속 흥미를 가질 수 있는 일인지 알아보기로 했다.

비문학 명작에서
얻을 수 있는 것들

고전을 읽는다는 것은
과거의 훌륭한 현자들과 사상적으로 교류하는 것을 의미해.

반 년 전 명신의 학교 선생님과 독서 수준을 높이는 방법에 대해 토론한 적이 있다. 선생님은 명신이 평소에 어떤 책과 잡지를 읽는지 물었고 고등학교에 진학한 이후에는 고전들을 더 많이 읽을 수 있게 해달라고 부탁하셨다. 겨울 방학 때 명신은 내게 비문학 책들을 읽어야 하는 이유에 대해 물었다. 나는 이 질문에 대한 답을 다음 편지에 담았다.

멍신에게

오늘은 너와 독서에 관한 이야기를 나눠보려고 해. 2년 전 학교에서 네 선생님과 상담을 할 때 독서 문제에 관해 이야기를 나눈 적이 있어. 당시 아빠는 네게 비문학 책들을 읽게 할 필요가 있는지 물었고, 선생님은 아직 네가 어리니 흥미를 갖는 책을 읽게 하는 것이 좋을 것 같다고 말씀하셨어. 그래서 지난 2년 동안은 네가 좋아하는 소설을 마음껏 읽을 수 있도록 했단다. 덕분에 너는 책을 읽는 속도가 부쩍 빨라졌고 이해력도 높아졌지. 그리고 무엇보다 책을 읽는 행위 자체에 큰 흥미를 갖게 되었어. 최근에는 <애틀랜틱 먼슬리>, <포린 폴리시>, <이코노미스트> 등의 잡지도 읽기 시작하고, 스탠퍼드, MIT, 존스홉킨스대학교에서 발표하는 과학기술 리포트에도 큰 관심을 보이는 걸 보니 네가 소설을 읽으면서 좋은 독서 습관을 기른 것 같아 안심이구나. 그러나 소설과 몇몇 잡지를 읽는 것만으로는 충분하지 않아. 이제는 네가 비문학 명작들도 읽어야 할 때가 왔다고 생각해.

왜 비문학 명작을 읽어야 할까? 아빠 생각에는 지식을 쌓는 것 외에 다음과 같은 세 가지 이유 때문이야.

첫째, 언어능력과 이해력을 한 단계 더 높일 수 있어. 명작 혹은 고전은 시간의 검증을 받은 책들이야. 다시 말해 사상적, 문학적, 논리적으로 흠잡을 데가 없는 책이라는 의미지. 그러니 이런 책들을 많이 읽으면 언어능력이 상승하게 되고, 언어능력이 올라가면 다른 과목을 공부하는 데도 큰 도움이 될 거란다. 명작들의 표현 수준은 아주 높은 편이라 글쓰기를 할 때 본보기로 삼을 만해. 비문학 명작은 유명한 소설처럼 화려한 문체나 미사여구는 없지만 대신 중요한 문제를 다루고 있고, 관점을 서술하는 방식이 아주 훌륭하단다. 꾸준히 읽다 보면 문제를 분석하는 방법과 좋은 글을 쓰는 방법을 배울 수 있을 거야.

앞으로 네가 어떤 분야에서 일을 하게 될지 모르겠지만 어떤 일을 하든 반드시 그 분야의 전문가가 되어야 해. 전문가들은 짧은 이메일이든 공식적인 보고서든 글을 쓸 일이 많은데, 논리적이지도 않고 의미가 모호한 문장들로 가득 차 있어서는 안 되겠지? 만약 나중에 글을 쓴다면 기왕이면 유창하고 아름다우며 독자들의 기억에 오래 남을 수 있는 글을 쓰고 싶을 거야. 이를 위해서 가장 좋은 방법은 다른 사람들이 쓴 좋은 글들을 많이 읽는 거란다.

둘째, 명작은 지혜로 가득 차 있어. 이 세상에는 다양한 사람들만큼이나 다양한 관점이 존재해. 한 가지 일에 관해서도 수십 가지 다른 생각이 있을 수 있지. 그중에는 훌륭한 것도 있지만 해로운 생각들도 많단다.

역사적으로 존경을 받은 민족에게는 그들만의 지혜가 담긴 경전이 있어.《성경》, 공자와 맹자의 저서들,《손자병법》,《연방주의자 논집》 등이 대표적이지. 이처럼 경전에 나온 지혜로 가득 찬 관점들은 우리가 어떤 일을 하려고 할 때 좋은 본보기가 될 수 있어. 소설과 잡지만 읽어서는 이런 것들을 얻기 힘들어. 고전을 읽는다는 것은 과거의 훌륭한 현자들과 사상적으로 교류하는 것을 의미해. 그들이 네게 전해주는 지혜는 학교에서 선생님들이 가르쳐줄 수 있는 것보다 훨씬 크고 의미 있단다.

아빠는 젊었을 때 한동안 몸이 안 좋았었던 적이 있는데 그때 아주 우울한 시기를 보냈단다. 그때 아빠를 우울함으로부터 벗어날 수 있게 도와줬던 사람은 부모님도, 친구도, 선생님도 아닌 바로 니체와 베토벤이었어. 물론 그들을 직접 만날 수는 없었지만 니체가 쓴 책을 읽고 베토벤의 음악을 들으며 많은 위로를 받았어. 고전의 영향력은 이렇게 큰 것이란다.

셋째, 명작을 읽으면 사상을 체계적으로 이해할 수 있게 돼. 물론 시사 잡지의 문장 수준도 훌륭하지만 지면의 제한이 있기 때문에 자세한 설명 없이 관점에 대해서만 간략히 다룰 뿐이야. 자세한 배경 설명 없이 관점만 덩그러니 제시되어 있으면 완전한 지식 체계를 구축하기 힘들어. 더욱이 잡지사들은 서로 다른 관점들을 한데 모아놓고 토론할 수 있는 분위기를 형성하거나 가장 대표성을 띠는 관점을 골라 게재하곤 해. 이런 글들은 중립을 지키기 어렵고 반드시 어느 쪽으로든 치우치기 마련이야. 만약 네가 충분한 배경지식 없이 이런 글들을 읽는다면 일부만 보고 전체를 평가하는 우를 범하기 쉬워. 반면 훌륭한 책은 비교적 완전한 지식 체계를 갖추고 있단다.

아빠가 수학과 과학에 처음 흥미를 느끼게 된 건 조지 가모프의 저서 《1,2,3 그리고 무한》을 읽고 나서야. 당시 열 살밖에 되지 않았지만 그의 책은 수학을 전반적으로 이해하는 데 큰 도움이 되었어. 또한 스티븐 호킹의 《시간의 역사》를 읽고 최신 과학에 흥미를 갖게 되었고 우주대폭발 이론에 대해 이해할 수 있었어. 이러한 배경 지식을 쌓은 다음 관련 과학 잡지를 읽으니 내용을 더 깊이 이해할 수 있었단다. 만약 우주대폭발에 관해 전반적인 이해가 없는 상태에서 여러 가지 관점들을 접했다면 내 지식 체계는 완전해질 수도 없었을 것이고 심각한 편차가 생겼을 수도 있어.

그럼 이제 고전을 어떻게 읽으면 좋을지에 관해 이야기해 보자꾸나. 고전은 결코 읽기 쉬운 책이 아니야. 내용이 어렵고 난해한 표현들도 많기 때문에 절대 빨리 읽을 수도 없어. 읽는 시간이 길어지면 흥미를 잃기도 쉽지. 그러면 어떻게 해야 고전을 잘 읽을 수 있을까?

첫 번째 방법은 해당 고전을 소개한 글이나 간략히 정리해놓은 축약본을 먼저 읽고 내용을 이해한 다음 책을 읽는 거야. 너와 네 언니가 처음 읽은 명작은 집에 있는 20권짜리 세계 명작 축약본이었어. 그 책들은 20만 자 정도 되는 소설을 3만 자 정도로 간략히 축약해놓은 것이었는데 문체가 간결해서 너희들도 쉽게 읽었단다.

두 번째 방법은 책을 한 번 빠르게 훑으면서 대략적인 내용을 이해하고 중요한 내용은 따로 표시해두었다가 다시 한번 자세히 읽는 거야. 만약 한 번 훑어봤는데 흥미가 생기지 않으면 잠시 접어두고 다른 흥미 있는 책을 읽어도 좋아.

첫 번째 방법을 선택하든, 두 번째 방법을 선택하든 제대로 읽으려면 원작을 최소 두 번 이상 읽어보렴. 고전들은 그럴 만한 가치가 있단다.

집에 있는 하버드 필독서 중에는 문학작품이 2/3 정도 되고 그 외에 비문학 명작과 유명한 문장도 포함되어 있어. 이중에는 굉장히 난해한 작품도 있지만 가볍게 읽을 수 있는 작품도 있으니 너도 지금부터 읽어보면 좋을 것 같구나. 다음의 책들을 참고하렴.

- 벤자민 프랭클린 《프랭클린 자서전》
- 다윈 《비글호 항해기》
- 에드먼드 버크 문집
- 리처드 헨리 데이너 《2년 간의 선원생활》
- 플라톤 대화록 《에우티프론》, 《심판론》, 《크리톤》, 《파이돈》
- 《영어산문집》

이중 《프랭클린 자서전》과 플라톤의 대화록은 네가 당장 읽어도 무리가 없을 것 같아. 시간이 된다면 《베이컨 수필집》도 한번 읽어보기를 바란다. 또 지난번에 사다 준 가모프의 저서 《1,2,3 그리고 무한》과 스티븐 호킹의 《시간의 역사》도 꼭 읽어보렴. 네가 일 년에서 일 년 반 사이에 이 책들을 모두 읽을 수 있다면 정말 대단한 거야. 물론 이러한 책들 외에 문학 작품들도 꾸준히 읽어야 한단다.

네가 이 책들을 다 읽으면 함께 토론을 할 수 있겠구나. 나중에 대학에 가서 친구들과 책에 대한 생각을 같이 나눌 수도 있을 거야. 너의 발전을 기원한다!

아빠로부터

명신은 편지를 받고 《1,2,3 그리고 무한》과 《시간의 역사》를 읽었지만 큰 흥미를 느끼지는 못했다. 이후 《프랭클린 자서전》과 《베이컨 수필집》을 읽었는데 생각보다 금방 읽었고 얻은 것도 많았다고 했다.

수학의 진짜 쓸모

모든 수학 결론은 이미 알고 있는 조건으로
논리적으로 추론해 낸 결과야.
논리적 추론을 얼마나 잘할 수 있느냐는
수학뿐만 아니라 우리의 일과 일상에도 큰 영향을 미쳐.

2017년 11월, 멍신의 선생님들과 학부모 모임을 갖고 나서 멍신과 자세한 이야기를 나눌 틈도 없이 중국 출장을 떠나야 했다. 그래서 중국에 머무는 동안 멍신에게 편지를 썼다.

멍신에게

최근에 네 수학 성적이 떨어져 걱정이구나. 수학은 정말 중요한 과목이니 가능한 빨리 떨어진 성적을 만회할 수 있기를 바란다. 지난번 학부모 모임이 열린 날 선생님이 네게 수학이 왜 중요한지 물었었지? 그때 너는 수학 문제를 푸는 것 외에 별다른 중요성을 느끼는 것 같지 않았어. 그래서 오늘 너와 수학의 중요성에 대해 이야기를 나눠보려고 해.

학생 시절에는 누구나 수학을 배우지만 일단 학교를 졸업하고 나면 사칙연산을 제외하고는 대부분의 내용을 잊어버리게 돼. 그래서 많은 사람들이 수학이 어디에 쓸모가 있고, 왜 중요한 것인지 알지 못한다. 사실 수학을 배우지 않아도 돈 계산 정도만 할 줄 알면 먹고 사는 데 큰 문제는 없어. 그러나 수학은 분명 돈 계산보다 큰 의미가 있어.

아빠는 살면서 수학이 얼마나 유용한 것인지 자주 느낀단다. 만약 수학을 배우지 않았다면 나는 구글에서 일할 수 없었을 테고, 그러면 지금처럼 안정적인 직장도 없고 월급도 훨씬 적었을 거야. 아빠는 수학자는 아니지만 수학은 내게 아주 유용하단다. 그건 수학의 용도가 생각보다 광범위하기 때문이야. 수학을 배우면 좋은 이유는 다음과 같아.

첫째, 수학은 모든 자연과학의 기초이고, 경제학에서도 중요한 과목이란다. 1951년 왓슨과 크릭은 DNA의 이중나선 구조를 밝혀냈어. 이건 당시 전 세계적으로 수많은 과학자들이 밝혀내려고 애쓰던 이슈였어. 왓슨과 크릭은 상대적으로 늦게 연구를 시작했지만 대신 그들은 수학적 기초가 남들보다 탄탄했어. 다른 사람들은 X 광학회절 기구로 DNA 사진을 관찰한 다음 모형을 구축하려고 시도했지만 그들은 먼저 DNA의 공간 모형을 상상한 다음 실험 데이터로 확인했어. 전자가 장인들의 방법이라면 후자는 수학자의 방법이라고 할 수 있어. 덕분에 후발주자였던 왓슨과 크릭은 많은 사람들을 제치고 가장 먼저 DNA의 이중나선 구조를 밝혀낼 수 있었어.

이처럼 수학 지식, 특히 수학적 사고는 다양한 연구를 하는 데 꼭 필요한 능력이란다. 물리학, 생리학, 의학, 경제학 노벨상 수상자들을 살펴보면 수학과 직접적으로 관련된 일을 했던 사람들이 많아. 예를 들어 1979년 하운스필드와 코맥이 CT컴퓨터단층촬영 검사법을 개발해 노벨 의학 및 생리학상을 수상한 것처럼 말이야.

《수학의 아름다움》은 아빠가 구글에 있을 때 쓴 책인데 구글 등 IT 회사의 기술 뒤에 숨어있는 수학의 원리를 소개한 책이란다. 사실 책을 쓸 때는 과연 수학에 관한 이야기를 사람들이 얼마나 읽을까 생각했는데 놀랍게도 이 책은 베스트셀러가 되었어. 많은 사람들이 책을 읽고 수학이 정말 여러 분야에 활용된다는 사실을 깨닫게 되었다고 하더구나. 오늘날 세계적으로 가장 성공한 헤지펀드인 르네상스 테크놀로지는 수학자와 물리학자가 창립한 회사야. 창립자인 짐 사이먼스는 뉴욕 주립대학교 수학과의 학과장이었고 유명한 미분기하학 전문가야. 르네상스 테크놀로지 직원들은 모두 수학 또는 물리학을 공부한 사람들로 구성되어 있어. 펀드 회사지만 금융을 공부한 사람은 아무도 없단다. 이처럼 수학은 여러 분야에서 뛰어난 성과를 낼 수 있는 좋은 도구야. 수학을 공부한 사람 중에 수학자가 되는 사람은 많지 않아. 대부분 수학을 도구로 다양한 일들을 한단다.

둘째, 중학교에 진학한 이후 수학을 배우는 주된 목적은 논리적 추론 능력을 기르기 위해서야. 논리적 추론은 수학의 기초란다. 일상에서도 추론하여 판단하거나 이미 알고 있는 조건을 바탕으로 합리적인 결론을 내려야 할 때가 종종 있어. 많은 학생들이 단지 좋은 성적을 받기 위해 수학을 공부해. 그러다 보니 문제 풀이 요령이나 공식 암기에만 집중할 뿐 문제에 숨어있는 논리는 간과하게 돼. 그러면 점점 수학을 배우는 목적에서 멀어지게 되는 거야. 문제 풀이 요령을 익히는 것도 하나의 방법이기는 하지만 이 요령을 적용할 수 없는 문제가 나오면 풀지 못하게 돼. 이때 수준 낮은 선생님은 학생들에게 문제를 무조건 많이 풀게 해서 모든 요령을 익히도록 하고, 수준 높은 선생님은 학생들에게 논리적으로 사고하는 능력을 키워준단다. 수학을 배울 때 이해력, 논리력, 기초 지식의 균형을 이룰 수 있다면 적은 노력으로 훨씬 더 많은 성과를 낼 수 있을 거야.

아빠가 왜 항상 교과서를 읽게 하고 공식을 도출해 보라고 하는지 이해할 수 없었을 거야. 학교에서 이미 선생님과 공부한 내용을 다시 한 번 살펴보라니 시간 낭비처럼 느껴질 수도 있어. 아빠는 네가 이러한 방식을 통해 논리적 추론 방법을 익힐 수 있기를 바라는 마음에서 그러는 거란다.

셋째, 수학을 배우면 독해 능력도 기를 수 있어. 아빠가 그동안 지켜보니 네가 문제를 자주 틀리는 이유 중 하나는 문제를 잘못 해석하거나 이해하지 못해서야. 문제를 한 번만 더 읽었어도 틀리지 않을 수 있는데 말이야. 사실 이건 너뿐만 아니라 많은 학생들에게 나타나는 문제란다. 이 문제는 수학 지식이 부족해서가 아니라 이해력이 부족해서 생기는 거야. 수학 문제 중에 난제라고 하는 것들은 대부분 문제 풀이에 필요한 조건들을 직접 서술하지 않고 숨겨 놓은 것들이야. 이해력이 높은 사람은 표면의 내용만 보고도 심층적인 것까지 파악할 수 있단다. 예를 들어 문제에 정삼각형이라고 나왔다면 여기에는 어떤 의미가 담겨 있을까? 모든 변의 길이가 동일하다는 것, 모든 각이 60도라는 것, 삼각형 내부의 어떤 지점에서 세 변까지의 거리의 합이 모두 동일하다는 것, 높이는 변의 길이의 $\sqrt{3}/2$라는 것 등 이미 많은 정보들을 알려준 셈이야. 겉으로 드러난 문자만 보고 그것의 진짜 의미를 이해하는 능력은 수학에서뿐만 아니라 일상생활과 일을 할 때도 유용하단다.

이제 수학을 잘하는 방법에 대해 이야기해 보자. 너무 많은 문제를 풀어야 하거나 많은 시간을 투자하지 않아도 수학을 잘할 수 있는 방법은 다음과 같아.

첫 번째는 앞에서도 말했듯이 이해력을 높여야 해. 수학을 잘하려면 책의 내용을 이해하고 문제의 의미를 파악할 수 있는 기본적인 이해력이 필요한데 사람들은 이를 간과할 때가 많아.

두 번째는 비교적 완전한 수학 지식 체계를 구축하는 거야. 너희가 학교에서 배우는 내용은 대부분 이 체계 안에 들어가. 문제를 이해할 수 있게 되면 그 다음으로 해야 할 일은 기본적인 수학 지식을 갖추었는지를 확인하는 거야. 만약 피타고라스의 정리를 모르는 상태에서 직각삼각형의 양 변을 제시하고 세 번째 변을 구하라고 하면 아무리 계산해도 답을 구하지 못할 거야. 어떤 사람들은 수학을 배우는 것을 단순히 수학적 지식을 배우는 것으로 이해하고 있어. 그런데 이러한 지식에 체계가 없으면 문제가 조금만 어려워져도 풀 수 없게 돼. 대부분의 미국 중학교에서는 기본적인 수학 지식 교육에 조금 소홀한 편이야. 아빠의 책을 읽은 독자 중에 스탠퍼드대학교에서 박사과정을 밟고 있는 사람이 있는데 그가 조교를 맡고 있는 반 학생 중 1/5이 $\sin 90°$가 얼마인지 몰라 교수님께 질문한다고 해. 그 교수님은 프랑스에서 대학을 나온 분이라 그런 질문이 나올 때마다 비꼬면서 이렇게 말한대.

"대체 너희는 스탠퍼드에 어떻게 들어온 거니?"

왜냐하면 프랑스 학생들에게 이 문제는 기본적인 수학 상식이기 때문이야. 스탠퍼드 학생들이 이 정도이니 다른 대학 학생들의 수준은 더욱 심각할 거라 생각해. 반면 다른 나라 학생들의 수준은 이것보다 훨씬 더 높단다. 그러니 미국 고등학교에서 요구하는 기본적인 수학 지식을 갖춘 것만으로 만족해서는 안 돼.

세 번째는 논리를 잘 이용하는 거야. 모든 수학 결론은 이미 알고 있는 조건으로 논리적으로 추론해 낸 결과야. 논리적 추론을 얼마나 잘할 수 있느냐는 수학뿐만 아니라 우리의 일과 일상에도 큰 영향을 미쳐. 여기서 다시 한번 우리가 왜 수학을 배워야 하는지 기억하기 바란다.

비록 아빠는 미국 중학교에서 수학을 배워본 적은 없지만 수학을 공부하는 방식은 어디나 비슷할 거라 생각한다. 수학을 배우는 과정은 길고 지루할 수 있어. 그러나 적절한 방법만 찾는다면 언어를 배우는 것보다 빨리 성과가 있을 거야. 그러니 조급하게 생각하지 말고 천천히 공부하렴. 꾸준히만 한다면 몇 달 후 네 노력의 결과를 확인할 수 있을 거야.

아빠로부터

대학에서는 무엇을 배워야 할까

하지만 훌륭한 교수님들의 수업을 듣고 그들의
문제 해결 방법을 배울 수 있다면 앞으로 네가
어떤 공부를 하든, 어떤 일을 하든 큰 도움이 될 거란다.

명화는 편지에서 두 가지 소식을 전했다. 첫 번째는 고등학교 AP대학예비과정 과정 7과목의 점수를 MIT 학점으로 전환하는데 성공했기 때문에 MIT에서 7과목을 덜 이수해도 된다는 것이었고, 두 번째는 1학년 때 필요한 학점을 모두 채워서 2학년에 조기 진학할 수 있게 되었다는 것이었다. MIT에서는 2학년 때 자신의 전공을 선택할 수 있도록 규정해 놓고 명화는 컴퓨터 과학을 선택했다. 이 편지는 명화의 두 가지 소식에 대한 생각을 적은 것이다.

멍화에게

네가 고등학교 AP 학점을 전환했다는 것과 2학년으로 조기 진학하게 되었다는 소식을 듣고 아빠와 엄마는 무척 기뻤단다. 그럼 이제 전공을 선택할 수 있겠구나. 이미 컴퓨터 과학으로 결정했다고 했지? 조금 갑작스러운 소식이지만 네가 좋아하는 분야고, 스스로도 충분히 고민해 봤을 테니 우리는 네 결정을 지지한다.

아빠는 줄곧 학부 전공은 크게 중요하지 않다고 생각해왔어. 학부에서 수학을 공부한 사람이라고 해서 졸업 후에 모두 수학자나 교수가 되는 건 아니고, 마찬가지로 학부에서 공학을 전공한 사람들이 대학원에 진학해 의학, 경영, 법률 등을 전공하는 경우도 많단다. 아빠가 생각하기에 학부에서 우리가 배워야 할 것은 다음과 같은 세 가지야.

첫 번째는 평생 활용할 수 있는 과학 상식과 인문학적 소양이야. 이것은 나중에 어떤 전공을 공부하든, 어떤 일에 종사하든 네게 큰 도움이될 거야. 많은 학생들이 대학에 입학하고 나면 대학 진학에 성공했다는 안도감에 적당히 성적을 받고 학점을 채워 졸업하면 그만이라고 생각해. 하지만 그러면 과학 상식과 인문학적 소양을 쌓을 수 있는 소중한 시간을 잃게 돼.

두 번째는 문제 해결 능력과 자기 학습 능력을 키우는 거야. 우리는 오늘날 뉴턴이 살던 때와는 완전히 다른 시대를 살고 있어. 기술이 발달하고 지식은 날마다 새로워지고 있으며 직업도 빠르게 변하고 있어. 이제 사람들은 평생 한 가지 일만 하며 살지 않아. 연구도 마찬가지지. 그래서 젊은이들에게 자기 학습 능력은 굉장히 중요해. 나중에 사회에 나가 일을 하면서 맞닥뜨리게 될 미지의 문제들을 해결하는 방법은 대학에서 미리 배워둬야 해. 지난번에 네가 MIT에서는 학생들이 강의를 선택할 때 강의의 구체적인 내용보다는 어떤 교수님이 강의를 하는지를 더 중요하게 생각한다고 했지? 심지어 성적이 잘 안 나올걸 알면서도 수준 높은 교수님을 선택한다고 말이야. 이런 분위기는 아주 긍정적이라고 생각해. MIT 같은 대학에서는 각 분야에서 내로라하는 권위 있는 교수님들을 많이 만날 수 있기 때문이야. 그런 교수님들의 강의를 들으면서 그들의 사고방식과 문제 해결 방식을 배울 수 있다면 인생에 정말 큰 도움이 될 거야. 아빠의 경험에 따르면 대학에서 배운 지식들은 평생 활용하지 못하는 것들이 더 많아. 하지만 훌륭한 교수님들의 수업을 듣고 그들의 문제 해결 방법을 배울 수 있다면 앞으로 네가 어떤 공부를 하든, 어떤 일을 하든 큰 도움이 될 거란다.

세 번째는 협력하는 정신을 기르는 거야. 오늘날 협력의 중요성은 그 어느 때보다 강조되고 있어. 고등학교 때도 과제나 연구를 할 때 친구들과 협력을 하기도 하지만 진정한 협력의 정신은 대학교에서 배울 수 있단다. 협력 정신은 학교에서 친구들과 함께 프로젝트를 진행할 때, 실험실에서 같은 조 사람들과 실험할 때, 그리고 친구와 숙제를 같이 하며 토론할 때 발휘할 수 있어. 한쪽에서는 자신의 생각을 공유하고, 다른 한쪽에서는 자신에게 필요한 지식을 습득하며 상부상조하는 것이지. 나중에 대학을 졸업하고 나서도 가장 친하게 지내는 친구는 숙제를 같이 한 친구라는 말도 있어. 내 생각을 다른 친구와 공유하고, 다른 친구들도 내 지식의 원천이 될 수 있다고 믿는다면 이러한 교류를 통해 지식뿐만 아니라 값진 우정도 얻을 수 있단다.

다시 전공 선택에 관한 이야기로 돌아오면, 어떤 대학이든 졸업을 하기 위해서는 반드시 한 가지 전공을 선택해야 해. 내가 너라면 어떤 전공이 있는지 다시 한번 자세히 훑어볼 거야. MIT 같은 대학은 다른 주립대학이나 사립대학보다 우위에 있고 전공 선택의 폭도 넓은 편이야. 게다가 2학년이 끝날 때까지 전공 선택을 보류할 수도 있어. 이제 막 고등학교를 졸업하고 아무것도 모르는 신입생들에게 전공을 선택하라고 하는 것보다 훨씬 좋은 방법이지. 정보 이론의 관점에서 보면 힘든 결정일수록 정보의 손실이 있기 마련이야. 그러니 결정을 미루는 것이 꼭 나쁜 것만은 아니란다. 결정을 미뤄서 좋은 점은 다양한 학과를 이해하고 경험하면서 시야를 넓히고 흥미를 찾을 수 있다는 거야. 또한 나중에 전공을 바꾸느라 들어가는 비용과 시간을 아낄 수도 있지.

그러나 현실에서는 대부분의 학생들이 자신의 상황과 주변의 조건에 따라 곧장 결정 내리기를 좋아해. 이것도 꼭 나쁜 것만은 아니야. 전공을 일찍 선택해서 좋은 점도 있으니까. 전공을 미리 결정해두면 강의를 선택하거나 실험실에서 연구를 하기에 훨씬 수월해지지. 네가 이미 컴퓨터 과학으로 전공을 결정했다고 하니 이제부터는 앞으로 네가 이 분야에서 일을 한다는 전제하에 이야기를 할게.

만약 앞으로 컴퓨터 과학과 관련된 일에 종사할 계획이라면 아마 평생 이 분야의 지식을 공부해야 할 거야. 기왕 평생 공부할 거라면 대학을 다니는 동안에는 인문학 강의를 더 많이 들어보라고 권유하고 싶구나. 내 말이 조금 이상하게 들릴 수도 있어. 왜 전공인 컴퓨터 과학이 아니라 인문학 강의를 들으라는 걸까? 이유는 간단해. 네가 학교를 졸업하고 나서 인문학 관련 일에 종사하지 않는 한 일류 교수님들의 인문학 강의를 들을 수 있는 기회는 많지 않기 때문이야. 몇 달 전 MIT의 인문예술 및 사회과학원 원장님을 만나서 이야기를 나누다가 MIT가 이 분야에 있어서도 최고의 권위를 자랑한다는 사실을 알게 되었어. 그러니네가 대학에 다니는 동안 인문학 분야 최고의 교수님들의 강의를 들을 수 있는 기회를 놓치지 않기를 바라. 이러한 강의를 들으면 인문학적 소양이 높아질 뿐만 아니라 더 넓은 시야를 가질 수 있어 나중에 컴퓨터 과학을 연구하는 데도 도움이 많이 될 거란다.

컴퓨터와 관련해 어떤 과목들을 공부해야 할지에 관해서는 비록 아빠가 이 분야에서 20년 넘게 연구하고 일했지만 너에게 너무 많은 조언은 하지 않으려고 해. 네가 네 관심사와 흥미에 따라 일을 잘 해내리라는 믿음도 있고, 무엇보다 지도 교수님들께서 많은 도움을 주실 테니 말이야. 그러나 컴퓨터 과학의 현황과 미래에 대한 몇 가지 생각은 너와 꼭 공유하고 싶구나.

먼저 앞으로 몇십 년 동안 컴퓨터 과학은 굉장히 유망한 산업이 될 거야. 현재 인류는 4차 산업혁명이라는 중요한 길목에 서 있어. 그동안 증기기관을 핵심으로 한 1차 산업혁명, 전기를 핵심으로 한 2차 산업혁명, 컴퓨터를 핵심으로 한 3차 정보혁명을 거쳤고 이제 빅데이터와 인공지능을 핵심으로 한 스마트혁명을 앞두고 있단다. 얼마 전 구글의 알파고가 천재 바둑 기사 이세돌 9단과 겨뤄 승리를 거뒀어. 인공지능 시대가 성큼 다가왔다는 것을 알 수 있게 해준 사건이었지. 앞으로 거의 모든 산업이 인공지능으로 말미암아 변화하면서 수많은 사람들이 기존의 일자리를 잃게 될 거야. 하지만 이러한 상황은 인공지능 기계를 개발하는 사람들에게는 큰 기회가 될 거야. MIT는 미국에서 가장 먼저 인공지능 연구를 시작한 학교야. MIT의 컴퓨터 과학 및 인공지능 연구소인 CSAIL에는 세계 일류의 전문가들이 인류의 생활을 바꿔줄 중대한 발명을 하고 있어. 그래서 네가 받을 교육에 대해서는 걱정이 없단다.

다음으로 네게 알려주고 싶은 것은 인공지능은 사람의 지능과 본질적으로 다르다는 거야. 컴퓨터는 빅데이터와 컴퓨팅 기술로 지능 문제를 해결해. 예를 들면 알파고 같은 경우 실제로 바둑을 둘 수 있는 능력이 있는 것이 아니라 컴퓨팅 기술을 이용하는 것이지. 물론 알파고의 컴퓨팅은 수십만 번의 대국 데이터를 전제로 한 거란다. 지난 20년 동안은 데이터를 많이 수집하면 할수록 컴퓨터를 더 똑똑하게 만들 수 있었어. 하지만 앞으로는 얼마나 많은 정보를 가지고 있는가가 아닌 어떻게 분류하고 활용하는가가 관건이 될 거야. 그러니 너도 나중에 기회가 된다면 통계학 학위를 따는 것도 고려해 보렴. 앞으로는 훌륭한 컴퓨터 과학자나 엔지니어가 되려면 통계학과 데이터 처리방법을 잘 알아야 하거든.

마지막으로 하고 싶은 이야기는 비록 컴퓨터 과학이 과학의 범주 안에 속하기는 하지만 수학, 물리학, 화학과는 큰 차이가 있어. 그래서 컴퓨터 과학 지식을 습득하려면 실천이 아주 중요하단다. 선 마이크로시스템의 창업자 빌 조이Bill Joy는 최고의 컴퓨터 과학자 중 한 사람이고 혼자서 Solaris 운영체계의 원형을 만들었어. 조이는 미시간대학교에서 컴퓨터를 공부할 때 매일 실험실에서 프로그램을 만들었다고 해. 거의 매일 실험실에서 밤을 새고 해가 뜨기 시작할 무렵이 되어서야 기숙사로 돌아갔지. 물론 너더러 밤을 새라고 말하는 건 아니야. 다만 그를 통해 컴퓨터 과학을 공부하는 사람에게 실천이 얼마나 중요한지 생각해 봤으면 해.

한동안 공부를 해 보고 여전히 컴퓨터 과학이라는 전공에 흥미가 있고 내용을 이해하는 데 어려움이 없다면 계속 이 전공을 공부해도 괜

찾을 것 같구나. 하지만 생각이 바뀐다고 해도 아무 문제 없어. 그때는 네가 좋아하는 전공을 다시 찾으면 돼. 다행히 MIT에서는 이런 면에서 학생들에게 큰 자유를 주는 편이란다. 앞으로는 어떤 산업이든 생명주기가 인류의 수명보다 훨씬 짧아질 것이고, 그래서 한 사람이 여러 전공을 갖는 것도 아주 정상적인 일이 될 거야. 네가 뛰어난 학습 능력과 문제 해결 능력을 갖추고 있다면 어떤 분야에서 일을 하든 훌륭하게 해낼 거야. 아빠는 너를 믿는단다.

편지를 마치기 전에 한 가지 좋은 소식을 전해줄게. 네가 아빠의 새 책 《흐름의 정점》을 위해 디자인해 준 표지가 출판사의 허가를 받았단다. 아빠와 엄마는 너의 예술적 재능을 무척 자랑스러워하고 있어. 멍신도 아주 기뻐하고 있단다. 공부도 좋지만 건강도 잘 챙기렴.

아빠로부터

효과적인
과학 논문을 쓰는 방법

우리는 상황에 따라 그에 맞는 언어를 사용해야 해.

멍화는 내 책 《수학의 아름다움》의 영문 번역 작업에 함께 참여했다. 번역을 하면서 우리는 전공 논문이나 전공 서적을 쓰는 방법에 대해 이야기를 나눴고 특별히 일반적인 책을 쓸 때와 방법이 어떻게 다른지 알아봤다.

멍화에게

 먼저《수학의 아름다움》번역을 도와줘서 고맙다는 말을 하고 싶구나. 지난번에 이 책과 전공 논문이 어떻게 다른지 물었는데 그때 다른 일을 하느라 제대로 대답을 못한 것 같아 오늘 이렇게 편지를 쓴다. 앞으로 논문을 쓰거나 연구 보고서를 쓸 때 참고하면 도움이 될 거야.

 우선 네 글솜씨는 워낙 훌륭하고 깔끔해서 글을 쓴다면 아빠보다 훨씬 더 멋진 글을 쓸 수 있을 거야. 이번에《수학의 아름다움》의 번역을 도와준 것도 결과에 아주 만족한단다. 하지만 전공 논문을 쓸 때는 특별한 기교가 몇 가지 필요해. 이러한 기교를 익힌다면 논문을 빨리 쓸 수 있을 뿐만 아니라 사람들이 쉽게 이해할 수 있는 논문을 쓸 수 있어. 사실 아빠는 2002년 이후로는 논문을 쓴 적이 없지만 대신 잡지에 글을 꾸준히 게재해왔고 다행히 그동안 논문을 쓰는 방식에 큰 변화가 없어 네게 이와 관련된 이야기를 해줄 수 있을 것 같구나.

 우리는 상황에 따라 그에 맞는 언어를 사용해야 해. 과학 논문을 쓸 때도 마찬가지로 과학 논문에 어울리는 언어를 사용해야 한단다. 그것은 규범에 맞는 문어체여야 하고, 비유나 과장된 형용사가 많아서도 안 돼. 그래야 사람들에게 논문의 내용을 정확하게 전달할 수 있기 때문이야. 물론 이것 때문에 과학 논문이 딱딱하고 무미건조하게 느껴질 수도 있지만 흥미보다는 정확성이 더 중요하기 때문에 어쩔 수 없단다. 논문은 일반적인 글과 달리 단어나 문장보다 구조가 더 중요해. 전반적인 구조가 이상하면 문체가 아무리 아름다워도 소용없어. 그래서 나중에 책을 쓰게 된다면 언어적으로는 훨씬 수월할 거야.

언어적인 것 외에 논문을 쓸 때 중요한 것은 어떤 것을 쓰고, 어떤 것을 쓰지 말아야 할지 정확히 구분하는 거야. 또 주어진 분량에 따라 어떤 것은 걷어내고 어떤 것은 반드시 써야 하는지도 구분할 수 있어야해. 구체적으로 과학 논문에 분명히 써야 할 내용은 다음과 같은 네가지가 있어.

첫째, 문제 제기와 기존 연구에 대한 개괄이야. 만약 네게 3분의 발표 시간이 주어진다면 이 부분에 1분 정도를 할애해야 해. 오늘날 99%의 연구는 N+1의 형태로 이루어져 있어. 네가 아무리 네 연구의 중요성을 강조해도 그것은 N+1에 불과하단다. 다시 말해 오늘날에는 기존에 누군가 연구한 것에서 새로운 문제를 발견해 그것을 해결한 것만으로도 충분히 의미가 있다는 거야. 그래서 N+1에 관한 논문을 쓸 때는 N부분을 명확히 설명해야 해. 그래야 사람들이 기존 연구자가 완성하지 못한 '+1'의 내용이 어디에서 비롯되었는지 알 수 있지.

지인 중에 종종 아빠에게 논문 수정을 부탁하는 사람들이 있어. 그들이 부탁을 하는 주된 이유는 영어를 수정하기 위해서지만 논문을 살펴보다 보면 구조에 심각한 문제가 있는 것들도 많단다. 대부분 논문을 쓰면서 정확한 배경을 설명하지 않고 자신이 연구한 내용만 달랑 써 놓은 것들이었는데, 그러면 읽는 사람은 왜 이 연구를 하는 건지 이해하기 힘들고 기존에 연구를 했던 사람들은 자신의 업적이 기록되지 않아 기분이 상하게 돼.

둘째, 자신이 하는 일을 통해 얻고자 하는 결론은 논문의 영혼과도 같은 거야. 물론 결론을 검증하기 위해서 어떤 일들을 했는지 명확히 기록해야 하지만 이때 너무 장황하게 설명을 해서도 안 돼. 인문학 논문의 경우 문헌이나 데이터에서 증거를 찾고, 증거가 가설을 뒷받침하여 논리가 성립하도록 하면 돼. 그러나 과학 논문의 경우 믿을 만한 실험결과가 필요할 뿐만 아니라 실험의 설계와 조건이 규범에 부합하고 합리적이어야 해. 그리고 가장 중요한 것은 실험 결과가 계속 동일해야지 몇몇 좋은 결과만을 추려 일반화시키면 안 돼. 일부 성과에만 급급한학자 중에는 획기적인 결과를 만들어내려고 몇몇 좋지 않은 실험 결과를 삭제하기도 하는데 이것은 엄연한 사기 행위야.

한 가지 더 강조하고 싶은 것은 논문의 결론은 전제인 가설과 연구작업의 자연스러운 결과여야 한다는 거야. 어떤 논문들은 그들이 제시한 전제와 연구를 통해 얻고자 했던 결론이 어긋나기도 하는데 그러면 아무리 글을 훌륭하게 썼다고 해도 심사를 통과하지 못할 거야.

셋째, 좋은 연구 논문에는 자신의 결론뿐만 아니라 자신의 연구와 관련 연구를 비교한 내용도 있어야 해. 대부분의 연구가 N+1의 형태라면 우리는 N+1이 N보다 한 단계 발전했다는 것을 설명하기 위해 우선 N의 연구를 반복해야 해. 실험 결과가 모두 동일해야 한다는 것도 바로 이러한 이유에서야. 훌륭한 지도 교수는 학생이 어떤 연구를 할 때 기존 실험을 반복하는 것에서부터 시작하도록 해. 나중에 논문을 쓸 때 결론 부분의 처음은 기존 연구자의 가장 성공한 실험 결과를 적어야 해. 그런 다음 네 실험 결과에 대한 소개를 적고 나중에는 둘을 비교한 결과를 적어야 한단다.

넷째, 실험에 사용하는 데이터는 가급적 다른 동료들도 쉽게 얻을 수 있는 것이어야 해. 과학 연구에서 비교는 매우 중요하단다. 사람들에게 공평하게 비교할 수 있는 기회를 주기 위해 각 연구 분야마다 데이터, 재료, 도구 등을 공유하기도 하는데 이는 공동의 자산이기도 해. 사람들은 연구를 할 때 이러한 공동 자산을 통해 검증하고 비교해. 그래야 오렌지와 사과를 비교하는 것이 아니라 공평하게 오렌지와 오렌지를 비교할 수 있어.

만약 데이터를 외부에서 구하지 못해 스스로 만들었다면 누군가 그것을 요청했을 때 제공해줄 수도 있어야 해. 때로는 동료에게 객관적으로 비교할 수 있는 데이터를 준비해 주는 것도 굉장히 의미 있는 일이 될 수 있어.

이는 꼭 과학 논문에 한정되는 이야기는 아니란다. 비자연과학 논문에서 사용하는 데이터 역시 다른 사람들이 접근할 수 있는 것이어야 해. 예를 들면 경제학 논문에 세계은행, 미국 중앙 정보국, 미국 통계국의 데이터를 사용하는 거야. 《흐름의 정점》을 쓸 때 각 회사의 경영 상황에 대한 분석 자료가 필요했는데 이때도 <워싱턴포스트>에 실린 2차 데이터가 아니라 미국증권거래위원회SEC의 데이터를 사용했단다.

우리가 기존 연구를 바탕으로 새로운 성과를 얻었다면, N+1 다음에는 N+2도 나올 수 있어. 그래서 논문의 말미에는 자신이 완성하지 못한 연구에 대한 설명이나 현재 연구 중인 내용에 대해 설명해 놓는 것이 좋아. 그래야 완벽한 논문이 완성될 수 있단다.

논문을 쓰는 과정을 살펴보니 중국에서 과거에 사용되었던 팔고문

八股文, 명·청 시대에 과거시험 답안용으로 채택된 특별한 형식의 문체로 주로 형식적이고 무미건조한 글을 가리킬 때 사용한다이 떠오르는구나. 학계에서는 규칙을 매우 중요하게 생각하는데 이러한 규칙을 모두 지켜 글을 쓰면 팔고문이 될 수밖에 없단다. 위에서 이야기한 규칙에 따라 논문을 쓰면 네 논문도 팔고문이 되겠지만 최소한 모든 요구는 만족할 수 있을 거야.

반면 과학 논문을 쓸 때 절대 해서는 안 되는 일들도 있어.

첫째, 허풍을 떠는 거야. 즉 자신의 연구의 중요성을 지나치게 강조하는 것이지. 이런 방법은 논문 심사에 전혀 도움이 되지 않아. 일부 학자들은 연구를 통해 자신이 엄청난 문제를 해결했고, 세상을 변화시켰다

는 등의 내용을 논문에 적기도 하는데 설령 내용이 사실이라고 해도 굳이 언급하지 않아도 되는 것들이야. 연구를 훌륭히 마쳐놓고도 논문을 이렇게 써버리면 독자들은 어디까지가 그의 진짜 업적이고 어디까지가 허풍인지 구분하지 못하게 돼. 과학 논문은 신문기사가 아니므로 너무 극적으로 표현할 필요는 없어. 발명과 발견이 얼마나 중요한지는 애써 강조하지 않아도 결과를 보면 명확히 알 수 있는 법이야. 쓸데없는 허풍과 과장은 부작용을 일으키기 쉽다는 걸 기억하렴. 이건 사실 논문을 쓸 때도 그렇지만 직장에서 보고서를 쓸 때도 마찬가지란다.

둘째, 기존 연구를 폄하하는 거야. 어떤 사람들은 자신의 수준이 얼마나 높은지 강조하기 위해 기존 연구를 지적하고 폄하하기도 해. 하지만 논문을 심사하는 사람이 바로 그 대상일 수도 있다는 사실을 알아야 해. 설령 기존 연구자보다 훨씬 더 뛰어난 성과를 거두었다고 해도 자신을 추켜세우기 위해 상대를 폄하해서는 안 돼. 논문에 무엇을 써야 할지 정했다면 기존에 통과한 논문들은 어떻게 쓰였는지 자세히 살펴보렴. 이는 과학적 방법과도 밀접한 관련이 있는 거란다.

셋째, 꼭 필요하지 않고 설명하려면 장황한 내용은 빼도 좋아. 자칫하면 독자들을 혼란스럽게 할 수 있기 때문이야. 한 가지 내용을 정확히 서술하고, 명확한 결론을 언급하는 것만으로도 훌륭한 논문이 될 수 있어.

마지막으로 주의해야 할 점은 다른 사람의 데이터와 관점을 논문에 사용할 경우 출처를 분명히 표시해야 한다는 것과, 연구와 논문 작성에 도움을 준 사람에게는 반드시 감사를 표시해야 한다는 거야. 이것까지 완벽히 마쳐야 논문이 완성되는 거란다. 아빠의 경험이 네 연구에 도움이 되기를 바란다. 공부가 잘 되기를 바라!

아빠로부터

한 단계 높은 배움을
이어가고 싶다면

물론 아빠는 네 선택을 존중한단다.
다만 네가 또 다른 환경에서 더 다양한 사람들을
만나봤으면 하는 바람에서 하는 이야기야.

멍화에게

얼마 전 네가 편지를 보내 전공과 대학원 선택에 대해 물었지? 오늘 아빠의 생각을 이야기해 주려고 해. 하지만 이 일에 관해서는 지도 교수님께도 조언을 구하렴. 학교에서 오랜 기간 학생들을 지도해오셨으니 아빠보다 훨씬 더 잘 아실 거야. 먼저 대학원은 학부 대학과 다른 곳에서 다니는 것이 좋을 것 같아.

그렇게 생각하는 첫 번째 이유는 학교를 두 곳 다니면 더 많은 동문들을 사귈 수 있기 때문이야. 그만큼 인적 네트워크가 넓어지는 거지. 예전에 네게 하버드대학교에서 통계학 학위를 더 받았으면 좋겠다고 말했을 때 너는 너무 번거로울 것 같다고 대답했어. 물론 아빠는 네 선택을 존중한단다. 학과 면에서는 MIT가 하버드보다 낫다는 걸 알고 있어. 다만 네가 또 다른 환경에서 더 다양한 사람들을 만나봤으면 하는 바람에서 하는 이야기야. 대학원을 다니기로 결정했으니 지금이 학교를 옮길 수 있는 좋은 기회이기도 하고 말이야.

두 번째는 단일성을 피할 수 있기 때문이야. 중국에 있을 때 느낀 바로는 학부부터 석사, 박사 과정을 한 학교에서 마치고 같은 학교에서 교수가 되면 이런 현상이 더 두드러지게 나타났어. 특히 좋은 학교일수록 더 그런 것 같아. 칭화대학교에는 '삼청단'이라는 말이 있어. 칭화대에서 학사, 석사, 박사 학위를 취득하고 그곳에서 교수를 하는 사람들을 지칭하는 말이지. 물론 학교와 학생들도 이렇게 하는 데는 나름대로의 이유가 있을 거야. 학교의 경우 외부 학생보다 본교생이 수준이 높다는 생각에 본교생들을 위주로 뽑는 것일 테고, 학생의 경우 계속 명성이 높은 학교에 남아 있고 싶어서겠지? 이러한 방식은 당장은 자신에게 이익이 될지는 모르지만 멀리 보면 손해가 될 수 있단다.

학술 수준을 높이려면 많은 교류가 필요한데 학술대회를 열거나 논문을 게재하는 것도 좋지만 무엇보다 인적 교류가 가장 좋거든. 미국에서는 한 대학에 여러 대학 출신 교수님들이 모여 있는 경우가 많아. 연구를 하려는 사람들도 여러 대학에서 다양한 교수법과 연구 방식을 경험해 보고 싶어 한단다.

세 번째는 학사 과정이 훌륭한 학교와 석박사 과정이 훌륭한 학교가 일치하지는 않기 때문이야. 오히려 그렇지 않은 학교가 더 많아. 미국의 대학 중에는 학부 교육을 더 중시하는 학교들이 있어. 프린스턴과 브라운대학교가 대표적이지. 하지만 스탠퍼드와 캘리포니아대학교 버클리 캠퍼스처럼 석박사 과정을 더 중시하는 학교들도 많아. 그래서 단계에 따라 학교를 바꿔주는 것도 필요해.

전공을 선택하는 방법에 대해서도 물었지? 그건 네 흥미에 따라 결정하면 좋을 것 같아. 그래야 공부가 아무리 힘들어도 후회하지 않을 수 있어. 인기 없는 전공을 선택하면 나중에 일자리를 구하기 힘들지 않겠냐고 걱정하기도 했는데, 그런 걱정은 하지 않아도 된단다. 그 이유는 첫째, 이미 컴퓨터 과학 전공을 선택했기 때문에 관련 분야에서 계속 공부를 하면 나중에 일자리를 구하지 못해 걱정할 일은 없을 거야.

둘째, 구글 혹은 마이크로소프트 같은 대기업에서는 네가 박사과정 때 무엇을 전공했는지 크게 신경 쓰지 않을 수도 있어. 왜냐하면 네가 컴퓨터 시스템을 전공했든 컴퓨터 그래픽을 전공했든 박사과정을 졸업했다는 것만으로 연구 능력을 충분히 갖췄다는 것이 증명되기 때문이야. 나중에 회사에서 어떤 새로운 프로젝트를 연구할지 모르지만 그들은 이러한 연구 능력이 있으면 새로운 분야에 빠르게 적응할 수 있다고 생각해.

셋째, 만약 네가 학교에 계속 남아 있을 생각이라면 세부 전공을 신중하게 선택해야 해. 같은 컴퓨터 과학이라도 대학에서 시스템을 연구하는 교수가 필요하다면 기계를 전공한 사람은 뽑지 않을 테니 말이야. 하지만 5년 후에 어떤 산업이 가장 인기가 있을지는 아무도 예측할 수 없어. 만약 10년 전에 자신을 인공지능 박사라고 소개했다면 학계에서 일자리를 구하기 힘들었을 거야. 하지만 지금은 가장 인기 있는 분야가 되었지. 그래서 대략 판단하고 넓게 공부하는 노력이 필요해. 그래야만 조금이라도 더 넓은 학계에 발을 들일 수 있을 테니까.

그럼 학교와 교수님 중에 무엇이 더 중요할까? 아빠의 경험에 따르면 전공이 대략 정해지고 나면 그때부터는 학교보다는 교수님을 봐야 해. 본과 때 무조건 학교를 보고 선택하는 것과는 완전히 상반되지. 왜 교수님이 중요할까? 그건 훌륭한 교수님을 만나야 학계에 빨리 자리를 잡을 수 있고, 일자리를 구하는 데도 많은 도움을 받을 수 있기 때문이야. 미국, 유럽, 일본 학계에서는 그 사람의 스승이 누구인지를 중요하게 생각하는 편이야. 20세기 초 유럽에는 닐스 보어가 이끄는 코펜하겐 학파가 있었어. 여기에는 보어 외에 하이젠베르크, 보른 등 물리학의 대가들이 포함되어 있었지. 이들은 노벨상을 수상했을 뿐만 아니라 평생 아인슈타인과 경쟁하며 물리학의 발전을 이끌었어.

그럼 학파는 왜 있어야 하는 걸까? 과학 연구는 매우 어렵고 힘든 과정이어서 0부터 N까지 완성하기 위해서는 연구를 이어 받아 계속할 사람들이 필요해. 그래서 한 무리의 사람들이 학파를 형성하게 되는 거지. 그들에게는 정신적 지도자가 반드시 필요해. 보어가 양자역학을 이끌었던 것처럼 말이야. 아빠가 연구했던 언어식별과 자연언어 분야에서는 젤리넥 교수가 바로 우리의 정신적 지도자였어. 아빠가 학계에서든 산업계에서든 줄곧 승승장구할 수 있었던 건 공인된 정신적 지도자가 뒤에 있었기 때문일 수도 있어. 구글에서 함께 일한 노빅 박사, 리카이푸 박사, 오크 박사도 젤리넥 교수를 따르는 사람들이었어. 그래서 젤리넥 교수님 이야기가 나올 때면 그들은 내게 '너의 스승'이라며 나를 인정해 주었지. 비록 같은 학교 출신은 아니지만 같은 분야를 연구하고 같은 정신적 지도자를 따르면 모두 한 학파라고 생각해. 이건 아주 중요한 문제란다.

훌륭한 교수님을 만나면 박사 과정 때 논문을 쓰면서도 도움을 많이 받을 수 있어. 박사는 석사와는 확연히 달라. 석사는 어떤 분야의 지식과 기술을 익히고 앞으로 관련 일을 할 수 있을 정도만 되면 그만이지만 박사에게는 과학기술 발전에 공헌할 수 있는 정도의 수준을 요구해. 다시 말해 앞서 다른 사람들이 연구하지 않은 분야에서 성과를 내야 한다는 거야. 여기에는 큰 문제가 하나 있어. 남들이 하지 못한 일을 내가 해내야 한다는 것이지. 그것도 아주 짧은 시간 안에 말이야. 젊은 학자가 자신의 노력만으로 학계의 인정을 받는다는 건 굉장한 시간과 노력이 필요한 일일 뿐만 아니라 거의 불가능한 일이기도 해. 그래서 지도 교수님이 필요한 거야. 결국 박사 과정은 스스로 완성해야 하는 일이지만 지도 교수님이 있다면 시행착오를 줄이고 시간을 절약할 수 있단다.

그러니 앞으로 석박사 과정을 밟을 때 학교 순위보다는 내 전공 분야에서 가장 유명한 교수님이 어디에 계신지 잘 살펴봐야 해. 훌륭한 교수님과 실험실 혹은 연구 센터를 알아보는 방법은 다음과 같아.

첫째, 학술대회에서 발표하는 논문과 실험실 소개를 보면 대략 그들의 수준을 알 수 있게 돼. 물론 지도 교수님께 도움을 청하는 방법도 있단다. 이러한 방법으로 후보 명단을 작성해 보는 것도 좋아.

둘째, 마음에 드는 교수님을 발견하면 직접 연락해 그의 팀에서 함께 연구하고 싶고 실험실을 참관하고 싶다고 하면 대부분 환영해줄 거야. 그런 다음 찾아가 교수님, 학생들과 이야기를 나누면서 그들을 살펴보는 거야. 졸업까지는 얼마나 오래 걸리는지, 그동안 어떤 일들을 해야 하는지 등을 말이야. 또 장학금이 필요 없다고 해도 우선은 장학금을 제공하는 교수님을 찾아가 보렴. 돈 때문이 아니라 연구 경비와 장학금이 넉넉하다는 건 그 교수님의 수준이 높고 연구 분야의 전망이 밝다는 의미이기도 하거든. 또 궁금한 것이 있으면 언제든 연락하렴.

건강 잘 챙겨라.

아빠로부터

삶의 문제에 직면한 너에게

스물일곱 번째 편지
신은 바보 같은 사람을 더 좋아한다

바보 같아 보여도 원칙을 지키며 묵묵하게 행동하는 것이 가장 빨리 가는 길이 기도 하다. 어떤 일은 사소한 실수가 엄청난 손실로 이어지기도 하므로 조금 더 더뎌도 확실한 방법을 택하고, 얕은수를 써서 더 많은 이익을 얻기 위해 욕심내 지 말 것.

스물여덟 번째 편지
과학은 계속 발전하므로 절대적인 진리는 없다

한 사람이 세상을 인식하는 과정을 과학이라고 한다면 세상에 대한 인식이 깊 어질수록 앞서 인식했던 것들은 의미가 퇴색할 수밖에 없다. 그래서 진정한 과 학자는 세상과 세상의 법칙에 대해 늘 경외감을 갖고 있으며 자신들이 정확함 을 대변한다고 함부로 말하지도 않는다.

스물아홉 번째 편지
과학 연구를 할 때 중요한 건 결론이 아니라 과정이다

결론은 시간이 지나면 언젠가 바뀌기도 하고 잊히기도 하지만 연구 과정에서 는 끊임없이 새로운 지식들이 발견될 수 있다. 연구 과정에서 새로운 문제를 발 견하는 것은 문제를 해결하는 것보다 더 중요하다.

서른 번째 편지
비문학 명작을 읽어야 하는 이유

· 언어능력과 이해력을 한 단계 더 높일 수 있다. 시간의 검증을 받은 책들이
  므로 문제를 분석하는 방법과 좋은 글을 쓰는 방법을 배울 수 있다.
· 명작은 지혜로 가득 차 있다. 고전을 읽는다는 것은 과거의 훌륭한 현자들
  과 사상적으로 교류하는 것을 의미한다.
· 사상을 체계적으로 이해할 수 있게 된다.

서른한 번째 편지
수학이 중요한 이유

· 수학은 모든 자연과학의 기초이며 경제학에서도 중요한 과목이므로, 여러
  분야에서 뛰어난 성과를 낼 수 있는 좋은 도구다.
· 수학을 배우는 진짜 목적은 논리적 추론 능력을 기르기 위함이다.
· 수학을 배우면 독해 능력도 기를 수 있다. 겉으로 드러난 문자만 보고 그것
  의 진짜 의미를 이해하는 능력은 수학에서뿐만 아니라 일상생활과 일을 할
  때도 유용하다.

서른두 번째 편지
대학에서 배워야 하는 것들

· 나중에 어떤 전공을 공부하든, 어떤 일에 종사하든 큰 도움이 될 과학 상식
  과 인문학적 소양.
· 문제 해결 능력과 자기 학습 능력.
· 협력하는 정신.

서른세 번째 편지
효과적인 과학 논문을 쓰는 방법

· 과학 논문을 쓸 때는 과학 논문에 어울리는 언어를 사용해야 한다. 우선 규범에 맞는 문어체여야 하고, 논문의 진실성을 전달하기 위해 비유나 과장된 형용사는 최소화한다.

· 논문은 일반적인 글과 달리 단어나 문장보다는 구조가 더 중요하므로, 전반적인 구조가 이상하면 문체가 아무리 아름다워도 소용없다. 언어적인 것 외에 어떤 것을 쓰고, 어떤 것을 쓰지 말아야 할지 정확히 구분하는 것 역시 중요하다.

· 주어진 분량에 따라 어떤 것은 걷어내고 어떤 것은 반드시 써야 하는지도 구분할 수 있어야 한다.

서른네 번째 편지
대학원을 선택하는 기준과 전공의 선택

대학원은 학부 대학과 다른 곳에서 다니는 것을 추천한다. 다른 학교에 진학하면 인적 네트워크를 넓힐 수 있고, 여러 대학의 특징과 관점을 받아들일 수 있으며 대학원에 더욱 특화된 학교를 선택할 수 있기 때문이다.

그리고 전공을 선택할 때는 흥미에 따라서 결정하되 전공이 대략 정해지고 나면 그때부터는 학교보다는 교수님을 보고 선택하는 것을 추천한다.

"세상에는 우리 뜻대로 되지 않는 일들이 아주 많아. 그런데 단순히 운이 나빴다고 생각했던 일들이 계속 반복된다면 그건 그 일을 하는 방법에 문제가 있을 가능성이 크단다. 그럴 때는 기존의 생각에서 벗어나 더 나은 방법을 찾을 수 있어야 해. 이것은 일종의 기술이자 인생을 적극적으로 살아가는 태도야."

6장
·········

일을 대하는 태도

유능한 사람이
되고 싶은 너에게

서른다섯 번째 편지

일을 시작하기 전에
성공확률을 계산하지 말 것

아빠는 네가 너무 많이 고민하지 않고
하고 싶은 일을 했으면 좋겠구나.

명화는 MIT에서 3+2년의 학·석사 통합과정을 신청했는데 아직 진로를 고민 중이다. 만약 학교에 계속 남아 교수가 되려면 박사 과정까지 들어야 하므로 학·석사 통합과정을 따로 신청할 필요가 없고, 또 한편으로는 박사 과정까지 다 마쳤는데 그때 가서 다른 일을 한다는 것도 효율이 떨어지는 일이다. 명화는 이런 문제로 고민이 되는 모양이었다. 게다가 앞으로 무엇을 해야 할지 명확한 계획이 없고, 잘못된 길을 선택했다가 시간을 낭비하는 건 아닌지 걱정하고 있었다.

명화에게

　최근 박사 과정을 들어야 하는지에 관한 문제로 고민이 많은 것 같구나. 앞으로 2년을 어떻게 보내야 할지 결정하는 일이니 고민이 될 법도 해. 하지만 아빠는 네가 너무 많이 고민하지 말고 하고 싶은 일을 했으면 좋겠구나. 대학을 다니는 동안 만큼은 네가 하고 싶은 일을 마음껏 해봐야 하거든.

　요즘 사람들은 월급이나 명성에 따라 자신이 해야 할 일을 결정하는 것 같아. 계속 공부를 할지 말지를 결정하는 이유도 더 나은 직업을 갖기 위해서거나, 2년이라도 먼저 돈을 벌기 위해서인 경우가 많아. 아주 소수의 사람만이 자신이 정말로 좋아서 하는 일을 하고 있지. 그런데 자기가 어떤 일을 정말로 좋아하는지 안 좋아하는지 알아보려면 젊었을 때 다양하게 시도해봐야 해. 단순히 눈앞의 이익 때문에 평생 해야 할 일을 결정하는 것은 옳지 않단다.

　20년 전, 아빠가 미국에 오기 직전에 읽은 이야기가 있는데 지금까지도 잊히지 않는구나. 오늘 네게 그 이야기를 들려줄게.

　한 젊은이가 자신의 꿈을 찾아 집을 떠나기로 결심했어. 길을 떠나기 전에 그는 현자를 찾아가 조언을 구했어. 현자는 그에게 세 통의 편지를 건네주며 말했어. 첫 번째 편지는 목적지에 도착하면 열어보고, 두 번째 편지는 절대 극복하지 못할 것 같은 난관을 만나면 열어보고, 세 번째 편지는 인생이 한가해지면 열어보라고 말이야. 젊은이는 편지를 들고 자신이 하고 싶은 일을 찾아 떠났어. 얼마 후 외국의 한 도시에 도착해 첫 번째 편지를 열어보았어. 편지에는 이렇게 적혀 있었어.

'앞으로 계속 걸어가 도전하세요'

그는 앞만 보고 걸어갔어. 하지만 그의 앞에는 여러 난관들이 기다리고 있었단다. 인생 경험이 많지 않으니 배움의 길도 순조롭지 않았지. 여러 번 실패도 경험했고 사람들의 비웃음을 사기도 했어. 그러다가 더는 버티기 힘든 순간이 왔어. 포기하고 싶은 마음이 간절했던 그때 현자의 편지가 생각났어. 두 번째 편지에는 이렇게 적혀 있었단다.

'낙담하지 말고 계속 도전하세요'

그는 힘들지만 한 걸음 한 걸음 앞으로 계속 걸어갔어. 그리고 마침내 자신의 길을 찾았어. 몇 년 후 그는 성공한 유명인사가 되었지. 젊은이는 더 이상 젊지 않았어. 그는 자신이 걸어온 길을 천천히 되돌아봤어. 그 길에는 성공의 기쁨도 있었지만 실패의 아픔도 있었지. 많은 것을 얻었지만 그만큼 대가도 컸어. 그는 자신이 맞는 길을 걸어온 건지 알 수 없었어. 그러다 문득 현자의 편지가 생각났어. 그동안 너무 바쁘게 지내느라 그의 편지를 잊고 있었던 거야. 그는 수십 년 전 현자가 어떤 말을 남겼을까 궁금해하며 세 번째 편지를 열어보았어. 거기에는 이렇게 적혀 있었어.

'이것이 당신의 운명이니 후회하지 마세요'

사실 아빠도 가끔 이런 생각을 해. 만약 내가 인생을 다시 살 수 있다면 지금과 똑같은 길을 선택했을까 하고 말이야. 이런 생각을 여러 번 해 봤지만 늘 결말은 지금과 똑같았어. 물론 지금까지 살면서 얻은 것이 많은 만큼 잃은 것도 많지만 어떤 결과든 그대로 받아들여야 해. 현자의 세 번째 편지에 쓰여 있었던 내용이 바로 이런 거란다.

어떤 결정을 내리기 전에는 철저히 준비하고 심사숙고하는 것이 맞아. 하지만 일단 하기로 마음먹은 일이라면 망설이거나 주저함이 없어야 해. 많은 일을 달성하고 나서 돌이켜보면 사실 그 일을 시작할 당시의 성공확률은 5% 정도거나 더 낮단다. 그러니 만약 어떤 일을 하기 전에 성공확률을 따진다면 어떤 일도 시작할 수 없어. 노력하면 그래도 희망이 있지만 포기해버리면 희망은 영원히 사라진단다.

늘 건강하기를 바란다!

아빠로부터

명화는 MIT에서 석사 과정을 마치고
박사 과정 때는 학교를 옮기기로 결정했다.

전문가와 아마추어의 차이

나이도에 상관없이 무슨 일이든
자유자재로 할 수 있는 것이 전문가란다.

2017년 여름 우리 가족은 잘츠부르크에서 열리는 여러 거장의 음악회를 관람했다. 이 편지는 잘츠부르크에서 미국으로 돌아오면서 명신에게 쓴 것이다. 편지에서 언급한 미츠코 우치다는 세계적인 피아니스트로, 14세에 무지크페라인에서 첫 리사이틀을 열고 20세에 베토벤 콩쿠르의 우승을 거머쥐었으며 이듬해 쇼팽 콩쿠르에서 2등을 차지하며 젊은 나이에 세계적인 피아노 솔로이스트로 자리매김했다.

이 편지는 쓰고 나서 몇 달 뒤에 명신에게 전달했다. 당시 나는 중국 출장 중이었고 명신은 골프 대회에 참가한 뒤였는데 성적이 좋지 않아 의기소침해 있다는 소식을 들었다.

멍신에게

이번 여름 방학 때 골프 실력이 많이 늘었지만 완전히 네 실력이 되지는 못한 것 같구나. 너는 특히 쉬워 보이는 공을 대충 치는 경향이 있는데 이것이 습관이 되면 더 이상 실력이 늘지 않는단다. 그러니 앞으로는 연습을 오래하는 것보다는 한 개라도 차분한 마음으로 치는 연습을 해 보렴. 오늘은 너와 어떤 일을 전문적으로 하는 전문가와 취미로 하는 아마추어의 차이점에 대해 알아보려고 해.

여름에 오스트리아에 가서 수많은 거장의 음악회를 봤잖니. 그중 미츠코 우치다의 공연을 기억하는지 모르겠구나. 그녀의 연주는 마치 천상의 음악 같았어. 미츠코 우치다는 모차르트, 베토벤, 슈베르트, 슈만 등 고전주의와 낭만주의 작품에 정통하고 연주 기법과 음악에 대한 이해가 아주 남다르단다. 그날 그녀의 독주회에서 첫 번째로 연주한 곡은 피아노 소나타 16번이었는데 이 곡의 부제는 단순한 소나타라는 의미의 'Sonata Facile'야. 이 곡은 네가 2년 전에 피아노시험 7급을 준비하면서 연습했을 정도로 쉽고 간단한 곡이란다.

하지만 같은 곡이어도 네 연주와 미츠코 우치다의 연주가 얼마나 큰 차이가 있는지 너도 그때 느꼈을 거야. 모차르트의 피아노 소나타 16번은 피아노시험 7급에 합격할 수준이면 누구나 연주할 수 있는 곡이지만 미츠코 우치다의 연주는 완전히 달랐어. 마치 누구나 계란볶음밥을 만들 수는 있지만 일류 요리사의 맛과 보통 사람의 맛에 큰 차이가 있는 것과 같은 것이지. 이것이 바로 전문가와 아마추어의 차이란다.

물론 그녀가 선보인 슈만의 고난이도 소나타 역시 훌륭했어. 사람들 모두 홀린 듯 빠져들었지. 그러나 그날 그녀의 연주가 감명 깊었던 것은 누구나 쉽게 칠 수 있는 단순한 곡을 화려하고 감동적인 음악으로 바꾸어 놓았기 때문이야. 비싸고 좋은 식재료로 맛있는 음식을 만드는 것은 어렵지 않지만 보잘것없는 감자채로 훌륭한 요리를 만들어낸다는 것은 결코 쉬운 일이 아냐. 그러니 대가라고 하는 사람들은 어떤 일에서든 일류의 수준을 보여주는 사람들인 거야. 어떤 사람들은 너무 단순한 일은 자신의 수준에 맞지 않는다며 아예 하지 않으려고 해. 그런 사람들은 절대 일류가 될 수 없어. 난이도에 상관없이 무슨 일이든 자유자재로 할 수 있는 것이 전문가란다.

그럼 이제 네 골프 이야기로 돌아와 보자. 골프는 네가 좋아해서 하는 일이니 아빠는 네가 조금 더 노력했으면 좋겠구나. 네가 프로 선수가 될 생각은 없다는 거 알아. 하지만 취미라고 해도 한번 시작한 일은 제대로 해야 하지 않겠니? 이 과정에서 여러 가지 문제를 직면하겠지만 문제를 해결해나가는 과정을 통해 너 역시 성장할 수 있단다.

골프에서 프로와 아마추어의 차이는 공을 얼마나 잘 치느냐가 아니야. 아마추어도 프로만큼 공을 잘 칠 수는 있지만 세 개 중 한두 개는 나쁜 공이 나올 수 있다는 것이지. 공이 물에 빠지거나 공을 잃어버리는 실수를 만회하려면 몇 번을 더 쳐야 할 때도 있어. 당연히 성적이 좋지 않을 뿐만 아니라 안정적이지도 않아. 반면에 프로 선수들은 성적이 훨씬 안정적이야. 예전에 네 코치 제프와 함께 필드에 나간 적이 있는데 몇 홀에서는 나도 제프 코치만큼 잘 칠 수 있었어. 하지만 그와 내가 다른 점은 그는 모든 홀을 다 잘 친다는 거야. 역시 US오픈에 참가했던 프로 선수다웠지.

그가 골프를 잘 치는 또 다른 이유는 자신의 감정을 잘 조절하기 때문이야. 한번 공을 잘못 쳤다고 해서 상심해서 게임 전체를 망치지도 않고, 잘 쳤다고 해서 의기양양하지도 않아. 아마추어 선수들은 공을 한번 잘못 치면 뒤에 계속 영향을 받고, 공을 한번 잘 치면 어깨가 으쓱해서는 그 다음부터 신중함을 잃기도 해. 나도 그렇고 대부분의 아마추어 골퍼들이 이런 문제를 갖고 있단다. 너도 마찬가지야.

또 한 가지 특별히 강조하고 싶은 점은 제프 코치 같은 프로들은 보기에 쉽게 칠 수 있는 공들도 굉장히 신중하게 친다는 거야. 미츠코 우치다가 쉽고 단순한 곡을 멋지게 연주해내는 것과 같은 거란다. 제프는 골프를 잘 치려면 수준에 맞는 레슨을 받는 것도 중요하지만 프로 선수의 방식을 따라야 한다고 말했어. 즉 전문가 수준으로 연습을 해야 한다는 것이지.

어떤 분야든 전문가와 아마추어가 있어. 가장 큰 차이는 제프 코치의 사례에서 볼 수 있는 몇 가지 특징들이야. 예전에 존스홉킨스와 스탠퍼드 대학교의 교수님들과 함께 명의와 일반 의사의 차이점에 대해 이야기를 나눈 적이 있어. 그들이 했던 이야기도 비슷했어. 명의와 일반 의사의 차이는 병을 잘 고치냐 못 고치냐가 아니라고 해. 불치병은 아무리 명의라고 해도 고칠 수 없지. 대신 명의의 경우 치료 효과를 예측할 수 있을 만큼 의술이 안정적이고, 아주 작은 징후까지 가볍게 보지 않기 때문에 환자들이 더 안심할 수 있어. 의사뿐만 아니라 훌륭한 변호사와 회계사 역시 이런 특징을 지니고 있어.

전문가들이 어떻게 일을 하고, 어떤 특징을 갖고 있는지 알아봤으니, 너도 앞으로 골프를 치거나 다른 일을 할 때 전문가의 수준에 따르기를 바란다. 어떻게 해야 할지 잘 모르겠다면 다음의 네 가지 원칙을 따르면 돼.

첫째, 전문가들은 어떤 상황에서도 자신이 해야 할 일에 집중해. 즉 다른 일들의 영향을 받지 않는다는 거야. 예를 들면 학교에서 시험을 보는데 한 과목을 망쳤다고 저녁에 하는 피아노 연주까지 망치지 않는 것이지.

둘째, 일의 프로세스와 산업 규범을 지키는 거야. 예전에도 이야기했었는데 수학 문제를 풀 때는 풀이 과정을 건너뛰면 안 돼. 이것이야말로 전문적인 소양을 기르는 첫걸음이란다. 전문적인 의사들도 환자 돌보는 과정을 소홀히 하지 않아야 오진을 막을 수 있어.

셋째, 전문적인 소양이 있는 사람은 보잘것없는 일도 훌륭하게 해낼 줄 알아. 앞에서 말한 계란볶음밥과 같은 이야기야.

마지막으로 전문가는 한두 가지 기술을 익히는 것이 아니라 체계적인 지식 체계를 갖고 있어. 세계적인 일류 예술가들은 말년에 더 이상 활동을 못하게 되면 대부분 학생들을 지도하는 일을 하는데 이런 일을 하기 위해서는 그 분야에 대한 깊이 있는 이해가 있어야 해.

많은 사람들이 실력이 부족한 것은 아닌데 결과물이 안정적이지 않고 전문성이 떨어지는 이유는 결국 전문적인 소양이 없기 때문이야. 전문적인 소양이 있는 사람은 무슨 일을 해도 평균 이상의 결과를 낼 수 있지만 전문적인 소양 없이 자신의 재능이나 운만 믿고 일을 하는 사람은 결과를 보장할 수 없어. 간혹 성공하는 경우가 있더라도 성공을 다시 반복하기는 힘들 거야. 너는 아직 어리니 지금부터 전문적인 소양을 길러나갈 수 있기를 바란다.

아빠로부터

명신은 골프 연습을 계속 해서 학교 대표팀에 선발되었다.

언제나 더 좋은 방법을 찾아라

어떤 일에 직면했을 때 무조건 도망치는 대신
더 좋은 방법은 없는지 스스로에게 묻고
문제를 해결하기 위해
어떤 행동을 취해야 하는지 생각해 보렴.

이 편지는 내가 중국에 있을 때 명신이 학교에서 스페인어 수업을 많이 어려워한다는 소식을 듣고 아이를 응원하려고 보낸 것이다.

멍신에게

최근에 스페인어 성적이 많이 떨어져 무기력해 있다는 소식을 들었어. 아빠 생각에는 네가 더 효율적인 방법을 찾아야 할 것 같구나.

세상에는 우리 뜻대로 되지 않는 일들이 아주 많아. 그런 일들 중에는 필연적으로 일어나는 일도 있지만 운이 좋지 않아서 생기는 일도 있어. 그런데 단순히 운이 나빴다고 생각했던 일들이 계속 반복된다면 그건 그 일을 하는 방법에 문제가 있을 가능성이 크단다. 그럴 때는 기존의 생각에서 벗어나 더 나은 방법을 찾을 수 있어야 해. 이것은 일종의 기술이자 인생을 적극적으로 살아가는 태도야. 우리 모두 가져야 하는 태도이기도 해. 내 자신을 다시 돌아보고 이 문제에 대해 생각할 수 있게 해준 사람은 구글에서 함께 일한 제프 휴버였어. 작년에 그의 회사에 아빠가 투자를 하기도 했지.

제프 휴버는 아빠보다 몇 주 늦게 구글에 입사했지만 승진은 훨씬 빨랐어. 나중에 그는 구글의 수석 부사장이 되었어. CEO인 래리 페이지에게 직접 보고를 하는 몇몇 사람들(구글 내에서는 L팀이라고 부른단다) 중 하나였지. 그는 구글에 가장 큰돈을 벌어다주는 광고 업무를 담당했는데 야후의 전 CEO인 메이어도 그의 밑에서 일했단다. 그런데 놀랍게도 2013년에 그는 자신이 맡고 있던 비중 있는 업무들을 내려놓고 구글에서 새로 설립한 빅데이터 의료 회사인 칼리코의 부사장으로 자리를 옮겼어. 그건 자신의 손에 있던 금광을 스스로 포기하고 바닥에서부터 다시 시작하겠다는 것과 다름없는 결정이었어. 그리고 몇 년 뒤 그는 구글을 떠나 자신의 회사를 창업했지. 아빠는 그의 선택을 이해할 수 없었어. 왜냐하면 보통 사람들은 그 정도 나이 혹은 직급이 되면 자신이 현재 누리고 있는 지위와 재산을 지키려고 애쓰거든.

몇 달 후 휴버는 그의 모교인 일리노이대학교 졸업식에서 연설을 하면서 그 이유에 대해 이야기했어. 유튜브에 검색해 보면 있으니 나중에 꼭 한번 찾아 보기를 바란다. 그의 연설은 스티브 잡스가 스탠퍼드대학교에서 한 연설만큼이나 중요한 메시지를 담고 있다고 생각해. 휴버는 연설에서 그의 인생을 바꿔 놓은 세 가지 사건을 이야기해. 핵심은 비극을 피해갈 수 있는 더 좋은 방법을 찾는다는 것에 있단다.

첫 번째 사건은 그가 어렸을 때 일어났어. 그는 시골에서 똥이나 푸던 어린 소년이 어떻게 일리노이대학교 같은 명문대에 들어갈 수 있었는지 이야기했어. 휴버는 미국 중서부 지역 한 농부의 아들로 태어났는데 그가 살던 마을은 아주 작은 곳이어서 시내에 나가도 건물이 네 채밖에 없었다고 해. 그나마도 정부청사와 소방서 등이었지. 그의 집은 아주 가난해서 4살 때부터 소똥을 푸는 등 농사일을 도와야 했어. 비가 오던 어느 날 그는 똥 무더기 안에서 빠져 나올 수가 없었어. 삽으로 똥을 푸면 풀수록 더 깊숙이 빠질 뿐이었고 곧 파묻힐 것 같았지. 그는 살려달라고 크게 소리쳤지만 황량한 들판에서 아무도 그 소리를 듣지 못했어. 다행히 지나가던 어르신 한 분이 그를 발견하고 꺼내주었어. 나중에 가족들이 그에게 말했다고 해. 똥 무더기에 빠져서 허우적거리는 비극을 피하고 싶으면 그곳을 떠나 좋은 대학에 들어가라고 말이야. 그날 이후 그는 열심히 공부해서 일리노이대학교에 합격했단다.

두 번째 사건은 구글에서 경험한 일이었어. 휴버는 연설에서 누구도 알지 못했던 한 가지 비밀을 털어놓았는데 그가 이베이에서 해고당했다는 거였어. 당시 우리는 이베이의 전 부사장이 우리 회사에 총책임자로 온다는 이야기만 들었지 그가 이전에 어떤 일을 했는지 아무도 몰랐어. 휴버가 이베이에서 처음 일할 때는 모든 게 순조로웠다고 해. 그러나 부사장이 된 후 문제가 생겼어. 그는 기술 전문가였고 다소 과격한 면이 있었기 때문에 직원들과 잦은 마찰과 논쟁이 있었고, 그로 인해 결국 해고를 당했던 거야. 충격을 받은 휴버는 반년 정도 의기소침하게 지냈대. 그러던 어느 날 그의 아내가 말했어. 실리콘밸리에는 아직 기회가 많으니 더 나은 길을 찾아보라고 말이야. 휴버는 그렇게 아내의 도움으로 마음을 추스르고 구글에 입사할 수 있었다고 해.

세 번째 사건은 아내에 관한 이야기야. 몇 년 전 그의 아내가 암에 걸렸는데 암이라는 사실을 알았을 때는 이미 치료를 할 수 없는 단계였어. 아내는 결국 세상을 떠났고 휴버는 절망에 빠졌어. 사랑하는 아내가 없는데 사업을 하고 돈을 버는 것이 다 무슨 소용이겠어? 하지만 그는 하늘을 원망만 하고 있는 대신 자기가 할 수 있는 일을 찾았어. 휴버는 우리가 비극을 피하지 못하는 이유는 더 나은 방법을 찾지 못해서라고 생각했어. 만약 더 나은 방법이 있었다면 조기에 암을 발견해 아내를 살릴 수 있었을 테니까. 그래서 그는 모든 것을 내려놓고 구글의 칼리코로 간 거야. 그는 IT기술을 통해 조기에 암을 진단하고 치료할 수 있는 방법을 연구했어. 이후 그는 세계에서 가장 큰 유전자 분석 장비 회사인 일루미나의 도움을 받아 친구인 켄 드라젠과 함께 그레일Grail을 창업했지.

《다빈치코드》를 읽었다면 그레일이라는 단어가 낯설지 않을 거야. 전설에 따르면 성배Grail에 있는 물을 마시면 모든 병이 치유된다고 해. 회사가 하려는 일이 무엇인지 이름에서부터 확실히 드러나지. 그가 이렇게 회사를 차려 조기 암 검사를 연구하는 이유는 조기에 암을 발견하면 생존율이 말기에 발견했을 때보다 훨씬 높아지기 때문이야.

휴버는 인류가 암을 조기에 발견하지 못하는 이유는 과거의 방법이 잘못되었기 때문이라고 생각했어. 의술의 발전만 중요하게 생각하고 IT기술 발전의 성과는 간과한 셈이지. 그레일에서 암을 찾아내는 방법은 과거 영상에만 의존해 찾아내는 방법과는 사뭇 달라. 피를 뽑고 유전자 검사를 통해 그 사람의 몸속에 암세포가 존재하는지 확인한단다. 어떤 사람이든 몸속에 종양이 있으면 종양세포가 대사 후 혈액 속으로 들어가게 되므로 혈액 검사를 통해 종양이 있는지 판단할 수 있어. 이는 빅데이터와 인공지능을 이용한 것으로 기술적으로 큰 발전을 이룬 방법이라고 할 수 있지. 그레일은 이제 이 영역에서 최고로 권위 있는 기업이 되었고 빌 게이츠, 제프 베조스, 구글, 골드만 삭스 등에서 투자를 받고 있어. 사람들은 그의 뛰어난 기술력뿐만 아니라 사람들이 직면한 어려움과 문제를 해결하려고 노력하는 태도를 높이 평가했단다. 그러니 살면서 자기 자신에게 끊임없이 물어야 해. 과연 더 나은 방법은 없을까 하고 말이야.

사람이 사는 동안 모든 일이 순조로울 수는 없어. 뜻대로 되지 않는 일들도 많고 심지어 비극적인 일이 생기기도 해. 하지만 그렇다고 원망만 하고 있으면 안 돼. 그럴 때는 더 나은 방법은 없는지 생각해 보고 행동으로 옮겨야 해. 휴버는 어떤 일에 직면했을 때 무조건 도망치는 대신 더 좋은 방법은 없는지 스스로에게 묻고 문제를 해결하기 위해 어떤 행동을 취해야 하는지 생각해 보라고 말했어. 설령 문제의 일부분만 해결할 수 있을지라도 말이야.

네가 하고 있는 공부에 대해서도 혹시 더 나은 방법이 있는지 생각해 보기를 바란다. 예를 들면 잘 이해가 되지 않는 내용은 수업이 끝나기 전에 선생님께 꼭 여쭤본다거나 수업 후에 다시 시간을 잡아 질문을 하는 거야. 매일 집에 와서 그날 선생님이 가르쳐준 내용들을 정리하거나 일요일에 다음 주에 배울 내용들을 미리 살펴본다면 수업을 따라가는 데 큰 어려움이 없을 거야. 사람마다 자신에게 맞는 공부 방법이 다 달라. 그래서 어쩌면 아빠가 알려준 방법이 네게는 잘 맞지 않을 수도 있어. 하지만 어쨌든 이렇게 문제 해결을 위해 더 나은 방법을 찾으려고 노력하다 보면 네게 잘 맞는 효율적인 방법을 찾을 수 있을 거야.

더욱 중요한 건 네가 문제 해결을 위해 적극적인 태도를 가지려는 의지겠지? 학업에 진전이 있기를 바란다!

아빠로부터

1년의 노력 끝에 명신의 스페인어 성적은 서서히 올랐고
스페인어 AP과정을 1년 먼저 끝낼 수 있었다.

리더의 조건

복종은 리더십을 기르는 첫 번째 단계야.
하지만 이것은 그야말로 첫 번째 단계일 뿐이야.

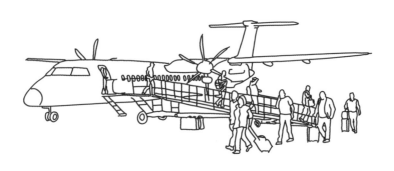

이 편지는 아내가 명화에게 전달해 줬으면 하는 내용을 담은 것이다. 아내는 명화가 리더십을 조금 더 키웠으면 하는 바람이 있었다. 그러나 리더십에 대해 직접적으로 언급하면 반감을 가질 수 있기 때문에 어떻게 이야기를 꺼내야 할지 한참을 고민했다. 우리는 웨스트포인트 사관학교의 이야기를 통해 생각을 전달해 보기로 했다.

멍화에게

아빠와 멍신은 2주 간의 미 동부 여행을 마치고 집으로 돌아왔단다. 이번 여행에서 우리는 존스홉킨스, 프린스턴, 콜롬비아, 예일, 하버드, MIT 등 몇 개 대학교를 둘러보았어. 존스홉킨스대학교에서는 타일러 교수님이 직접 맞이해 주셨고 덕분에 멍신은 다빈치 수술용 로봇도 움직여볼 수 있었어. 공대 학장님인 슐레진저 박사님은 멍신에게 학용품들을 챙겨주며 공부를 열심히 하라고 말씀해 주셨고, 콜롬비아대학교에서는 아빠의 동문인 양 교수님을 만났는데 그분이 학교 투어를 해 주셨단다. MIT에서는 너희 학장님과 상의할 일이 있어서 학생 한 명이 멍신을 데리고 학교 투어를 시켜줬어. 아마 이런 경험들이 멍신에게는 큰 격려가 되었을 거야. 개인적으로 이번 여행에서 참관했던 학교 중 가장 인상 깊었던 곳은 웨스트포인트 사관학교였단다.

너희들은 웨스트포인트 사관학교보다는 미 육군사관학교라는 이름이 더 익숙할 거야. 이 학교를 참관하면서 우리는 많은 것을 깨달을 수 있었어. 오늘은 그 점들을 바탕으로 너와 리더십에 관한 이야기를 하려고 해.

웨스트포인트 사관학교는 합격률이 8% 정도야. 그중 70%는 고등학교 내내 성적이 상위 5% 안에 들던 학생들로 구성되어 있어. 흔히 사람들이 군인들은 체격만 건장하지 별로 똑똑하지 않을 거라 생각하는 것과는 완전 다르지. 매년 웨스트포인트 사관학교에 입학하는 1,200명의 학생 중 90%는 고등학교 때 학교 운동팀 선수였고 그중 2/3는 팀 주장을 한 친구들이야. 이 점은 그들이 리더십을 갖춘 학생들이라는 걸 보여줘. 실제로 사관학교 입학생 중 1/4은 고등학교 때 학생회장을 했거나 학년 대표를 했던 학생들이라고 하는구나.

웨스트포인트 사관학교의 수준을 보면 미국 장교들의 수준을 알 수 있는데 그들은 모두 엄청난 잠재력을 가진 엘리트란다. 하지만 아무리 뛰어난 수재들이라고 해도 웨스트포인트 사관학교에서는 아무도 그들을 떠받들어 주지 않아. 사관학교에 입학하면 처음 3년 동안은 복종하는 법을 배워. 영화에서 보면 군인들이 말끝마다 "Sir, Yes Sir!"이라고 대답하는 것을 너도 들은 적 있을 거야. 학교에서 이렇게 하는 이유는 한 사람의 군인으로서 다른 사람들을 지휘하려면 먼저 복종하는 법을 배워야 하기 때문이야. 4학년이 되면 학생들은 전술 지휘를 배우는데 이것은 장교가 기본적으로 갖춰야 하는 능력이야. 장교는 회사로 치면 한 부서의 팀장이고, 학교로 치면 동아리 회장 같은 사람들이지. 그들이 한발 더 나아가 장군이 되려면 끊임없이 공부하고 리더십을 길러야 한단다. 구체적으로 이야기해 보면 학사장교, 즉 대대장이나 연대장 같은 직급에 오르려면 정기 훈련 외에 전술학원war college에서 전략 공부를 해야 하고, 장군으로 진급하려면 워싱턴 국립전쟁대학교에서 군사동원을 공부해야 해. 하지만 웨스트포인트 사관학교에서 중요시하는 내용은 이런 것들이 아니야.

웨스트포인트 사관학교에서 학생들에게 리더십을 교육하는 방식은 아주 인상적이었어. 아빠 역시 돌이켜 생각해 보니 어떤 기관에서든 리더십을 기르려면 먼저 복종하는 법을 알아야 했어. 복종하는 법을 배우는 것이 왜 중요할까? 제멋대로이고 다른 사람의 말에 복종하기 싫어하는 사람은 뛰어난 인재가 될 수는 있어도 다른 사람과 함께 일하기는 어려워. 너도 잘 알다시피 오늘날에는 누구도 남의 도움 없이 혼자서 큰일을 해낼 수 없단다. 복종하는 법을 배워야 하는 또 다른 이유는 네게 다른 사람들을 관리하는 권한이 주어지고 그 사람들에게 어떤 임무를 맡길 때 네 의도를 잘 전달하고 시행하기 위해서야. 다른 사람의 명령에 복종해본 적이 없는 사람은 그들의 마음을 이해할 수 없어.

오늘 너와 리더십에 대해서 이야기하려는 이유는 네가 중·고등학교에 다닐 때 우리가 특별히 리더십을 길러주려고 애쓰지 않았기 때문이야. 다행히 대학교에 가서 여러 가지 일들을 앞장서 함으로써 많은 친구들로부터 신임과 인정을 받고 있다는 걸 알아. 이런 것 역시 리더십을 기르는 연습의 일부란다. 우리는 네가 대학을 다니는 동안 이 능력을 보강한다면 졸업 후에 더욱 많은 일을 할 수 있을 거라 생각해.

복종은 리더십을 기르는 첫 번째 단계야. 하지만 이것은 그야말로 첫 번째 단계일 뿐이야. 윗사람에게 복종할 줄만 아는 사람은 리더가 될 수 없거든. 두 번째 단계는 협력이야. 협력의 중요성은 자세히 이야기하지 않아도 잘 알 거야. 게다가 너는 예전부터 협력을 아주 잘하는 아이였기 때문에 이 부분에 대해서는 걱정하지 않는다. 그래도 한 가지만 이야기하면 너와 협력한 사람에 대해서는 모든 사람들 앞에서 그의 공헌을 인정해줘야 한다는 거야. 이 점은 아주 중요하단다. 그럼 그 사람은 비록 리더는 아니었지만 리더인 너의 명예와 이익을 함께 나눌 수 있으니 자신에게도 유익하다고 생각할 거야.

리더십을 기르는 세 번째 단계는 훌륭한 조수가 되는 거야. 아무리 능력이 뛰어난 사람이라고 해도 모든 일을 직접 다 할 수는 없어. 리더도 마찬가지야. 그래서 리더에게는 훌륭한 조수가 필요하단다. 흔히 사람들은 리더가 가진 권력을 부러워하면서 그들이 수행해야 하는 수많은 임무들은 간과하곤 해. 조직에서 리더는 조직의 일상적인 운영과 앞으로의 발전까지 책임져야 하는데 이것은 단순히 어떤 한 가지 임무만 훌륭히 해낸다고 할 수 있는 일이 아니야. 조수가 된다는 것은 일종의 학습 과정이야. 이 과정을 통해 종합적인 관리 능력을 키우면 나중에 훌륭한 리더가 될 수 있단다. 훌륭한 조수는 리더가 지시한 임무를 완수할 뿐만 아니라 중요한 시기에 능력을 발휘해 리더의 성공을 도울 수 있어야 해.

마지막으로 훌륭한 리더는 대부분 소통 능력이 뛰어나. 그들은 감정을 조절할 줄 알고, 자신의 문제 때문에 남들에게 불만을 토로하지 않으며, 선악에 대한 주관적인 판단 때문에 객관적인 원칙을 위배하지도 않는단다.

　이제 막 집에 도착한 터라 할 일이 많아 오늘은 여기까지 쓰도록 하마. 즐거운 여름 방학 보내기를 바란다.

아빠로부터

능동적인 태도로 일하라

학교와 달리 회사에서는 과제를 내주지도 않고
꼼꼼히 살펴봐주는 경우도 많지 않아.
대부분 하고 있는 일이 너무 많아서 바쁘기 때문이지.
그래서 무엇보다 능동적으로 일하는 것이 가장 중요하단다.

멍화는 여름 방학 때 인턴 실습을 하기 위해 세 개의 기업에 신청서를 제출했고 그중 아마존에서 회신이 왔다. 멍화는 아마존에서 온 이메일에 어떻게 답장을 써야 하는지, 인턴 실습을 할 때 주의사항은 무엇인지 물었다.

멍화에게

기말고사를 무사히 마쳤다니 다행이구나. 한 달 전쯤 네가 실리콘밸리에 있는 아마존 연구소에서 인턴 실습 기회를 얻었다는 소식을 들었어. 다시 한번 축하인사를 전한다.

대학교 1학년 때 아마존처럼 지명도가 높은 회사에서 일을 한다는 건 결코 쉽지 않아. 이것은 네 직장생활의 중요한 출발점이기도 해. 그래서 오늘은 아빠가 과거의 경험을 바탕으로 그때 느꼈던 점과 깨달은 것들을 네게 알려주려고 해.

먼저 아마존에서 제시한 조건이 나쁘지 않으면 이것저것 따지지 말고 제안을 받아들였으면 해. 그리고 제안을 수락한 후에는 네 성의와 진심을 표시하는 차원에서 전화를 걸어 감사 인사를 하도록 해. 이때 네가 인턴 제안을 받아들일 용의가 있으며 이메일을 통해 정식 수락한다는 사실도 알려줘야 해. 미국에서는 직접 전화를 거는 것을 상투적인 이메일을 보내는 것보다 훨씬 좋게 본다. 직접 전화 통화를 하면 상대방과의 거리도 좁힐 수 있지. 우선 인사팀 직원과 앞으로 네가 일하게될 회사의 사장님께 네 결정에 대한 내용을 통지한 다음, 면접관에게도 이메일을 보내 회사에서 제안이 왔으며 곧 수락할 것이라는 사실을 알려주면 좋아. 회사 생활을 하면서 이런 식의 의사소통과 교류는 매우 중요하단다.

제안을 수락한 다음에는 인사팀 직원에게 메일을 보내 회사에서 제공하는 복지에 대해 물어봐. 대부분의 테크놀로지 회사에서는 인턴 직원들에게도 많은 복지를 제공하는데 인턴들은 이러한 내용을 잘 몰라 그냥 놓치는 경우가 많아. 예를 들어 인턴들이 사용할 수 있는 휴가가 있을 수도 있어. 아빠가 AT&T에서 인턴으로 일할 때는 정식 직원들과 마찬가지로 매주 2시간 정도씩 휴가가 쌓였어. 그 밖에도 대부분의 회사가 다니고 있는 대학에서 회사까지의 비행기 티켓과 기타 교통비를 제공하거나 숙식비용을 지원해 주니 꼭 문의해 보기를 바란다. 다른 세부적인 일에 대해서는 인사팀 직원에게 문의하면 돼. 모르는 것이 있을 때 물어보는 것은 결코 부끄러운 일이 아니란다.

다음으로는 대학생 인턴이 회사에서 주의해야 할 점들에 대해 이야기해 줄게. 너는 고등학교 때 이미 두 차례나 인턴 실습을 했기 때문에 인턴 직원으로서의 기본적인 소양은 모두 갖추고 있다고 생각해. 하지만 10학년 때 일했던 NIH미국 국립보건연구원와 11학년 때 일했던 스탠퍼드 모두 학계에 해당해. 이런 곳의 일들은 학교의 일과 많이 비슷하고, 특히 연구기관에서는 대부분 인재를 기르고 훈련시키는 일을 하지. 그러나 산업계에서 네게 기대하는 바는 조금 달라. 그러니 상황에 따라 자신의 업무 방식과 태도를 조금씩 바꿔나가야 해.

아빠가 직장생활을 하면서 깨달은 것들 중 첫 번째는 능동적으로 일해야 한다는 거야. 능동적으로 일한다는 것은 주어진 일을 일찍 마치고 상사에게 찾아가 새로운 일을 달라고 하는 것보다 훨씬 더 큰 의미가 있어. 학교의 일은 대부분 이미 정해져 있거나 교수님들이 정해 주는 것이고 정해진 기한 안에 완성해야 해. 한편 회사에서는 네 멘토가 어떤 과제를 내주면서 대략 기한을 정해줄 때도 있지만 그렇지 않은 경우도 있을 거야. 이처럼 기한을 명확히 정해 주지 않은 경우에도 네 멘토는 네가 그 일을 능동적으로 해내기를 바라. 능동적으로 해낸다는 건 자신의 생각과 계획을 갖고 일을 하고 멘토와 수시로 소통하면서 필요한 경우에는 다른 동료들의 피드백을 받는 것을 의미해.

학교와 달리 회사에서는 과제를 내주지도 않고 꼼꼼히 살펴봐주는 경우도 많지 않아. 대부분 하고 있는 일이 너무 많아서 바쁘기 때문이지. 그래서 무엇보다 능동적으로 일하는 것이 가장 중요하단다. 또 한 가지, 대학에서는 교수가 과제를 내줄 때 이미 답을 갖고 있는 경우가 많아. 과제를 내주는 건 문제를 해결하고 답을 얻는 과정을 연습시키기 위함이야. 그러나 회사에서 내주는 과제에는 한 가지 답만 있는 것이 아니야. 네 멘토도 가장 좋은 답이 어떤 것인지 모를 수 있어. 이럴 때는 네가 직접 해 보고 그에게 알려줘야 해. 그리고 이때는 모두가 다 알고 있는 답보다는 네 생각을 이야기하는 것이 중요하단다.

능동적으로 일하기 위해서는 마음가짐의 변화도 필요해. 자신이 인턴 직원이 아니라 한 조직의 책임자라고 가정하는 거야. 비록 멘토가 내준 과제가 구멍을 메우는 것처럼 쉽고 단순한 일이라고 해도 너의 시야가 그곳에 국한되어서는 안 돼. 조금 더 시야를 넓혀 '내가 이 프로젝트의 책임자라면 어떤 기능을 어떤 식으로 만들 텐데'라고 생각해 보는 거야. 이를 위해서는 먼저 하고 있는 일과 프로젝트 전체가 어떻게 연관되어 있는지 알아야 해. 그런 다음에는 단순히 상사가 내준 과제를 완성하는 데만 급급하지 말고 프로젝트 전체의 내용을 바탕으로 너만의 방식을 이용해 과제를 수행해야 해. 이것을 실천할 수 있다면 협력심을 키울 수 있을 뿐만 아니라 회사가 학교와 어떻게 다른지 이해하는 데 도움이 될 거야.

아빠로부터

우선순위를 정하고
중요한 일을 먼저 해라

회사에서 주어진 일을 열심히 하는 것도 중요하지만
이 기회에 세상에 대한 시야를 넓히는 것도
아주 중요하단다.

멍화는 2016년 봄 학기 기말고사를 보기 전에 편지를 보내 여름 방학 인턴 준비를 어떻게 하면 좋을지 물었다. 아울러 학기가 끝나고 인턴 실습이 시작되기 전 친구를 만나러 뉴욕에 들른다는 소식도 전했다.

멍화에게

시험이 끝나면 우선 이틀 푹 쉬기를 바란다. 그리고 만약 뉴욕에 간다면 뉴욕 현대미술관에 가서 아빠가 지난번에 이야기한 그림들을 직접 보는 것도 좋을 것 같구나. 전에 아마존에 갈 때 어떤 책을 가져가면 좋을지 물었지? 아빠 생각에는 아무것도 가져가지 않아도 될 것 같아. 만약 정말로 필요한 책이라면 회사에서 구매해 줄 테니 말이야. 여행을 할 거라면 최대한 가볍게 짐을 싸는 것이 좋을 거야.

지난번에는 시험을 앞두고 있어서 일에 대한 이야기를 자세히 못했구나. 오늘 그 이야기를 마저 하도록 하자.

먼저 이번 인턴 실습 기회를 충분히 활용할 수 있기를 바라. 대학생들이 인턴에 지원하는 이유는 지금 당장 어떤 과제를 해결하기 위해서라기보다는 미래를 준비하기 위해서야. 그러니 회사에서 주어진 일을 열심히 하는 것도 중요하지만 이 기회에 세상에 대한 시야를 넓히는 것도 아주 중요하단다. 중국의 유명한 물리학자 첸싼창钱三强은 프랑스 퀴리 연구소에서 일할 때 다른 사람들이 원하지 않는 일까지 혼자 도맡아 했다고 해. 덕분에 그는 연구소의 모든 일들을 상세히 이해할 수 있었어.

비록 대부분의 일이 당시 그의 연구와는 무관한 것이었지만 나중에 중국에 귀국해 원자력 연구소를 세우려고 할 때 큰 도움이 되었단다. 너의 인턴 실습도 마찬가지야. 아마존에서는 아마 여러 프로젝트가 진행 중일 테고 프로젝트마다 할 일이 아주 많을 거야. 그러니 네게 주어진 과제 외에도 다양한 일들을 경험하고 공부해 보기를 바란다. 지금 당장은 아니더라도 훗날 아주 큰 도움이 될 거야.

물론 네게 주어진 일이 너무 많아서 도저히 다른 일을 할 시간이 나지 않을 수도 있어. 그럴 때는 최소한 기술 강의라도 들어보렴. 연구개발을 중심으로 하는 회사나 연구소에는 매주 여러 가지 기술 강의가 있어. 시간이 된다면 꼭 들어보기를 바란다. 모든 내용을 다 이해할 수는 없겠지만 현재 업계에서 주목하고 있는 일들이 무엇인지, 어떤 문제에 직면해 있는지 등을 이해하는 데 도움이 될 거야. 이런 내용을 학교에서는 배우기 힘드니까 말이야.

인턴 실습을 하는 또 하나의 중요한 목적은 실무를 경험해 보는 거야. 산업계에서 일하는 것과 학계에서 일하는 것은 아주 큰 차이가 있단다. 학계에서는 기존의 방법보다 1%라도 좋은 방법이 있으면 훌륭한 논문을 쓸 수 있어. 하지만 산업계에서 그 정도의 차이는 큰 의미가 없어. 무엇보다 사용 가능성을 중요하게 생각하지. 예를 들어 패턴 인식의 경우 정확도가 97%이거나 95%이거나 제품의 본질에 있어서는 큰 차이가 없어. 이 정도의 차이는 다른 기능으로 충분히 보완할 수 있거든.

산업계에서 일을 할 때 중요한 원칙이 두 가지 있는데, 그중 첫 번째는 투입에 대한 산출 비율 즉 수율이야. 예를 들어 만약 네가 알고리즘을 하나 만들려고 할 때 가장 빠른 것이 꼭 좋은 것은 아닐 수도 있어. 메모리, 에너지 소모 등의 자원 소모를 계산해 보고 투입_{소모 자원}과 산출_{알고리즘 효율} 사이의 균형을 맞추도록 해야 한단다. 두 번째는 현재의 조건으로 문제를 해결해야 해. 학계에서는 새로운 문제를 발견하면 몇 년 혹은 몇십 년이라는 오랜 시간을 투자해 연구하고 문제를 해결해. 그러나 산업계에서는 새로운 방법을 연구할 만한 시간이 많지 않기 때문에 최대한 기존의 방법을 이용해 문제를 해결하거나 가능하면 피해 가는 방법도 고려해봐야 해. 애플의 제품을 주의 깊게 살펴보면 그들이 사용하는 기술 대부분이 기존에 있던 것들이라는 걸 알 수 있을 거야. 이것이 바로 산업계의 특징이지. 산업계에서 어떤 경험을 어떻게 쌓아야 할지에 관해서는 네 멘토와 함께 일하는 동료들이 알려줄 거야. 금방 터득하리라 믿는다.

회사에서 일을 하는 것과 학교에서 과제를 하는 것은 시간분배에 있어 큰 차이가 있어. 구체적으로 이야기하면 회사에서 일을 할 때는 업무의 우선순위를 분명히 정해야 해. 대학에서는 정해진 학습량과 분명한 목표가 있고 과제 역시 정해진 기한 내에 완성할 수 있는 분량만을 내줘. 그러나 회사에서 일하다 보면 일이 끝이 없다는 사실을 깨닫게 될 거야. 특히나 빠르게 발전하는 인터넷 회사에서는 더더욱 그럴 거야. 기존에 주어진 과제의 목표가 계속 바뀌는 가운데 새로운 업무들이 끊임없이 네 앞으로 쏟아질 거란다. 이럴 때는 일의 우선순위를 정하는 것이 무엇보다 중요해.

학교 과제를 하거나 시험을 볼 때 가장 효과적인 방법은 쉽고 간단한 문제에서부터 해결해 나가는 거야. 하지만 회사에서는 달라. 사실 해야 할 일을 모두 완성하는 것 자체가 불가능할 수도 있어. 그러니까 이럴 때는 가장 중요한 일을 먼저 해야 한단다. 회사에는 '가짜 일pseudo work'이라는 단어가 있는데, 많은 시간을 허비했지만 영향력이 없는 일들을 의미해. 새로운 과제가 주어졌을 때는 잠시 일을 멈추고 우선순위를 꼼꼼히 따져서 가장 중요한 일부터 처리해야 해. 이렇게 해야만 가짜 일을 하느라 정작 중요한 일은 처리하지 못하는 상황이 발생하지 않을 수 있어.

또한 인턴 실습을 할 때는 일이 전부가 아니라는 사실을 기억하렴. 기업에서도 인턴을 뽑으면서 대단한 업무 성과를 기대하지 않아. 그저 유능한 인재들과 교류하기 위해 인턴을 채용하는 거란다. 그러니 너무 일에만 파묻혀 지내지 않기를 바란다. 구글에 입사했을 때 아빠의 멘토였던 쿠단푸 박사는 앞으로 1년 동안 회사에 있는 모든 사람과 점심을 한 번씩 먹으라고 말했어(당시는 구글의 규모가 작았기 때문에 가능한 일이었지). 나는 모든 사람과 점심을 먹는 데는 성공하지 못했지만 백 명 가까이 되는 사람들과 점심을 함께 먹었어. 함께 밥을 먹으면 좋은 점은 세 가지가 있어. 첫째는 인간관계를 넓힐 수 있다는 거야. 이렇게 사귄 사람들은 나중에 네가 사회에 나가 일을 할 때 큰 도움이 될 거란다. 두 번째는 편하게 대화하며 회사와 나아가 산업 전반의 상황을 이해할 수 있다는 거야. 회사 안팎으로 시야를 넓히는 데 도움이 되지. 그리고 마지막으로 세 번째는 너의 소프트파워를 기를 수 있다는 거야. 만약 일일이 교류할 시간이 없다면 여러 단체 활동에 적극적으로 참여해보렴. 너는 실리콘밸리 지역에서 자랐지만 너와 함께 인턴 실습을 하는 학생들은 그렇지 않을 수도 있어. 그러니 주말에 그 친구들을 데리고 실리콘밸리를 둘러보는 것도 좋을 것 같구나. 그러면 너도 다양한 친구들을 사귀는 데 도움이 될 거야.

사실 가장 중요한 건 네 건강이야. 끊임없는 야근과 밤샘은 업무 진도를 높이기는커녕 건강을 해칠 뿐이란다. 네가 어떤 일을 하든 회사에서의 영향력은 상상한 것만큼 크지 않을 때가 많아. 가장 중요한 건 건강한 너 자신이라는 걸 잊지 말거라.

몇 가지 조언을 하기는 했지만 인턴 실습과 관련해서는 네가 모든 일들을 알아서 잘 처리하리라 믿어. 앞으로 몇 달 동안 전문 지식이나 업무 경험 그리고 인간관계 면에서 모두 풍성한 수확과 발전이 있기를 바란다.

아빠로부터

유능한 사람이 되고 싶은 너에게

서른다섯 번째 편지
일을 시작하기 전에 성공확률을 계산하지 말 것

결정을 내리기 전에는 철저히 준비하고 심사숙고해야 하는 것이 맞지만 일단 하기로 마음먹은 일이라면 망설이거나 주저함이 없어야 한다.

많은 일들을 달성하고 나서 돌이켜보면 사실 그 일을 시작할 당시의 성공확률은 5% 정도거나 더 낮다. 그러니 어떤 일을 하기 전에 성공확률을 따진다면 어떤 일도 시작할 수 없다.

서른여섯 번째 편지
어떤 일에서든 전문가가 되기 위한 태도

· 어떤 상황에서도 자신이 해야 할 일에 집중한다.

· 일의 프로세스와 산업 규범을 지킨다.

· 보잘것없는 일도 훌륭하게 해낸다.

· 한두 가지 기술을 익히는 것이 아니라 체계적인 지식 체계를 갖춘다.

서른일곱 번째 편지
제프 휴버에게 배우는 더 나은 방법을 찾는 습관

· 사람이 사는 동안 모든 일이 순조로울 수는 없다. 뜻대로 되지 않는 일들도 많고 심지어 비극적인 일이 생기기도 한다. 그럴 때는 원망만 하고 있는 대신 더 나은 방법은 없는지 생각해 보고 행동으로 옮겨야 한다.

· 어떤 일에 직면했을 때 무조건 도망치는 대신 더 좋은 방법은 없는지 스스로에게 묻고 문제를 해결하기 위해 어떤 행동을 취해야 하는지 생각해 볼 것. 설령 문제의 일부분만 해결할 수 있을지라도!

서른여덟 번째 편지
리더십을 기르는 방법

- 1단계: 복종
- 2단계: 협력
- 3단계: 훌륭한 조수 되기
- 4단계: 소통

서른아홉 번째 편지
능동적으로 일하기 위한 마음가짐

자신이 인턴 직원이 아니라 한 조직의 책임자라고 가정한다.

비록 멘토가 내준 과제가 구멍을 메우는 것처럼 쉽고 단순한 일이라고 해도 조금 더 시야를 넓혀 만약 자신이 이 프로젝트의 책임자라면 어떻게 할지 생각해 볼 것. 그러기 위해서는 먼저 하고 있는 일과 프로젝트 전체가 어떻게 연관되어 있는지 알아야 하고 프로젝트 전체의 내용을 바탕으로 자기만의 방식을 이용해 과제를 수행해야 한다.

마흔 번째 편지
우선순위의 중요성

회사에서 일을 하는 것과 학교에서 과제를 하는 것은 시간분배에 있어 큰 차이가 있다. 회사에서 일을 할 때는 업무의 우선순위를 분명히 정해야 한다.

학교에서는 정해진 학습량과 분명한 목표가 있고 과제 역시 정해진 기한 내에 완성할 수 있는 분량만을 내주지만 회사는 그렇지 않다. 기존에 주어진 과제의 목표가 계속 바뀌는 가운데 새로운 업무들이 끊임없이 쏟아질 것이므로 일의 우선순위를 정하는 것이 무엇보다 중요하다.

옮긴이 _ **이지수**

중앙대학교 국제대학원 한중 전문통번역학과를 졸업하고 현대자동차에서 전문 통번역사로 일했다. 현재는 번역 에이전시 엔터스코리아에서 출판기획 및 중국어 전문 번역가로 활동하고 있으며, 주요 역서로는 《성공을 꿈꾸는 너에게》, 《기질 속에 너의 길이 있다》, 《내 인생 내버려 두지 않기》, 《사소한 것들로부터의 위로》, 《나만의 무기》, 《인생의 6년은 아빠로 살아라》 등이 있다.

어떻게 살아야 할지
막막한 너에게

초판 1쇄 발행 2019년 8월 16일
초판 16쇄 발행 2022년 01월 17일

지은이	우쥔 吳軍
옮긴이	이지수
편집	김은지
디자인	이수빈

펴낸 곳	해와달 출판그룹
브랜드	오월구일
출판등록	2019년 5월 9일 제2020-000272호
주소	서울특별시 마포구 양화로 183, 311호(동교동)
E-mail	info@hwdbooks.com

ISBN	979-11-967569-0-1